高中历史教学充分发挥学生主体作用的行动研究

天津市中小学教师继续教育中心　编

天津出版传媒集团

天津科学技术出版社

图书在版编目(CIP)数据

高中历史教学充分发挥学生主体作用的行动研究 /
天津市中小学教师继续教育中心编.－－天津：天津科学
技术出版社,2021.12

(天津市中小学"学科领航教师培养工程"团队攻坚
成果系列丛书)

ISBN 978-7-5576-9782-2

Ⅰ.①高… Ⅱ.①天… Ⅲ.①中学历史课-教学研究
-高中 Ⅳ.①G633.512

中国版本图书馆 CIP 数据核字(2021)第 273052 号

高中历史教学充分发挥学生主体作用的行动研究
GAOZHONG LISHI JIAOXUE CHONGFEN FAHUI XUESHENG
ZHUTI ZUOYONG DE XINGDONG YANJIU

责任编辑：李晓琳

责任印制：兰　毅

出版：天津出版传媒集团
　　　　天津科学技术出版社

地址：天津市西康路 35 号

邮编：300051

电话：(022) 23332397 (编辑室)

网址：www.tjkjcbs.com.cn

发行：新华书店经销

印刷：天津印艺通制版印刷股份有限公司

开本 710×1000　1/16　印张 18.625　字数 300 000

2021 年 12 月第 1 版第 1 次印刷

定价：128.00 元

序

党的十八大以后，围绕"培养什么人、怎样培养人、为谁培养人"这一根本问题，教育部组织研制了各学段学生发展核心素养体系。"核心素养"突出强调个人修养、社会关爱、家国情怀，更加注重自主发展、合作参与、创新实践。《国务院办公厅关于新时代推进普通高中育人方式改革的指导意见》要求："积极探索基于情境、问题导向的互动式、启发式、探究式、体验式等课堂教学，注重加强课题研究、项目设计、研究性学习等跨学科综合性教学，认真开展验证性实验和探究性实验教学。"《深化新时代教育评价改革总体方案》指出：要"稳步推进中高考改革，构建引导学生德智体美劳全面发展的考试内容体系，改变相对固化的试题形式，增强试题开放性，减少死记硬背和'机械刷题'现象。"由此可见，发挥学生在学习生活中的主体作用已然成为新时代人才培养和促进学生全面而有个性发展的必然要求。天津市中小学"学科领航教师培养工程"高中历史团队经过充分研讨，认为师生关系是教育教学过程中最基本最重要的关系，学生主体作用的发挥程度极大地影响着立德树人的效果。但是，高中历史教学发挥学生主体作用的现状与国家关于人才培养和学生发展的目标要求依然有很大距离。为此，高中历史团队开展了《高中历史教学充分发挥学生主体作用的行动研究》的攻坚课题。

高中历史团队经研讨认为肯普模式（又称"过程模式"）可以作为攻坚课题的一般性框架。因为肯普模式对于教学设计四要素即教学目标、学习者特征、教学策略和教学评价的分析不仅相对完善，而且可操作性强，尤其是其所提出的三个主要问题和十个教学环节更是提供了具体实施步骤上的导向。十六位团队成员分工协作，基于不同区域不同学情，以科学理论为指导，回到教育教学原点，围绕团队攻坚课题自主选定子课题开展行动研究。这些子课题囊括了高中历史的教学生态、教学目标、教学资源、教学实施、教学评价诸维度和环节。这本《高中历史教学充分发挥学生主体作用的行动研究》是大家四年多学习、思考、实践的总结和提炼，提供了充分发挥学生主体作用的案例和智慧。

本编的论文在写作过程中吸纳、借鉴了诸多前辈先贤的思想言论和当代学者的研究成果，在此深表谢忱！由于水平所限，论文难免缺点和错误，敬请您批评指正！

杜海燕　李学敏

2021 年 8 月 30 日

目　录

基于"尊重互对"促进深度历史学习的思考与实践

——从"教"的视角看学生主体地位

天津经济技术开发区第二中学　许军

摘　要:要使学生情感和精神重回或保持在历史学习现场,在教师的引领下将他们的情感、理想、价值观、意志等投射到对历史的深度理解和解释中,教师首先应做到在情感态度上"对得起"学生,在能力素养上"对得上"学生。这有助于构筑历史学习的"安全地带",以释放学生的学习活力。"尊重互对"式教学可以克服机械学习的弊症,让有意义的深度学习成为教学常态。

关键词:尊重互对　现场学习力　深度学习

当我们真心、真诚面对历史时,不可避免地要将我们的情感、思维、理想、价值观、意志等投射到对历史的理解中,所以理解、叙述历史的过程既是个性化创造历史的过程,也是建构自我观念中的一幅幅世界图景的过程。就历史学习而言,这样的过程"为学生认识、体悟、表达和改变这个自己生活在其中、并与其不断互动着的丰富多彩的世界(包括自然、社会、人,生活、职业、家庭,自我、他人、群体,实践、交往、反思,学习、探究、创造等等),提供不同的路径和独特的视角、发现的方法和思维的策略、特有的运算符号和逻辑;提供一种唯有在这个学科的学习中才可能

获得的经历和体验;提升独特的学科美的发现、欣赏和表达能力"。在这样的学习过程中,历史知识的掌握和习得已经退居次要地位,而以历史知识为载体促进学生知、情、意、行全方位的成长和发展成为历史教学的核心目标,这其实就是深度历史学习。问题是,从教的角度看,我们教师怎样做才能尊重学生主体地位、调动学生主体参与积极性,以保障学生的深度历史学习?

雅斯贝尔斯说:"教育的本质意味着:一棵树摇动另一棵树,一朵云推动另一朵云,一个灵魂唤醒另一个灵魂"。这意味着,我们想让学生成为怎样的人,我们首先就应该使自己成为所期待的那种人。如果我们要引领学生将他们的情感、理想、价值观、意志等投射到对历史的理解和解释中,我们教师首先应做到如此。从这个角度来说,最先实现情感和精神回到历史现场的,不是学生而是我们教师自己。我们首先要拥有这样情感主动性和能力素养以"对得起"也"对得上"学生的期盼和发展需求,真正发挥引领、熏染、指导作用。基于这样的逻辑开展历史教学,实际上是老师首先展现出"尊重互对"的意愿和良好素养,以促进学生历史学习在情感和精神上的主体回归、主体在场,促进有意义的深度历史学习的持续开展。

一、教师在情感态度上要能"对得起"学生

师生交往与学习展开过程中的"情感是主体对认识对象是否符合其需要而产生的一种内心体验,通常表现为爱与恨、满意与不满意、愉快与不愉快、尊重与卑视等心理状态",这种情感影响着师生关系走向,进而影响着学生学习这门学科的心理期许和意志态度,是学生在历史学习过程中有意识地支配和调节自己认识活动的前置性、基础性要素。因此,我们在组织历史教学时,师生之间的情感基础和情感状态应置于优先考虑的位置上。

(一)深度历史学习要求教师必须情感"驻场"

历史教师在情感态度上"对得起"学生,就是主观情感上有学生立场,是把自己看作学生展开历史学习活动的资源的一部分,千方百计使自己能符合学生的需要,带动学生产生对老师的爱、满意、愉快、尊重的情愫和意志态度。这是因为,历史教学首先要能引领学生"走进更为细腻的官能感受和情感彩色的捕捉追求之中",这其实是一种基于"共情"的思维与行动的带入策略,能在学生、老师、历史三者之间建立起较为亲密、可靠的友善关系。恰恰是这种友善的、和谐的关系的建立和维系,构成了深度历史学习重要的情感和意志基础。

说到底,历史教师在组织和开展历史教学活动时,必须情感"在场"、情感"驻场"。一方面,在主观意愿上愿意接纳学生,心甘情愿为学生心灵世界的豁然开朗付出辛劳。当学生以期盼的眼神请老师讲解一道题时,当学生欢欣鼓舞地与老师分享自己历史学习心得时,我们需要有足够的热情、耐心和好奇心去接受他们。这无关乎技能,只关乎情感态度:在历史学习中,如果老师不愿意与学生共有、共享、共同经历某些问题、某些时刻、某些事物、某些感动或别扭,对学生的历史学习没有实质性参与,学生则在老师一次又一次敷衍、冷漠的打击下,情感与心灵双重受伤,而且伤害越多,心越冰冷,对老师的情感越淡漠。"哀莫大于心死",当师生变成"熟悉的陌生人"时,学生情感和精神离场必然发生,教师又何来机会指引学生在深度历史学习的道路上探索呢?从这个角度看,如果学生情感和精神离场确实发生或者确实存在,这与我们老师的作为不无关系,于此而言,就是教师"对不起"学生。反之,在师生互对中要想"对得起"学生,教师就应该对学生的问题、心得和成果表现出极大的热情和尊重。这种尊重,让学生感受到老师的炽热、真诚、睿智以及维持互对关系的美好姿态和心愿,会让学生体验到生命的价值和乐趣,从而保障并推动师生交往向着更具生命活力和质感的方向发展。为人师者,就是怀揣着梦想与责任,把孩子的生命带到远方的人。

(二)尊重学生主体地位要求教师应勤于反思

我们对于自己的历史教学,可能需要经常反思这样一些相互关联的问题:

一是历史课堂上,我们除了落实基本知识之外,是否想过、深入研究过存在其他一些与教学主题相关的话题可供讨论的可能性?因为,对于有心灵世界的人类而言,生命的意义并非对确定性的青睐,恰恰相反,在于对不确定性、多种可能性的追寻,在于自身的创造和构建新生活。以自然科学和技术为代表的确定性的世界,能测量出饭菜的温度却难及饭菜的口味是否香甜,能测量出两个人的关系是否亲密却难及友谊是否真诚,能测量出一对青年男女是否恋爱却难及爱情是否保

险和甜蜜……正是在这些确定性难以抵达的地方,才是人类生活的真正价值与意义所在。这些地方给人以情感、趣味、理想,正是在这些地方,使人类寻找突破与超越,追求精神愉悦与境界提升得以展开,人类天然地希望不断地迎接新世界、新生活。这或许可以理解为,历史教师要在情感态度上"对得起"学生,即需要坚定地接纳历史课堂应该是流动的、鲜活的、充满趣味与挑战的,也应该是超越教材向着更广阔的天地延展的。这种流动、鲜活、挑战、延展的可能性,是吸引学生超越枯燥的书本知识而产生对历史的兴趣、开启深度历史学习之门的重要实现途径。在抗战史的学习中,我把打砸日系车案引入课堂,把两个"抗日"场景展现在学生眼前,不仅让学生意识到原来历史可以很生活,在激发学习兴趣的同时多了一个探讨的维度,而且有比较才能有鉴别,在对比中推动学生深化对真正抗战精神的理解,致敬抗战精神并使爱国义举的是非标准在自我价值观念中萌生和成长。

二是除了课后练习册上的题目,我们是否给学生留过个性化的话题启发学生们思考和写作?基础教育阶段,因为应试而有适当的机械做题训练是必要,但如果老师认为只应有做题训练,而在情感态度上没有组织个性化话题讨论的意愿和自觉,恐怕也是"对不起"学生的。历史学习更深刻的价值在于促进学生对人类的认知和理解,并经由这种认知和理解来认识自我。"认识自我是为了选择自我,历史并不告诉人们如何去选择,它所能做的只是为这种选择提供一种必要的认识,在这一活动中,历史引导人们面向未来。"而这种认识的出现和发生是需要老师基于历史教学内容和学生成长需要而进行个性化的铺垫、设计和组织实施的,绝非机械的几道练习题就能引导学生汲取历史养分而面向未来。学习两次工业革命过程中,我抛给学生这样的问题:如何理解现代工业文明/大机器生产与人性/人的自由解放之间的关系?学生着手写作之时,也就是他们综合运用知识、智慧、技能、态度价值观的时候,意味着他们要对现代工业文明与人的解放以及未来人类前途命运等多维关系进行思辨。尽管这种思辨未必准确和深刻,但对思辨的体验和对这几者间关系的探索的尝试,却是有助于学生深化对所处世界的理解,有助于学生对实然世界和应然世界之间距离的日渐自觉或明晰,是真正以学生为主体又有益于学生的。诸如此类的深度学习话题还有很多,比如学习了马克思恩格斯相关内容后,我留给学生"马克思和恩格斯你更喜欢谁"的讨论话题,有学生以《我为什么更喜欢恩格斯》回应我;学习了甘地后,我嘱咐学生结合对甘地的理解,试着分析民族主义与现代文明之间的关系，有学生以《互联网时代不再有甘地》回应我……学史用史，立足生活、着眼未来，这不就是历史学科独特的深度育人价值的实现路径吗？

三是偶有学生拿着一篇探讨历史问题的习作希望老师过目时，我们是否给予学生足够充分的点评和平等的交流？教师是教育生态和教育资源的一部分，教师需要让自己成为学生可以参照的稳定客体，在师生以教育和成长为目的的正式与非正式相处中，教师应该有"不带敌意的坚决"和"不含诱惑的深情"的自觉与意愿，以让学生在健康的人际互动中、在不期然而然的潜移默化中成长。百家争鸣学罢，我留给学生们一个问题：各学派的代表人物中，你觉得谁是"最可爱的人"？学生兴致很足，《墨子的坚持》《我看法家思想》《不负春光》等作品纷至沓来。每当学生将自己的心血之作传给我的时候，我从来没有用"写得真棒""非常好、值得表扬""作品很优秀"等一类评语简单回复学生，而是就学生论及的话题接着谈我的想法，在说我的想法过程中夹带评论学生的作品。当学生以《商鞅：因错误而真实，因功绩而伟大》为题洋洋洒洒 2000 余字围绕商鞅的作为和人品、个人与时代、法治与人心等展开讨论的用心用情用力之作放在我面前时，我以《我们：应在批判商鞅的思想和实践中推进法治》为题全面系统回应学生的作品。我想，这就是用实际行动去尊重学生，去构筑师生互对的良性生态。作为"稳定客体"，教师对创造的坚决、教师对探索的深情、教师对师生平等的呵护，一定会促动并召唤着学生进行个性化的、有意义的历史学习和建构活动展开。因为在师生这样的共同努力和充分平等交流中，既有用力于学生自我管理、自我激励能力的塑造和提升，也有适当给予学生必要的外部控制和规范；既有尊重学生个性化的、琐碎的"小故事"，也有重视关乎社会传统、原则与未来的"大故事"。这样的交流，融必要的规范性、真实的创造性、立足学生的灵活性、扎根民族文化和时代风貌的价值引领性于一体，深度的历史学习不期然而然。

通过上述反思和追问，或许可以大致明白，学生在探讨历史事物时表现冷淡或者思维僵化教条，可部分归因于老师程式化、简单化的工作方式及对纪律和统一性的强调，从情感体验角度看，这严重影响了人与人之间的信任、温暖，严重影响了相互尊重、期待、平等、对话，使年轻的生命陷入乏味、淡漠、了无希冀的漩涡中而失去自我，他们的人格沉默、情意沉默、价值沉默等内在消极状态积累的太久

太多。反之，如果我们对此有清楚的意识，就能更深刻地理解尊重互对对于促进学生情感和精神回归或维持在历史学习现场、促进深度历史学习有多么重要。深度历史学习是"要在感知觉、思维、情感、意志、价值观等全面投入的基础上，在推进历史与现实、与自我的视界融通中，达成对历史、对自我的通透理解。深度历史学习是要变久经沉淀、业已定格的公共性、预设性历史为生成性、现实性和个人主体性的历史，让历史用它的深沉、浑厚为学生生命的丰富、宽广、圆润赋能，让历史成为学生生命智慧和质感的建构者"。基于此，在情感态度上，日常教学中我们应该有一些"不走寻常路"的做法时不时地激发学生，此为"对得起"学生及其历史学科所应承担的育人功能。

二、教师在能力素养上要能"对得上"学生

在情感态度上的"对得起"和主观意愿上的接纳是前置性、基础性要素，构成了深度历史学习重要的情感和意志基础，能推动深度历史学习的展开，却无法保证历史学习的深度和效度。从前一部分分析中所涉及的深度历史学习中也能感知到，深度历史学习的真正展开，是需要教师对教学内容进行充分、深入的处理的。教师提供给学生官能感受和情感彩色捕捉的信息中，要包含着深刻的社会内容、人性内容、理性内容。历史教学要呈现出这样一种状态：基于时空、尊重时空的前提下，结合、融汇自身当下生活的经验世界，突破、超越具体时空的限制，探寻和捕捉具体时空场景下的历史事物自身所蕴含、散发的超时空的"微言大义"，体验"味在酸咸之外"的情义升华、认知飞跃所带来的精神愉悦，从而使学生对历史的亲近和感悟始于感受却不止于感受，而是依循客观真实的历史、社会发展需求、伦理价值和个性特征，使学生主体的情志与客体的历史镜象产生共鸣，"思与境偕"，对感受和捕捉到的内容进行合理解释和意义建构，在主体与客体、感性与理性、具体与抽象、个性与共性的相融共生中，实现学生依靠历史、经由历史而不断地滋养其灵魂、蓬勃其意志、扩充其志向的独特育人价值。

这其实是一种深度的交往，是一种高密度的古与今、主与客之间的生命能量的传递、交流过程。从基于学生主体地位的"教"的视角来说，历史教学尤其应建立起师生之间的平等交往关系。"交往意味着参与,意味着相互建构,教师的活动延伸到学生的活动中并影响学生的活动,学生的活动同样延伸到教师的活动并影响着教师的活动,二者之间形成了融合区域,教学活动成为一种交往式的创造性活动。"作为"平等中的首席",教师想让学生成为有创造力的人、拥有历史学习与建构的主体意识和主体责任的人,就得先使自己成为这种人。老师要让学生对历史有好奇心和深度探究的意愿,自己首先要爱上对历史的阅读和深度思考,把对历史的深度探知变成日常行为。只有这样,历史教与学的活动中,师生交往才会成为可能,我们才能够得上、对得上学生的期盼。

(一)拥有面向学生的谦虚主动性

人们的兴趣各有不同,关注点千差万别,历史本身又包罗万象,这决定了在历史学习中,师生互补互促既有可能也非常必要,师、生都是历史教与学的过程中除了书本、网络、课堂生态之外的教学资源的有机组成部分。既然如此,老师应有向学生求教的谦虚态度,以及争取学生资源的主动性,应充分信任学生并给学生提供个性化体验和创造的空间,要允许其个人经验、情感、思维、价值观念等参与其中。

为了推动学生对洋务运动如何促使中国迈出了近代化第一步的深度理解,我提议并与学生共同研究制定了"洋务运动探微"课后拓展延伸学习活动方案,与学生相约分为人物、工业、军事、教育与科技等多个相互独立又彼此关照的篇章,分工合作,一起深度探究洋务运动与时代变迁之间的关系。经过两个多月的研究讨论,我们师生相互扩充了彼此的视域,原来洋务时代那么鲜活、饱满,也那么厚重、壮阔,这就共同增进了师生对洋务时代的认知和理解。当我们探讨轮船招商局的历史变迁以及与今天的招商银行之间的关系时,由衷慨叹历史从不曾走远,它就在我们生活里,以新的面貌和姿态参与我们的世界;当我们探究江南制造总局的发展和贡献时,就不得不把它和中国船舶工业集团公司下属的江南造船有限公司关联起来,管窥一斑、可见全豹,民族复兴之路的基本脉络在我们师生的脑海中便渐渐清晰起来。

当我们师生一起梳理总结研习成果,并形成"洋务运动探微"活动成果展示长廊的时候,学生的内心是喜悦的、欣慰的,因为这样的学习活动有助于学生"在亲

近、理解和感悟历史过程中……,从一定的时代、社会和群体的价值与情感中升华出个人的修养、见识和价值观"。独特的经历,不仅带给学生历史学习与研究的基本程序、基本规范和技能的实操训练,真正提升孩子们的历史学科素养,还有师生、生生彼此之间相互尊重、平等对话、探讨与协作的丰富体验,更有时间管理、情绪管理、思维管理、语言管理、表达与呈现方式管理等辅助性能力与素养的体验和提升。总之,这是一次深度的主体性学习经历,在消解教师的权威性的同时,树立了学生对历史学习的自信心乃至对自我生命的自信心。这是超越学科本位的学科育人价值的落实,是历史学习中自然而然生成的可贵资产。

洋务运动的深度学习活动是成功的。它不是要给学生一种确定的历史结论,而是要唤起学生更深入、更持久地参与、感悟和反省,不是要给学生一个不容置疑的立场,而是要引导学生与历史对话、与社会对话、与自我内心对话。这样,一次历史学习活动就变成了一场自我基于生命的自主和尊严而展开的,因历史的参照而不断汲取能量、养分与智慧的旅程,将经由历史的介入而展开的与自我内心真实声音的对话塑造为一个螺旋式上升的、不断走向丰富和深刻的成长性过程,是触及灵魂进而呵护温润灵魂的非常有意义的历史学习过程。这启示我们,历史教师的确应该保持对学生的谦虚谨慎态度以及信任与激励势能,应有强烈的自觉意愿和学生一起开启生机盎然的历史之门,与孩子们一起向着历史的纵深处开掘,是真正"对得上"学生成长的,也是真正"对得上"历史学在中学作为基础学科其应有的育人价值的。我们教师越是谦虚和主动,越能点燃学生求知的欲望、思维的激情,越能拓展学生有意义学习的空间。

(二)保持紧跟时代的开放适应性

"所谓开放性,主要是指社会系统与其赖以生存和发展的自然或社会环境进行物质、能量和信息交换的主动性、多样性、创新性和有效性,以及由此所形成的自我协调、稳定与持续发展的能力。"在新时代背景下,新的育人目标、新的教育理念、新的课程标准与教材逐步落地对教师教育教学"舒适区"的冲击,以及信息时代"原住民"相对老师所具有的天然信息敏感性和信息适应性优势、学生们喜欢历史却不喜欢历史课现象的进一步凸显等,给我们教师带来了巨大挑战和压力。未来世界,我们唯一能够确定的就是不确定性,教师没有拥抱变革、接纳新生事物的开放心态、意愿和能力,在不确定的世界里将举步维艰,与学生之间的距离也会越拉越大;更为重要的是,如果今天的教师自身不具备与外界进行"物质、能量和信息交换的主动性、多样性、创新性和有效性",不能形成"自我协调、稳定与发展的能力",就不能引领学生并和学生一起面向未来,在未来教师和他曾经的学生将生活在过去。"百年未有的变局"昭示着,跟得上时代变迁的脉搏,"对得上"学生成长的需求,是我们教师不得不面对和尽快解决的课题。

拥有良好的开放适应性意味着我们需要敏感且能有效行动的现场学习力。作为教师,我们每天穿梭于教学现场、教研现场、培训讲座现场、师生交流现场等各种各样的教育现场,决定了我们应当也必须把自己向"现场学习"开放,要训练我们自己良好的"现场学习力"。"良好的现场学习能力表现为专注力、捕捉力和转化力",这要求我们在教育教学的每一个现场,身体、思维与灵魂都要同时在场,以提升现场学习实效,包括现场观察、注意、分析、批判、重建等,训练我们自我反思、自我修正、自我塑造的敏感性、主动性。应该说,"这种具有现场意识和现场自觉的学习,是最符合教师职业特性的学习方式:为现场的学习,在现场中学习,回到现场的学习"。

我们教历史,不仅是求历史之真,更为重要的是通过历史透视人类社会的变迁和发展,塑造一种基本的观察人类社会和自我世界的方式方法,把现在和未来放在历史长河中,从历史的纵深处出发,去观察、去判断、去预测、去追寻。从这个意义上说,中学历史教学要能充分反映时代气息、回应时代关切、聚焦学生未来生活样态,所以即便是同样的历史事件,可能需要我们常教常新。比如,在"一带一路"倡议背景下,对郑和下西洋的分析就需要多一种视角;在"社会治理"的理念和实践日益深入的背景下,对于中国古代的教育、赈灾等历史问题的理解,也需要我们渗入"治理"的立场和意识。这便意味着,为应对"变局",我们不仅要"迭代"自己的理念价值系统、智慧策略系统、方法技能系统,也要"迭代"与历史学本身有关的理论体系、知识体系、话语体系。

时代变迁日新月异,我们历史教师自当不以过往论英雄,用曾经的自己束缚和捆绑自己,也耽误学生;相反,我们需要以开放的心态和意识主动拥抱变革中的世界,基于现场学习的多元学习提升刻不容缓,持续地向书本、优秀同行、学生、其他学科、时代热点等学习,让自己对历史的言说多一些时代气息、生活味道、引领

智慧。如此,方能在舒展了自己的同时也有助于成就学生。

(三)持有对教学内容的自主意识

拿着历史教材照本宣科,或者只划重点,强调什么要考什么不考,这是最轻松的历史教学,然而这也是最"对不起"也"对不上"学生的历史教学。因为"历史教学可能的伦理价值在于它可以不断地扩展和深化儿童对他生活的那个世界所包含的社会关系、社会理想和社会手段的想象意识。但是,如果把历史看成是对业已消逝的事件的记录,把它仅仅当作往事,儿童就没有关注它的动机,历史便成了机械的东西,从而丧失其全部的伦理价值"。所以,历史教学一定是基于教材又高于教材的教学,所"高"之处,即教师对教学内容的自主意识——自主地把历史与时代、与学生个体生命成长相连接之后,赋予历史独特的价值和意义的意识。

历史教学伦理要求我们,应当把对历史与时代的关系的挖掘、历史对助力学生成长的需求的挖掘放在备授课的核心位置。这决定了我们对自己在教什么,为什么要教这些内容,所教内容在回应时代关切方面,在立德树人、促进学生成长方面的价值是什么要有明确、清晰且比较稳定的认知和建树。说到底,备课是一个将学生、教材和教师自己进行多维整合的过程,是一个教师知识准备、经验技能准备、心理状态准备、情感准备、伦理价值准备的过程。基于充分备课所教授的每一节课,都要对课程内容的时代价值、育人价值进行深入思考,历史不仅归属于历史,它还归属于时代,归属于走进历史学习现场的每一个人。

譬如,在今天,鸦片战争的硝烟早已远去,但就是这场战争开始把中国人从"天朝上国"的迷梦中惊醒,鸦片战争过程本身和战后条约谈判中的诸多细节,都是启发学生基于历史对现实、立足现实对历史进行多维解读的绝好资源。我赋予这场战争"情境化的爱国教育,世界化的学生成长"的时代价值和育人价值,作为我和我的学生重温这段历史的落脚点,坚持情境化的教学策略,"把学生引入历史人物的活动场景和心路历程,用全部身心体验人物的情感世界及现实困境",引导学生认识自信从容与狂妄自大的边界,理解民族尊严、个人荣辱与时代变迁之间的互动关系,展望国家繁荣富强的需要与个人成长所负之责任使命的"同步性",从而使这节课的隐性教育价值得以揭示和显现,教学效果非常好。我想,这得益于平时对毛海建《天朝的崩溃——鸦片战争再研究》等诸多历史学研究成果的主动学习和自觉运用,也得益于对这节课教学内容清晰而强烈的自主意识。

自主意识的觉醒和运用意味着创新,而以上叙述也能反映出对历史的研习是非常需要创新的。是创新,让师生的历史学习生活摆脱日复一日的单调重复,走出陈腐、平淡的境地,变得充满活力、处于新鲜之中;是创新,让师生有机会拥有和别人不一样的历史研习体验,让这种体验拥有独特价值,彰显独特魅力;是创新,逐渐发展和丰富师生的求异思维,更灵活地解决学习生活中的问题,享受突围的美妙与快乐。一句话,自主意识的觉醒和运用带来的创新,意味着一种独特职业幸福感。"一个生活的幸福指数比较高的人意味着低焦虑感、低倦怠感、高成就动机和高自尊需要;也意味着没有太多的后顾之忧,比较接受现实、悦纳自我、心存感激和追求卓越,这样的人既更可能、更重视专业成长,也会有更充沛的精力和更积极的心态去提升自己的专业素养。"这样的教师,也更有机会唤醒和点燃学生内心深处对过一种幸福的历史学习生活的向往和追求,终究会让学生的自主意识和创新能力闪闪发光。

三、教师在育人的立场上发挥"尊重互对"独特价值

以上分析让我们意识到,教师真实、真诚面对历史的意愿和能力是促使学生以同样态度面对历史的基础,这为既有温度也有深度的历史教学打下了坚实的基础。有温度,让学生感受到来自老师以及经由老师接触到的历史的人情味和温暖;有深度,让学生感受到老师以及经由师生自主建构的历史对于时代发展、个人成长的深刻意蕴。这背后,潜含着历史教育教学对学生生命成长的尊重和成全。然而,成长是自己的事情,绝非任何人所能替代的。所以,当我们把历史作为育人载体时,必然地要尊重学生在历史学习中的主体地位,并在此前提下组织有意义、深度的历史学习活动,因为"尊重互对"具有"主体间性",是一个主体和另一个主体之间的相互尊重、彼此对话,缺失了对学生主体地位的维护,双主体就变成了只有老师的单主体了,"主体间性"也就不存在了。

(一)构筑"安全地带",释放历史学习活力

历史课堂内外,学生总愿意揣摩老师的心思和意图以做出迎合性应答,而不愿意对我们"以实相待",表面上看可能是由于学生精神离场和自我放弃,实则与我们以师者自居,不愿意真心去倾听来自学生的声音(或者只听自己想听的)有关,也与教师以自我为中心对学生的应答的处理过于武断,以专制凌驾相待有关。前者使得学生觉得没必要跟老师诉说,后者使得学生觉得没空间跟老师诉说,历史教学现场的师生变成了"熟悉的陌生人"。学生的迎合性应答实则是对自己作为"道具"的地位的适应和对自身安全的消极性维护。这很容易造成我们在错误判断、虚假认知的基础上做出可能不起作用或起反作用的教学决策及行动,导致历史的教与学表面上风风光光,内里则惨淡空虚。

这说明,历史教学中的尊重与平等对话至关重要。师生之间只有建立起真诚的沟通以及建立对彼此历史话语平等批判基础上的相互扶持和帮衬,教师作为历史学习活动的主导者,才能扮演促进学生深度历史学习的角色,而不是相反。教师在某种程度上演变为只"启"而不"发",或者只"参与"而不"导航"的学习"道具",赋予学生广阔的历史探究舞台和充分的安全地带。在学习主体地位得到尊重、对历史的言说自由得以保障的情况下,学生讨论历史问题的勇气被释放,活力被激发,学生身心向书本、同伴、老师等敞开进而去接纳异质的、未知的东西的激情被点燃,他们的情感和精神重新回到历史学习现场,他们的每一句话、每一个看法都将深深打上自主参与的烙印,这样的历史学习即便不是深度的历史学习,也为深度历史学习奠定了坚实基础。

在这样的"地带"开展学习之所以能释放活动,还在于它是有助于"意图本位"和"意思本位"互促共生。"意图本位"聚焦于学习内容是如何"表达"以及因何如此"表达"的,学习的是一种思维、策略和方法;而"意思本位"聚焦于学习内容"表达"了什么有价值的信息、立场或观念,学习的是一种情感、态度、价值观。前者倾向于技术性操作层面,探讨"合规律性"问题,后者倾向于价值性研判层面,探讨"合目的性"问题。合规律性与合目的性相统一的教学,超越了具体的历史知识,以历史知识为载体,深度释放和发挥历史学科独特价值和意蕴,用以贡献历史学科在促进学生素养提升、人格成长、精神富足等方面的独特智慧与力量,是符合学生内在渴望成长的需求的,因而是有吸引力和号召力的。

(二)增进主体学习体验,彰显有意义学习独特价值

历史学习中学生情感和精神的保持或回归,赋予了师生、生生交往以乐趣、生趣和学趣,学习现场每一个人在积极能动地走向人与人平等交往深处的过程中,体会并实现对历史真实的建构和传承。其之所以可能,是因为在"尊重互对"学习生态下,平等、借鉴、辩驳、宽容的学程保证了师生双方对话、启发的实在性、有效性,也突出了学生的主体性、话语权,学生完全有自由把学习内容与他们自己的认知结构、经验策略等联系起来开展对历史的理解和解释活动。这突破了机械学习的弊病,让有意义的历史学习真正成为深度学习与素养培养的参与者。

有意义的历史学习能为学生进行自我认识、塑造保驾护航。"每一个人所生活的世界也只能是他自己所体验到的世界,不同的人命定地生活在不同的世界中。因此,谁要想理解人,就必须理解具体的、感性的和活生生的个体及其所体验的世界,而不能满足于抽象的和普遍的人性,更不能以后者来代替前者。"真正的成长发生在参与式的体验活动中,所以,"真正优秀的教师会时刻关注人的情感、心绪、体验、思维构建,看似传授的是知识,但传授过程体现出'随势就形'的特点,这个'势'、这个'形'皆因不同的人而定。知识顺着人的脉络攀爬,人顺着知识的光亮前行,而老师就是二者的'黏合剂',始终在调动人、启发人、激励人,因而'选择''拿捏'知识。"若能果真如此,则有意义的历史学习会在师生之间顺其自然地展开,学生将真正站在历史学习的主体和中心位置上,让历史学习朝着自己所期待和喜欢的那样进行,使历史学习拥有满满的意义感和价值属性。由此,他们将通过"个体及其所体验的世界"所传递的生命能量和成长讯息,塑造自我的精神世界和精神长相。

其实,历史学科传递给学生的生命能量和成长讯息是一种意识流,一种基于历史意识而形成的对现实和未来进行观察和有意识塑造的意识流,它不会像物理、化学等学科那样直接教给学生生活的技能,但它却在生命深处发挥基础性的、根本性的支撑作用。尽管历史本身不能直接教给我们如何去做选择,但经过主观参与,历史能给我们提供一种可能性和预见性认识,由此,它给我们立足现实而走向未来以指引。这种面向未来的指引,说到底就是长期历史学习过程中所形成的

历史意识，"它是人类在文明发展过程中产生出来的对自身历史的记忆和描述，并在求真求实的基础上总结经验、汲取智慧，进而把它用于现实生活的一种观念和要求。"这种观念一旦形成或拥有，它将融入学生价值观念系统并在学生未来发展中发挥恒久的、比较稳定建设性支撑作用。

总而言之，学习现场的我们与历史之间隔着一扇厚重的大门，有意义的历史学习需要师生基于"尊重互对"共同开启这扇尘封的大门，窥视大门里面人物的潮起潮落、事件的风云变幻、真相的扑朔迷离、规律的若隐若现。这其中，教师具有"对得起"学生的情感自觉并付诸行动，"对得上"学生学习和成长需求的能力素养并不断自我"迭代"完善，发挥着前提性、基础性作用。只有"尊重互对"让学生的情感和精神保持在或重回历史学习现场，才能师生共同"出工又出力"，一起走进历史，去仔细地看、认真地听、努力地想、真诚地悟对，才能"看到"、"听见"、"思及"、"悟出"历史深处的斑斓色彩、恢宏气势、无言诉说、无形脉络，"活"化并丰富对历史的理解。同时也帮助学生形成关于怎样生活、经验和活动的自觉意识，实际上是赋予他们一种基于对历史的把握而逐渐生成的对美好可能性的向往和追求中所流溢出来的精气神。有了这股精气神，即便在各种现实的"有限"中争取到的只是一分一毫的改变和进步，也不会因为看不到"希望"的成型而觉得无意义。相反，这些微小的改变本身就是意义，一段时间后猛然回首，会发现原来所有微小的变化已经铺成一条通往理想之城的路，尽管看不到尽头，却分明看到它与起点已经拉开了距离。

参考文献

[1]张向众,叶澜."新基础教育"研究手册[M].福州:福建教育出版社,2015.

[2]庞卓恒.史学概论[M].北京:高等教育出版社,1995.

[3]李泽厚.美的历程[M].北京:生活·读书·新知三联书店,2009.

[4]刘昶.人心中的历史[M].成都:四川人民出版社,1987.

[5]华东师范大学"生命·实践"教育学研究院."生命·实践"教育学研究(第三辑)——学科教学的育人价值及其开发[M].上海:上海教育出版社,2019.

[6]余文森.从有效教学走向卓越教学[M].上海:华东师范大学出版社,2015.

[7]胡玥.《历史学家的修养和技艺》对历史学科素养培育的启示[J].中学历史教学参考,2006(09):70-72.

[8]冷树青,夏莉芳.论后发文明系统跳跃转型的基本特征[J].求索,2009(04):48-50.

[9]李政涛.现场学习力:教师最重要的学习能力[J].江西教育,2015(35):1.

[10]施良方.课程理论:课程的基础、原理与问题[M].北京:教育科学出版社,1996.

[11]许军.情境化的爱国教育 世界化的学生成长——以挖掘《鸦片战争》一课的隐性教育价值为例[J].历史教学,2014(10):36-41.

[12]肖川.作为理想主义者的教师[M].北京:北京师范大学出版社,2015.

[13]石中英.教育哲学[M].北京:北京师范大学出版社,2007.

[14]王福强.为师生赋能:魅力校园的构建智慧[M].上海:华东师范大学出版社,2020.

[15]瞿林东.历史·现实·人生——史学的沉思[M].杭州:浙江人民出版社,1994.

高中历史备课现存问题与解决途径

天津市静海区第一中学　田雪

摘　要：在大力推进素质教育的今天，高中历史教学的备课中依然存在诸多问题。作为教师应该多方面备课，避免循规蹈矩、千篇一律、忽视培养学生能力、忽视相关课程资源的应用与开发、忽视现代信息技术手段的运用。要从史学理论、教学资源、信息技术手段等方面展开，充实课堂内容和教学手段，突出学生的课堂主体地位，既注重基础知识的传授，也强调学生的道德品质和学科素养的培养。

关键词：备课　解决途径　信息技术　资源准备

古人云："凡事预则立，不预则废。"教师的备课过程就是将教师的教学设想、课堂安排等环节转化为实际教学的过程。因此备好课是教师上好课、提高学生学习兴趣的前提。那么什么是备课，首先我们要明确"备课"的概念。备课就是教师上课前所有准备工作的总称。有时教师日常的生活也可以成为备课的一部分，教师教学的目的就是教会学生怎样自主地学习、怎样思考、怎样解决问题。我们常说的狭义上的备课，就是为课堂写教学计划，完善教学环节，有准备地进行教学，而备课的书面形式就是写教案或者写教学设计。

一、高中历史备课现存问题

(一)模式化严重,缺少创新

部分教师因自身业务素质不足,集中突击书写教案来应付学校的检查,教学设计模式化严重,千篇一律,没有强调不同班级和不同学生的差异。三维目标、重难点的选择完全照搬照抄考试标准或更有甚者文不对题,从而忽视了学生的上课需求,不利于学生参与的热情。教师机械的书写教案,不根据实际情况进行设计,缺少了关键的思考过程。这样学生就成了课堂教学被动的接受者,学生活动无从创新,也就达不到良好的教学效果。学生不能很好地与教师配合,无法落实基础知识,教学成绩也就不能提高。

(二)教师主导课堂,忽视学生主体地位

兴趣是学生最好的老师,培养学生学习历史的兴趣是历史课堂改革的目标之一。在课堂中,学生是主体,教师是主导。而实际情况却是教师成为课堂教学的主角,学生多是被动地接受。在日常教学中,教师应注重学生的表现,同时更应该培养学生的问题意识。在实际备课中,师生都是各自为战,教师多在应付教案的检查,缺乏有针对性的备课,忽视学生能力的培养,以自我为中心。在实际教学中却忽略了对学生"本"的研究,忽视了对学生发现问题、解决问题的能力培养。同时,这样的备课也忽视了学生操作实践能力的培养,忽视了学生之间合作能力培养。

(三)忽视相关课程资源的应用与开发

部分教师以课本为宗,以"教学大纲"为纲的教学观念严重禁锢了教师的教学思想,此类教师视教学参考为权威,缺少了教师自己的思考,不能依据学生的学习接受能力和兴趣进行而书写教学设计,致使备课中出现大量雷同的现象,这就降低了"教师的教"与"学生的学"的统一,使课堂教学缺少活力,无法实现新课改的具体要求。

二、高中历史备课现存问题的有效解决途径

新课标对高中生的能力要求,是在掌握基础知识的前提下,进一步提高阅读材料,归纳和获取历史信息的能力;通过对历史基本事实的认知活动,提升学生历史思考、思维能力;运用所掌握的基础知识提高分析问题和解决问题的能力。需要注意的是:历史知识一定要符合学生的接受能力和认知水平,才能够促进学生能力的进一步发展。面对新课改下的新要求,解决高中历史备课中存在的问题就显得十分重要。而解决的有效途径我认为有以下五点。

(一)史学理论的准备

1.增加对教材的解读

解读教材是深化课程改革的需要。实施新课程改革最突出的改变是教师的教学理念的变化,学生自主合作探究增多。但是过分强调学生的主体地位,容易造成学生个人的独立思考不够。教材是国家课程标准的具体体现,课程改革的理念、课程标准的各种规定,都是在教材当中体现的。同时,教材的编写,有各学科的专家,有教育学心理学方面的专家,还有一线的优秀教师,凝聚了很多人的心血。另一方面,教师不仅是课程和教材的执行者,也是教材的开发者、创造者。

实施有效教学应当包括三个内容:一是有效的准备,二是有效的实施,三是有效的评价。有效的准备就是有效的备课过程,对于教材的解读十分重要。新课程改革后使用的教材,是教师完成历史教学任务而利用的相关素材和教学手段等,其中历史教科书居于权威的地位。大体可归为文字、图片和视频。教师在备课的过程中必须高屋建瓴,应将这三类教材资源融会贯通,以课堂实践与学生兴趣为导向,从而科学合理地利用和开发新的教材资源,满足高中学生对知识学习的需求。如在讲《毛泽东思想》一课时,可以分析为以下内容:本课属于必修Ⅲ文化发展历程的"20世纪以来中国重大思想理论成果"这一单元中的第二部分。本课教材主要从两个方面向学生介绍了毛泽东思想:毛泽东思想的各阶段的发展及影响。本课内容一方面表明毛泽东思想的内容在不断充实和发展;另一方面反映出先进中国人的探索道路的不断深入;同时还反映出毛泽东作为伟人为新中国的建立和社会主义制度建立所做的贡献。由于本课内容理论性较强,所以在教学时充分利用与毛泽东有关的诗词、文章以及影视资料等,深入理解毛泽东思想的发展历程及其在中国历史上的伟大意义。

根据学生特点确定本课的重难点和学科核心素养目标,还以《毛泽东思想》为例。学生特点为高二学生通过初中、高一的历史学习,对毛泽东思想的内容已有初步的了解和掌握,但缺乏对毛泽东思想的理性认识。同时高中生思维活跃,求知欲旺盛,学习态度明确;自我意识趋向成熟,敢于提出不同见解;情感上具有正确的价值观;自主阅读与语言文字、口头表达有一定的基础;具备一定的团结协作能力。本课重点为毛泽东思想的形成过程及其内容,难点为毛泽东思想的科学内涵及其深远影响。核心素养目标为:时空观念是掌握毛泽东思想的诞生、发展。历史解释是通过在互联网、图书馆收集图片、文字资料、影像资料,培养搜集资料、提炼有效信息的能力。通过走访身边的人和事,激发学习热情,感受毛泽东思想对我国革命和建设的深远影响,注重调查研究的学风。史料实证是通过对本课各子目之间的学习和提问,培养分析问题、认识事物之间具有普遍联系的能力。通过对毛泽东思想的深刻内涵的讨论、交流,培养探究问题、表达问题的能力。家国情怀是通过探索毛泽东思想的产生过程,认识到毛泽东思想是从革命实践中产生的,并经过以后的实践证明了其正确性,说明了理论来源于实践且指导实践的道理,明白"实践是检验真理的唯一标准"。

2.树立文明史观

文明史观,通常被称为文明史研究范式,是研究历史的一种理论模式。最初产生于启蒙运动时期。文明史观认为,一部人类社会发展史,从本质上说就是人类文明演进的历史。从横向看,人类文明史的内涵包括物质文明、政治文明和精神文明。人类文明包括古希腊与古罗马文明、中华古代文明、西方资本主义文明、社会主义文明等。从纵向看,人类文明经历了渔猎采集时代、农业文明时代(包括新石器时代、青铜时代、铁器时代)、工业文明时代(包括手工工场时代、蒸汽时代、电气时代和信息时代)。从农业文明向工业文明转变的过程,就是现代化的过程。对一段历史的理解往往是仁者见仁智者见智,所以历史研究要博采众长用多种角度和

多种方式对历史知识的多维性、多层面性进行解读。历史教学更是一种多角度、多层次的认识活动,不仅历史知识丰富,其涉及了政治、经济、军事、民族、社会、外交、文化等多个领域,而且,学生的历史认识过程是在掌握基础历史知识的前提下,运用认识历史的技能和方法,积累探寻历史的方法和经验,发展历史的思维,提高历史文化的核心素养,树立符合时代精神的价值观念。可以说,历史教育就是一种人文素养的教育,教师在日常备课的过程中,必须首先提高自己的人文素养,梳理文明史观,才能让学生进步。

3.树立全球史观

全球史观的基本观点是:将人类社会的历史作为一个整体来看待。世界各个地区、各种文明在各自和交互的发展中,逐步打破了孤立、分散状态,逐渐融合成密切联系的全球统一体,这种全球一体化进程是历史发展的客观主导趋势。这一史观,要求从全球整体的大视角去研究世界历史。从世界历史的整体发展和统一性考察历史,全面探讨世界历史各个时期的时代特征、发展主流和总体趋势,不同文明之间的相互关联和渗透。新航路开辟以后,世界逐渐成为一个整体,各个民族历史的发展再也不是孤立的、封闭的。各民族之间、各地区之间的联系越来越多、越来越密切。例如,在分析新航路开辟的历史背景的时候,就可以让学生思考:新航路开辟前的新大陆与旧大陆之间有何联系?给学生以更加广阔的、高角度的视角,来培养学生的全球史观。那么教师必须要重视教材中出现的全球史观的相关知识点,培养学生运用全球史观分析、评价历史问题,并从整体史观的角度来分析重大历史事件产生的影响。

(二)教学资源的准备

1.教材资源的准备

教科书是教师授课的第一要义,教师在指导学生完成学习任务时,应把教科书内容和教学内容加以区分,在教学中把尊重教材原文和灵活处理教材有机地整合起来,进一步将教科书的内容体系化、结构条理化。高中历史讲授与初中相比有明显不同,高中历史课程比初中难度大、角度新颖、学生接受效果差,一定让学生在初中历史学习的基础上进行更深入的学习和探究。因此,在备课中教师应对学生初中的学习情况进行了解,充分发掘利用教材已有的教学资源,同时注意分清主次,突出重难点的教学内容,重新整合教材内容。精心制作多媒体课件,利用多媒体课件丰富课堂,同时真正体现出多媒体工具的特色,与教材相呼应,并且合理利用小视频、音频、动画设计、丰富的图片等方式将枯燥的知识变得生动有趣,更有利于突出重点知识,突破难点知识。如在讲授《红军长征》时,可利用地图将其制作成一个 Flash 动画,将长征的过程中的重要事件展示出来,这样操作形象直观,动态感强,学生更容易接受,印象深刻,利于知识的落实。同时还可以利用多媒体课件采用填空的方式检查学生的预习效果,对课堂内容落实情况进行检测,以提高学生的解题能力。出示大量的材料,不但丰富课堂,同时增强学生的分析、概括能力。如在讲解《毛泽东思想》一课时,在讲到毛泽东思想形成过程时,在不同时期我出示了不同的材料,如下所示。

中国共产党创建到国民大革命(1921—1927)

材料:谁是我们的敌人?谁是我们的朋友?这个问题是革命的首要问题。中国过去一切革命斗争成效甚少,其基本原因就是因为不能团结真正的朋友,以攻击真正的敌人。……一切勾结帝国主义的军阀、官僚、买办阶级、大地主阶级以及附属于他们的一部分反动知识界,是我们的敌人。工业无产阶级是我们革命的领导力量。一切半无产阶级、小资产阶级,是我们最接近的朋友。那动摇不定的中产阶级,其右翼可能是我们的敌人,其左翼可能是我们的朋友——但我们要时常提防他们,不要让他们扰乱了我们的阵线。

——《中国社会各阶级的分析》(1925 年 12 月 1 日)

土地革命战争时期(1927—1937)

西江月·秋收起义

军叫工农革命,旗号镰刀斧头。

匡庐一带不停留,要向潇湘直进。

地主重重压迫,农民个个同仇。

秋收时节暮云愁,霹雳一声暴动。

材料:一国之内,在四围白色政权的包围中,有一小块或若干小块红色政权的区域长期地存在,这是世界各国从来没有的事。这种奇事的发生,有其独特的原因。而其存在和发展,亦必有相当的条件。第一,它的发生不能在任何帝国主义的国家,也不能在任何帝国主义直接统治的殖民地,必然是在帝国主义间接统治的经济落后的半殖民地的中国。……第二,中国红色政权首先发生和能够长期地存在的地方,不是那种并未经过民主革命影响的地方,……而是在一九二六和一九二七两年资产阶级民主革命过程中工农兵士群众曾经大大地起来过的地方……第三,小地方民众政权之能否长期地存在,则决定于全国革命形势是否向前发展这一个条件。……第四,相当力量的正式红军的存在,是红色政权存在的必要条件。……第五,红色政权的长期的存在并且发展,除了上述条件之外,还须有一个要紧的条件,就是共产党组织的有力量和它的政策的不错误。

——《中国的红色政权为什么能够存在》(1928 年 10 月 5 日)

全面抗日战争爆发前

(1936 年,毛泽东便亲自率领红军渡过黄河进行东征,到华北抗日前线对日作战。)

沁园春·雪

北国风光,千里冰封,万里雪飘。

望长城内外,惟余莽莽;

大河上下,顿失滔滔。

山舞银蛇,原驰蜡象,欲与天公试比高。

须晴日,看红装素裹,分外妖娆。

江山如此多娇,引无数英雄竞折腰。

惜秦皇汉武,略输文采;

唐宗宋祖,稍逊风骚。

一代天骄,成吉思汗,只识弯弓射大雕。

俱往矣,数风流人物,还看今朝。

全面抗日战争时期(1937—1945)

材料:中国革命的历史进程,必须分为两步,其第一步是民主主义的革命,其第二步是社会主义的革命,这是性质不同的两个革命过程。而所谓民主主义,现在已不是旧范畴的民主主义,已不是旧民主主义,而是新范畴的民主主义,而是新民主主义。由此可以断言,所谓中华民族的新政治,就是新民主主义的政治;所谓中华民族的新经济,就是新民主主义的经济;所谓中华民族的新文化,就是新民主主义的文化。

——《新民主主义论》(1940年1月9日)

解放战争后期中华人民共和国即将建立时期

七律·人民解放军占领南京

钟山风雨起苍黄,百万雄师过大江。

虎踞龙盘今胜昔,天翻地覆慨而慷。

宜将剩勇追穷寇,不可沽名学霸王。

天若有情天亦老,人间正道是沧桑。

人民代表大会召开,三大改造即将胜利时期

浪淘沙·北戴河

大雨落幽燕,白浪滔天,

秦皇岛外打鱼船。

一片汪洋都不见,知向谁边?

往事越千年,魏武挥鞭,

东临碣石有遗篇。

萧瑟秋风今又是,换了人间。

中华人民共和国成立后初期

材料:一共讲了十点。这十种关系,都是矛盾。我们的任务,是要正确处理这些矛盾。这些矛盾在实践中是否能完全处理好,也要准备两种可能性,而且在处理这些矛盾的过程中,一定还会遇到新的矛盾,新的问题。但是,像我们常说的那样,道路总是曲折的,前途总是光明的。我们一定要努力把党内党外、国内国外的一切积极的因素全部调动起来,把我国建设成为一个强大的社会主义国家。

——《论十大关系》(1956年4月25日)

以上大量材料的使用,特别是毛泽东诗词的展示更能激发学生的兴趣,利用材料更好地理解毛泽东思想在不同历史时期的发展过程,提高了学生分析材料、理解知识的能力。如果依据材料过程,绘制表格更能起到好的教学效果。

时期	著作	理论	意义
大革命时期	《中国社会各阶级的分析》《湖南农民运动考察报告》	无产阶级对民主革命领导权和依靠农民进行革命斗争的主张	解决革命主力军问题
土地革命时期	《中国的红色政权为什么能够存在》《井冈山的斗争》《星星之火,可以燎原》	"工农武装割据"思想,"星星之火,可以燎原"等理论	开辟中国革命新道路
抗日战争时期	《论持久战》《新民主主义论》《论联合政府》	中国革命分两步走中共七大,被确立为党的指导思想	正确指导新民主主义革命
解放战争及新中国成立后	《在中国共产党第七届中央委员会第二次全体会议上的报告》《论人民民主专政》《论十大关系》《关于正确处理人民内部矛盾问题》	解决建设新中国的重大问题,解决如何建设社会主义制度的问题,丰富并发展了马克思主义的国家学说和社会主义建设理论	为新民主主义胜利和新中国成立做了准备 探索中国特色社会主义建设道路提供理论指导

2.激发学生兴趣资源的准备

历史教师既是课程资源的使用者,更是课程资源积极的开发者。教师本身也是一种课程资源,教师自身的素质是会影响教学的效果和学生的参与,更影响着对相关课程资源的合理利用和开发,新课标下的备课,仅仅依靠教材的资源是远远不够的。为了让学生深切体会历史学习的意义就必须将校内课程资源、校外课程资源和信息化课程资源等进行有机的结合,对学生的历史学习产生推动力。

我们都知道"兴趣是最好的老师",兴趣对学习效果起着重要的作用。孔子曾说:"知者不如好之者,好之者不如乐之者。"兴趣能够调动学生主动学习的积极性。中学历史教学由于内容的加深,理解、分析的知识较多,学生存在兴趣不足的问题,教师应改变传统的教学方式,认真研究学生的心理,弄清学生的需求,吸引学生的注意力,激发学生主动参与学习的兴趣,落实教学内容。如在讲"辛亥革命"

时,仅仅用单纯的语言描述整个事件的过程,爆发的时间、背景、经过、结果,一定会让学生感到枯燥难懂,缺乏学习热情。这时我们可以运用信息技术手段,多样化地展示事件,如在课件中可以插入播放《辛亥革命》等影视剧镜头,动画动态播放《辛亥革命事件时间轴》,用幻灯片展出辛亥革命主要领导人及主要事件的历史图片等,成功地再现当时的历史场景,让学生有身临其境的感觉。这种教学方式富有感染力,容易引起学生的注意力,使学生积极参与,去认识历史,提高了学生理解能力和课堂的教学效果。

巧妙的设计提问,循序渐进地进行教学,同样可以让学生紧跟课堂,如在讲解《毛泽东思想》一课时就设计了如下环节:在导入环节,课前播放红色经典歌曲——《太阳最红,毛主席最亲》。教师概括,刚才我们听到的歌曲的歌名叫《太阳最红,毛主席最亲》,这是一首红色经典歌曲,歌词中写道:太阳最红,毛主席最亲,您的光辉思想永远照我心。春风最暖,毛主席最亲,您的光辉思想永远指航程。在毛泽东思想的指引下,中华民族的独立梦得以实现;在毛泽东思想的照耀下,国家繁荣富强的梦想正在实现。那么,毛泽东思想的内容有哪些?它具有怎样的深远影响?利用视频导入激发学生参与的兴趣。再如分析毛泽东思想的背景这一子目时有以下设问:毛泽东思想不等于毛泽东的思想,毛泽东的思想是毛泽东个人的思想,有正确的也有失误之处。毛泽东思想是一个思想体系,这个思想体系也不是他一个人创立的,他只是这个思想体系的主要创立者。毛泽东思想是马克思列宁主义在中国的创造性运用和发展,是被实践证明了的关于中国革命和建设的正确的理论原则和经验总结,是中国共产党集体智慧的结晶。请学生依据角度总结背景。学生通过社会危机、阶级基础、思想基础、实践基础等角度的归纳,增强了对毛泽东思想背景的认识和理解。

(三)热点问题的准备

将热点问题与历史课联系起来,做到现实与历史有机结合。历史教学要让学生懂得运用历史观点来解决现实问题。作为教师要立足课本,选取学生感兴趣的现实生活中的热点问题与课本内容有机结合,来调动学生的积极性。例如:实际生活中,宣传正能量、体现社会经济发展、涉及民生的内容容易引起学生的共鸣,而一些负面的事例同样可以引发学生的思考。学生乐于思考,有助于提高学生自主

学习历史的能力,还可以提高学生用历史的观念考察社会和认识社会的能力,以及用历史智慧解决问题的能力。例如在讲授资本主义世界经济危机这一课时,正值西方国家出现类似情况,于是,我给学生布置了一个讨论题:"经济危机发生的原因概括",要求学生去查阅有关资料,进行总结。于是学生纷纷利用课余时间翻阅书籍或上网查询相关资料,做好准备工作。通过讨论既落实了基础知识,又拓宽了知识面,增强了学生的语言表达能力、阅读能力、收集整理材料的能力,取得了良好的效果。

因此,在现实生活中,往往会出现许多"热点"问题,这些问题不是一朝一夕形成,而是蕴含着深层次的历史渊源。人们常常说要"以史为鉴",学习借鉴历史的经验反思自我,重新认识自我和不断超越自我,从而加深对现实问题的理解,进一步把握事物的本质,积极阳光面对未来。在历史教学中要适时地引入"热点"问题,理论联系实际,这样做既可以体现历史学科"古为今用"的特点,也能更好地在实际教学中发挥学生的主体地位、激发学生潜力,体现了历史教学中素质教育的相关要求。同时可以激发学生学习历史的兴趣,培养学生分析问题的广阔性和深刻性。经常引用时事新闻,经常提问时事热点,会促使同学更主动的关注时事新闻,关心国家大事,与历史课联系,激发学生的爱国热情,增强学习历史的动力。同时经常总结一段时期以来的热点问题,与历史学科联系,有利于做到理论联系实际。

(四)应对学生课堂反应的准备

学生的知识水平不同,接受教学的程度也有差异,教师要在充分了解学生的基础上进行备课。传统的历史课教学,是以传递历史知识作为主要的任务,教师备课中要设计怎样完成传递知识的任务。而新课标则明确提出要以学生发展为根本,教学和备课都要为这一目标的实现服务,因此,教师在备课中要把激发学生的兴趣放在首要位置。教师一定要了解学生的学习需要,来设计教学的环节和知识的重难点。历史教师了解学生的学习兴趣,可以从多个渠道获得,如日常的观察、作业完成、交流谈话、调查问卷等。教师的教学活动就是为学生的成长、进步服务的。在实际的历史新课程教学中,学生不再是知识被动的接受者,而是教学活动的主体。历史课堂上学生积极参与,教师适时的引导,这些在备课过程中就需要教师提前设计,多考虑学生的年龄特点、接受能力、基础知识的掌握情况。学生的参与形式也是多种多样,可以将全班同学分成若干小组,选组长一名,而每个小组负责完成一定教学内容的预习任务,在教学前参与教师的备课活动,提出学生关心的问题和教学建议;还有一些教学内容可以编演历史剧、辩论赛、放视频和有感情朗读,都可以发挥学生的长处、让学生参与进来。

(五)典型试题的准备

课堂知识的学习,还有赖于试题的检验。因此,课前应依据教学内容选择典型试题,落实本课的知识。如在讲解《毛泽东思想》一课时,基础知识讲授后,出示一下试题:

(1)毛泽东在《井冈山的斗争》中论述道:"边界红旗子始终不倒,不但表示了共产党的力量,而且表示了统治阶级的破产。"毛泽东在此强调了(　　)

A."工农武装割据"只能存在于边界　B.创建农村革命根据地的伟大意义

C.红色政权的存在是完全可能的　　D.井冈山斗争艰巨而复杂

(2)美国学者罗斯·特里尔认为:"毛泽东是赋予马克思主义以新的东方道德标准的哲学家。"下列能支持这一观点的是(　　)。

A.发起了"人民公社化"运动　　B.发表了《关于正确处理人民矛盾的问题》

C.提出了"枪杆子里出政权"　　D.开创了中国特色的社会主义建设道路

(3)毛泽东思想并没有过时。毛泽东思想是马克思主义与中国革命实际相结合的第一次历史性飞跃的理论成果,是中国化的马克思主义,是中国共产党的指导思想,是中华民族的宝贵精神财富,也是中华民族团结振兴的精神支柱。毛泽东思想是夺取中国革命胜利的理论武器,是社会主义中国立国建国的思想政治基础,是建设中国特色社会主义理论的渊源和理论先导。在马克思主义发展史上,毛泽东思想起到了承上启下的作用。毛泽东思想将继续对中国共产党和中华民族发挥巨大和长远的指导作用。各位同学,我们已经理解了毛泽东思想对近代中国影响,那其精髓是什么?

(4)思考题:针对本节的学习,请同学们归纳学习类似知识的基本方法。

通过以上试题,既可以对本课进行简单的总结,也可以了解学生的学习情况并对教学过程进行反思,从而进行改进;对于学生,则提高了学生分析问题和解决问题的能力。

综上所述,历史学科的备课工作应该从全方面、多角度进行。备课时应将课堂教学提前演练一遍,让课堂丰富、有吸引力。同时新课程改革要求教师培养学生的综合素质、综合能力,那就需要学科内教师的合作以及学科之间教师的交流与探讨,增加教育者之间的互动,吸取不同学科的特点,使备课能符合新课改下学生的实际需求,让历史课堂教学要变得更加充满活力,学生能够积极参与,教学效果更加明显,教学方式更加丰富多彩,真正为教学服务。可以说,教师备课的成功与否,既关系到教师教学能力的提高,也关系到学生学习能力提升和健康的成长。如何按照新课标的要求进行备课并有效地解决备课中存在的问题,历史教师还需有更多的实践、总结,让历史学科教学更加有效。

参考文献

[1]鹿锦秋.历史教学与时事热点的结合[J].中学历史教学参考,1999(04):13-14.

[2]吴英.浅谈历史教学中信息技术的运用[J].科学咨询(教育科研),2012(06):105.

指向历史学科核心素养的学生自主学习能力提升策略

天津市第五十四中学　刘娜

摘　要:《普通高中历史课程标准(2017年版)》中指出,普通高中的培养目标是进一步提升学生综合素质,着力发展核心素养,使学生具有理想信念和社会责任感,具有科学文化素养和终身学习能力,具有自主发展能力和沟通合作能力。本文通过总结实践中一系列教学案例,阐释指向历史学科核心素养的学生自主学习能力的提升策略,即:"以唯物史观为纲领,指导学生自主制定学习目标——以掌握时空观念为基础,运用史料实证为手段,指导学生自主选择学习方法——以形成正确的历史解释为关键,指导学生自主探究——以发展家国情怀为归宿,指导学生自主评价"。

关键词:案例研修　历史学科核心素养　自主学习

在未来发展中,学生是否具有竞争力,是否具有巨大潜力,是否具有在信息时代轻车熟路地驾驭知识的本领,从根本上说,取决于学生是否具有终身学习的能力。使学生在高中教育阶段学会自主学习,以便学习者离开学校以后能继续学习,已经成为新时代中国特色社会主义对教育改革发展的召唤和对创新型人才的最新定义。所谓自主学习,即自我调节的学习,是学习主体在学习目标、过程和效果等诸方面进行自我规划、自我管理、自我调节、自我检测、自我评价和自我反馈的主动建构过程。

2017 年版新课标的出台,无疑是以培养学生的历史学科核心素养为核心内容的。学生在接受历史教育过程中逐步形成的基本知识、关键能力和方法、情感态度和价值观等的综合表现,是学生通过历史学习能够体现出的带有历史学科特性的品质。主要表现为:理解唯物史观的核心理论,掌握时空观念的核心思维,运用史料实证的核心方法,形成历史解释的核心能力,发展家国情怀的核心价值观。

教学案例是真实而又典型且含有关键问题的事件。一个教学案例就是一个包含有疑难问题的实际情境的描述,是一个教学实践过程中的故事,描述的是教学过程中"意料之外,情理之中的事"。

培养学生自主学习能力,在实践中与历史学科核心素养的涵养紧密融合,在案例研修中笔者以唯物史观为纲领,指导学生自主制定学习目标,使学生的历史学习从起点开始具备理论高度。以掌握时空观念为基础,运用史料实证为手段,指导学生自主选择学习方法,使学生接触到基本的时序观念、历史地理等研究方法,同时在研究史料的过程中形成历史的实证精神。以形成正确的历史解释为关键,指导学生开展自主探究,助力学生进一步拓展历史思维。以发展家国情怀为归宿,指导学生进行自主评价。历史教师要善于挖掘学科得天独厚的育人功能,使立德树人的育人目标能够落地生根,促进学生从历史的学习中终身受益。

一、以唯物史观为纲领,指导学生自主制定学习目标

以学生为主体的教学目标其终极目标是在掌握基本学习任务的前提下,学生能够调控自己的学习进度,制定自己的学习目标。

新课程标准为学生规定了学习的基本目标,也给以学生自主制定教学目标创设了极大空间,一节课的学习计划、时间及基本任务是相对不变的,学生应在规定的时间内完成自己制定的任务。在实际教学情景中,如果教师对以学生为主体中的"主体"把握不准,一味追求学生自发地"生成",可能会导致教学"散乱的活跃",课堂上也许热热闹闹,但因为缺乏目标导向,会出现"放之失度"的现象。

因此,学生制定的学习目标离不开教师的指导。首先,教师应指导学生对学习时间合理安排,避免前松后紧。其次,在学习内容方面,指导学生按照由易到难的顺序进行。第三,制定学习目标要考虑个性差异,要依据个人特点来制定自己的学习目标。

(一)目录综述法

此方法通常运用于开学第一课。我们可以采取先公布教学基本目标,再由学生自定学习目标的策略。以中外历史纲要上册为例,第一节课上首先告诉学生本书着重反映人类社会政治领域发展进程中的重要内容。这一模块共有 10 个专题,展示教学内容说明,如图1:

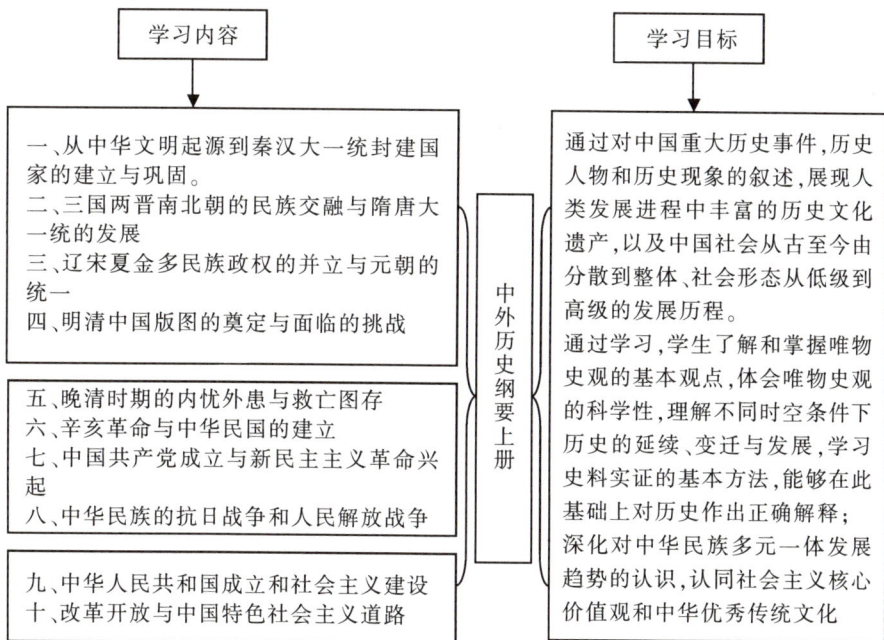

图1 专题内容及学习目标

将一册书的学习内容与学习目标建立联系进而制定自主学习目标,对初学者来说存在一定的困难。结合教材目录,适时引入唯物史观,使学生从开学伊始就能够站在唯物史观的立场上,高屋建瓴地看待史事,防止历史学习碎片化和毫无缘

由的死记硬背。以人教版教材为例：

首先，呈现唯物史观的基本理论。

揭示了社会结构因素之间的辩证关系(生产力决定生产关系,生产关系反作用于生产力;经济基础决定上层建筑,上层建筑服务和反作用于经济基础;社会存在决定社会意识,社会意识反作用于社会存在);人类的社会形态从低级向高级发展;人类社会从分散到整体的发展;阶级分析方法;人民群众是历史的创造者……

其次，举例说明，逐一解读。

教师设问：

(1)历史1是政治史,历史2是经济史,历史3是思想文化史,这三本书之间的关系我们通常要用哪种原理去分析呢?通过上面的介绍,引导学生认识:生产力和生产关系,经济基础和上层建筑,社会存在和社会意识是常用的史观。

(2)打开历史1的目录,可以发现几种社会形态?应该包括原始社会、奴隶社会、封建社会、资本主义社会、社会主义和共产主义社会。教师指出:从纵向看,尽管并不是所有民族、国家和地区的历史都无一例外地按照这个序列向前发展,而是先后不一、形态各异,但是这个从低级社会向高级社会发展的总过程,仍然具有普遍的、规律性的意义。这就是人类社会形态从低级向高级发展。

(3)预习历史1你会发现,这本书囊括了3个世界政治史专题。从横向看,人类的历史是从原始、孤立、分散的人群逐渐发展为全世界成为一个密切联系、息息相关的整体的过程,也就是世界历史的形成过程。

教师总结:通过预习教材,我们发现时序性(即纵向)和系统性(即横向)是历史学科的基本特征。唯物史观虽然学生很陌生,但它其实无处不在。因此在今后的学习中,同学们要学会将唯物史观运用于历史的学习与探究中,并将唯物史观作为认识和解决现实问题的指导思想……

掌握唯物史观后,要使学生的学习目标制定得科学合理,教师还需要进行一定的指导。

(二)民主协商法

教师通过平等、民主、商量的态度来帮助学生明确一节课、一个学习项目的学习目标,这比教师直接布置学习任务更易被学生接受。教师越是平等、民主地和学生商量,越能使学生感受到自己的责任,越能唤起学生的主体意识和学习的积极性。

这种感受源自于《五四运动》一课的教学设计,课前准备阶段教师进行了"你最感兴趣的是'五四运动'中的哪些内容?把你想知道的问题写给老师。"的全班调查,没想到学生的反应热烈,有的提出"如果没有巴黎和会,中国会不会出现像'五四运动'这样的反帝爱国运动?""'五四运动'在天津的发展情况如何?今天的我们还能寻访到当时的历史遗迹吗?""三个卖国贼到底有哪些卖国罪行?"等。教师从中精选了一些问题补充到课上探究环节,其他枝节部分鼓励他们课下继续探究。当学生们最想知道的问题得到解决时,他们的脸上露出了得意的表情。以后每当讲授新课时,我都要先和同学们"商量",而课前给我"传纸条"也成为学生历史预习的一部分。学生们在这种平等、民主的氛围中提出自己的学习愿望和目标,在学习中增强了主动性,收到较好的学习效果。

(三)对比完善法

自主学习强调学生自主制定学习目标。但有时学生制定的学习目标可能不太完善。此时,教师可采取:先让学生根据课前预习自主制定目标;课上再展示教师总结的学习目标,让学生加以对照;最后师生共同核查目标完成情况,反思完善。值得注意的是,学习目标的完善是双向的,并非单方面要求学生参考教师的目标,因为教师的总结归根结底是以学生为本,所以学习目标的制定要时刻以学生的发展和需求为宗旨。

(四)自选菜单法

自主学习中最能唤起学生主体意识的方式,就是贯彻自主选择的原则。教师提出一些目标供学生选择,让学生自己来确定各自的学习目标。在上课前,教师先列出一个学习目标菜单,上课时呈现给学生,让学生依据自己的情况自主选择。教师运用学习目标菜单可以较好地引导学生制定学习目标,既照顾了学生的个体差异,又能保证教学基本任务的完成。

例如,《辛亥革命》一课,教师设计了如下学习目标菜单,提供各类型、各层次的目标供学生选择。见表1:

表 1 《辛亥革命》学习目标菜单

目标类型	目标选择		
	第一层次	第二层次	第三层次
时空观念	能在地图上找到武昌起义的地点	了解辛亥革命爆发前全国和湖北革命形势	认识辛亥革命爆发的历史必然性
	知道中华民国的成立的地点；《中华民国临时约法》颁布的时间	《中华民国临时约法》与美国1787年宪法对比，比较不同时空下中美宪法的异同	从《中华民国临时约法》分析辛亥革命反封建专制的进步性
	袁世凯在北京接任临时大总统的原因	按时间顺序为辛亥革命从兴起到失败过程中的重大事件排序	辛亥革命的失败是历史发展的曲折性、复杂性的体现，由此证明了革命不是一帆风顺的
历史解释	"了解"——了解历史史实、基本线索和阶段特征	"理解"——理解历史内在联系和历史发展规律	"见解"——评价历史人物与事件，在联系比较中获取认识
史料实证	能通过网络等多种途径查阅资料，初步了解辛亥革命的历史知识	分析资料，认识辛亥革命没有根本改变半殖民地半封建社会的性质	依据所掌握的史实与评价标准，完成一篇"辛亥革命"的小评论
家国情怀	学习孙中山等革命志士的革命精神	通过学习增强爱国主义情感	将个人远大理想和奋斗目标与国家前途、民族命运紧密联系起来，形成为中华民族的伟大复兴做出贡献的历史使命感和社会责任感

　　学习目标菜单中将目标分为时空观念、史料实证、历史解释和家国情怀四种类型，每一种类型又分为三个层次，每一个层次都有具体、可操作的学习目标，学生可根据自己的学习能力确定相应的学习目标。因为每个层次都离不开唯物史观的指导，所以唯物史观没有做具体的层次划分，而且此课属于高一内容，学生刚开始运用唯物史观分析历史问题还有一定的困难，需要教师的有效引导和长期训练，在高一下学期时，就可以从教师提供本课用到的唯物史观，转变为让学生自己提炼本课的史观。

　　这种做法尤其适合高一年级六选三(或七选三)的选课走班课改模式。因为，新入学的高一学生不仅在历史知识储备水平、学习能力方面天差地别,而且个人对学科发展水平的要求也有较大差异。历史学科不作为有的学生的选考科目,他们只参加合格性考试,学科能力要求自然要基础一些;有的同学要参加历史学科等级性考试,其学科素养要与自身未来专业发展相联系,这就必然要求强化学生的史学专业基础。这样,分层次、有针对性的教学目标设计在当前和未来一段时间内,必将成为课改深化阶段的必由之路。

(五)提供参照法

以学生为主体的教学目标要照顾学生的个性差异,极大地发挥他们的学习主动性,让每个学生都能学有所获。为此,教师在指导学生制定学习目标时,可以先提出一般学习目标,为学生提供一个学习范围,避免学生的盲目性,然后让学生确定自己的具体目标。

例如,在学习《"一国两制"与祖国统一大业》一课时,在学生制定学习目标前,教师提供学生两条参照建议:一是可以借助《中外历史纲要》在《课标》中的内容要求,即:认识"一国两制"对实现祖国完全同一的重大意义来确定学习目标;二是可以根据老师提供的学习范围,确定学习目标。范围如下:

(1)理解祖国统一大业,我需要查找背景知识吗?

(2)我要采取何种途径查找该历史问题的由来。(过去,台湾与祖国大陆分离局面如何形成的?"一国两制"构想、特别行政区、"汪辜会谈"的含义是什么?对本课问题的由来和基本概念有一个大致的了解。)

(3)我要想想这一事件的影响是……(如何认识"一国两制"在中国乃至世界政治文明发展历程中的影响?)

(4)设计本课的知识结构图。

(5)联系现实,让我想到了……(试分析促进台湾问题和平解决的因素有哪些?)

这是为初学者提供的一份参考题单,当学习者适应一段时间后便可将括号中的那些具体问题去掉,让学生依据基本框架自己编题再自主解题,并根据实际情况进行调整,调整时要做到:一、把较大的问题细化为小问题;二、解决探究过程中生成的新问题。

为学生提供一个可供选择、有弹性的学习范围,从而为制定科学、合理的具体

目标打下基础,避免学生学习的盲目性。

二、以掌握时空观念为基础,运用史料实证手段,指导学生自主选择学习方法

如果没有合适的学习方法,学生不可能很好地进行自主学习。教师在引导学生自主学习时,应指导学生掌握多样的学习方法。新课程对历史学习方法提出了具体要求:"学习唯物史观的基本观点和方法,努力做到论从史出、史论结合;注重探究学习,善于从不同的角度发现问题,积极探索解决问题的方法;养成独立思考的学习习惯,能对所学内容进行较为全面的比较、概括和阐释;学会同他人,尤其是具有不同见解的人合作学习和交流。"

(一)掌握时空观念

以掌握时空观念为基础,进行预习、复习是历史教学的常用方法。传统的时空观念学习法仅限于列出大事年表和观察历史地图,此种方式虽然能够帮助学生记忆史实的时间地点等关键信息,但不能启发学生历史思维,是对时空观念素养表面化的认知,不能满足新课标对人才培养的需求。

以《第一次工业革命》为例,围绕时空观念,教师设计了四个层次的学习任务,培养时空观念素养,深化学生思维,也提供了可供模仿的历史学习模式。

第一层次:知道工业革命起止时间的不同表达方式,能够看懂历史地图,明确开展工业革命国家的地理位置。

第二层次:以时间为依据,梳理工业革命发展的历程;以空间为基础,分析英国首先开展工业革命的原因。

第三层次:时空结合,构建以工业革命为中心的中外历史发展体系框架,梳理中外共时性大事,在"大历史"视野下探究工业革命对中国的影响。见表2:

表2 第三层次:参考内容示例

时间	世界重大事件	中国政治	经济	思想文化	外交
1765—1840年	工业革命	鸦片战争;第二次鸦片战争;太平天国运动	中国近代经济结构三大变化	新思潮;中体西用;早期维新	被迫开放对外妥协屈辱外交
1870年	第二次工业革命	甲午中日战争;戊戌变法;义和团运动;八国联军侵华;辛亥革命	资本输出为主等;自然经济进一步解体;洋务运动开展;甲午战争后清末新政促使民族资本主义经济进一步发展	康有为、梁启超、谭嗣同、严复的思想;孙中山三民主义革命思想;实业救国呼声	完全半殖民地化;列强进一步控制清政府;清政府被迫放弃传统外交体制;客观促进与世界接触
总趋势	自由资本主义至垄断资本主义;政治经济发展不平衡	半殖民地半封建程度加深;反侵略;求民主	近代经济结构三变化;向机器化、工业化等方面转变	器物、制度、思想文化;向西方学习与救亡图存相结合	屈辱外交也被迫带入世界

　　第四层次:独立探究中外共时性等问题,用时间术语、分期方式等结合历史背景历程和影响等内容论述自己对历史发展的认识。见表3:

表3 第四层次:参考评价标准

	第一类13~15分	第一类9~12分	第一类8~11分	第一类5~8分
题目	认识到中西方发展的不同	体现了中国或西方的发展;时间和重大事件对应准确	立意有问题	仅就中国或西方单方面说明,未能较好建立联系
史实	史实运用恰当,至少运用各自2~3个史实	史实运用恰当,但只运用各自1~2个史实阐释题目主题	阐释了中西方不同发展特点	

续表

	第一类 13~15 分	第一类 9~12 分	第一类 8~11 分	第一类 5~8 分
逻辑	逻辑关系正确：英国完成工业革命，成为工业强国，举办第一届世博会产品以先进工业品为主；中国小农经济占主导，工业发展程度低，产品以传统手工业品为主；认识：中国在工业文明冲击下开始西学和近代化，也保留了浓厚农耕社会特色。如何实现近代化是传统落后民族的重大课题	逻辑关系和结论未能较好将中西方联系说明	未能较好建立联系。字数太多或太少	

(二)运用史料实证

运用史料时首先要掌握史料的分类,进而对各类史料进行甄别,最后选取最为可信的史料进行解读。

1.分类

文献资料、实物资料、口碑资料、声像资料。

直接史料和间接史料。(直接史料指"凡是未经中间人手修改或省略或转写的",间接史料指"凡是已经中间人手修改或省略或转写的"。——傅斯年《史学方法导论》)

有意证据和无意证据。(有意证据是指为影响当时或后世的历史学家而留下来的证据,无意证据则反之。——马克·布洛赫《历史学家的技艺》)

正面证据和反面证据。(史料作为证据,有"正面证据"即确证和"反面证据"即反证之分,对二者都必须慎重对待。——李剑鸣《历史学家的修养与技艺》)

基本史料(一节课涉及的最基本的史料)与延展史料(加深对相关内容理解的史料)。

2.鉴别史料

知道史料不同于史实;查证史料的出处来源;分析史料产生的背景;考虑史料

作者与读者;分析史料的内外语境。

3.解读史料

这是原始资料还是第二手资料?

它是什么时候制作的?

由谁制作出来的?

这一资料是从什么人的角度写成或制作的?

它是基于什么原因而写成或制作的?

它的对象是什么人?

这一资料有多可靠?它的报道是公正的,还是带有偏见的?

有没有其他资料支持(或反对)它的论点?

它对于研究某一特定历史议题/方面的作用有多大?

基于掌握时空观念、运用史料实证素养的要求,历史学习的基本方法可概括为:材料研习与运用、体验与思考、合作与交流、评价与反思等。

教师在指导学生以掌握时空观念为基础,运用史料实证为手段,选择学习方法时要注意结合学生实际及学习任务灵活运用。如体验与思考法具体包括角色扮演、联想与想象、分析因果关系、比较与分类、归纳与演绎。实施时应注意:

(1)角色扮演法可以让学生体验感受历史,对于历史事件过程性的问题较为适宜;

(2)历史教学实际上是"在'二度还原'中构建历史形象的过程",这就需要教师在引导学生感知的基础上,对所获得的表象进行想象、联想、深入、再造,来发展学生的历史形象思维能力,这就是联想与想象;

(3)历史对后人最有启示作用的是一些带有规律性的东西,因此分析历史事物间的因果关系就是掌握规律的重要学习方法;

(4)历史事物普遍存在因果关系,也普遍存在异同关系,比较与分类的方法适于解决此类问题;

(5)学生在学习时常常需要就史实的属性、价值和关系得出结论,一般可用归纳法和演绎法来推导结论。而高中历史自主学习中更多地采用归纳法,让学生自己发现规则、规律。

三、以形成正确的历史解释为关键，指导学生自主探究

引导学生进行探究性学习，也是教师指导学生自主学习时常用的一种策略。在探究训练教学模式中，教师的任务是帮助学生探究，而不是代替学生思考。在探究性学习中，主要指导学生使用收集资料、筛选材料及选择方法的策略。

(一)提供信息

历史，作为探究的对象，受时间、地点和条件的限制，让学生对每一历史事件都做实地考察，是不可能的。如果让学生通过书面参考资料或其他途径来收集资料，往往是一个既漫长又枯燥的过程，它可能会使许多学生的探究欲望逐渐变弱。因此，教师可充当信息提供者，指导学生进行资料收集。

据此，在《打开外交新局面》一课的备课中，我和学生达成共识：采用"历史活动课"的形式，设计了一个虚拟的外交图片展览馆。活动开始后学生缺乏整体构思，我给他们提出如下问题：

> 利用百度可以快速下载到很多外交图片，我该如何对这些图片进行分类？
>
> 对于我们要介绍的外交成果，时任外交部部长说……
>
> 作为图片的讲解员，我可以从这些资料中得出哪些结论？
>
> 在参观展览的过程中，我的感受是……
>
> 在本课的学习中，我使用的学习方法有……

以这些问题进行思路引领，使学生收集资料的任务变得相对容易。很快我们确定了三个展厅：20世纪70年代外交成果回顾厅；当今外交情况展示厅；未来外交前景展望厅。

活动中学生逐渐感受到，历史研究过程中起引领作用的是"问题"，这些"问题"产生于查阅之前，修订于分析之后，解决于论从史出。教师在其中铺路架桥，授之以渔,使学生资料搜集的效率大大提高。

(二)选择材料

学生的探究学习中可能需要运用一些材料。这时,教师可以提前对材料加以选择,以使探究学习能更有效地进行。此时,应注意以下三个方面。

首先,所选的材料应有吸引力,能引起学生的兴趣。好的材料要能适用于能力各异的学生,使不同水平学生产生不同层次的看法。

对"经济全球化是一把双刃剑"的理解是教学中的一个难点,为了加深理解,我们可以展示这样一张漫画:一个外国人两手举着写有"经济全球化"的旗子,肩上拉着一块大磁铁,磁铁上吸着好多美元。这样,学生就可以很形象地理解了经济全球化对发达国家最有利,经济全球化的本质是资本在全球范围内的新一轮扩张。接着,还可以展示两张图片。一张是从卫星拍摄的夜色下的地球,欧美地区亮光密集范围大,亚非地区亮度小范围少,非洲则漆黑一片。由此引起学生的兴趣,从中得出世界的贫富差距拉大、欧美经济发达亚非经济相对落后的结论。另一张图片是在 1984 年印度博帕尔农药厂毒气泄漏事故中被夺去生命的孩子。教师可以问:"美国为什么不把这种工厂建在自己国家?这种工厂的转移会给发展中国家带来什么影响?"对此,学生一般都会深有触动,认识到这种向发展中国家转嫁风险的行为,会给这些国家和地区带来环境污染。当然,另一方面也有利于发展中国家吸引外资、借鉴外国先进的技术和管理经验,以及可以扩大就业等。这就形象地说明了"双刃剑"的影响。

其次,所选的材料应有多种作用,应留给学生较广的思考空间。

最后,随着学生的发展及他们所要理解的概念逐步深化,应选择较复杂的材料,以促使学生进一步深入思考。

(三)搭建支架

支架式教学,即在学生现有水平和潜在水平之间搭建台阶,这就需要把复杂的学习任务加以分解,引导学生逐步深入,最终达到目标。以《新青年》的历史解释论证为例:

第一个活动

第一步:老师作为会议的主持人,向各组提问,5 组的同学分别回答会议主持

人提出的问题。请注意:回答结束时要明确指出自己依据的是当年《新青年》上的哪篇文章并结合相关史实;每组回答时间不超过3分钟。

当一个小组在回答的时候,其他小组一定要认真倾听,用笔记录其要点。因为倾听与否,直接关系到你们能否顺利完成第2个活动。

1.民主组

为什么你们组要高扬"德先生"的大旗?

你依据的是《新青年》中的哪篇文章?

你能用史实来支持你的观点吗?

在咱们之前,也有很多人如康有为、孙中山在中国宣传过民主,那咱们所宣传的民主与他们的宣传有什么不同?

2.科学组

你为什么觉得现在咱们杂志需要大力宣传"科学"呢?

你觉得到目前为止,中国人对"科学"的宣传和介绍还有什么不足?

3.新道德组

你们所谓的"旧道德"指的是什么呢?

儒家思想或者说五常不是一无是处,那咱们还有必要反对旧道德吗?

咱们要宣传的新道德的核心又是什么呢?

为什么要提倡这些新道德呢?

4.白话文组

现在很多人都认为文言文典雅、简洁,反对"贩夫走卒引浆卖车"之徒说的大白话用于文章,咱们要怎样申明反对文言文的原因呢?

用白话写文章真的有必要吗?

另外,怎么向大众解释钱先生他们提的废除汉字的主张呢?

5.马克思主义组

咱们亮出"德先生"和"赛先生"的旗帜并不太长久,为什么现在要转而宣传马克思主义呢?

这个学说和西方的民主、自由学说哪个更合适现在的中国呢?

第二个活动:合作学习效益最大化

第二步:五个小组回答完教师提出的问题后,就可摇身一变,充当提问者的角色了。每个小组都可以自由指定任意一个小组回答自己提出的问题:你所宣传的内容和我所宣传的内容间有何联系?

第三步:回答小组答题完毕后,再次充当提问者角色,可以自由指定任意一个小组回答自己质疑的该组答案。

该活动实际上模拟了三次序材料教学法:

第一次序的材料为教师的最基本原始材料。这个核心材料必须位于材料教学的中心。分组后,师生共同查阅分析小组相关史料的基础上,教师向学生提出广泛、开放式的问题,带领学生讨论这些史料,即第一次序的材料。(开展论证)

第二次序的材料是支持或质疑第一次序材料的原始材料。教师使用三至五个第二次序的材料,它可分为印刷的文件、图片(照片,绘画,图表和表格等)、文物。有些材料是佐证第一次序材料的观点和思想。其他材料是与第一次序材料的观点和思想进行对比。学生要考虑第二次序材料是如何支持或质疑第一次序的材料。

教师思路如下:(相互质疑)

(1)我的学生会对这个材料感兴趣吗?

(2)这个材料会让学生联想他们先前的知识吗?

(3)材料能否让概念、观点、事件与学生所熟悉的知识相联系?

(4)材料能否让学生考察"因时而变"?

(5)材料是否适合学生的认知水平?

(6)材料采用何种方式去深化学生对历史背景的理解?

(7)材料将如何影响学生事先形成的历史叙述?

(8)材料将如何有助于提高学生深思熟虑和作出合理决定的能力?

(9)材料要求学生用何种方式去使用历史的思维习惯?

(10)材料如何与要求发展历史思维的国家、地方标准和成就标准相联系?

第三次序的材料是由每个学生寻找的并且对他们很重要的材料,且与第一次序的材料有联系。(深度拓展)

在论证探究时,为学生搭建脚手架是一项有效的策略。教师在为学生搭建脚手架时,需要对学习任务加以分析,分析学生的起点能力即现有能力。运用适宜的梯度脚手架,体现教师在教学引导时由扶到放的策略。

(四)调查实践

历史学习不仅局限于课堂和教科书,对于广袤的社会资源,如历史遗迹、博物馆、社区、互联网等,深入挖掘、精心设计都可以将其开发为历史课程资源,从而丰富学生的认知。

如《世界需要中国 中国需要世界》一课,如果直接提问"经济全球化的利与弊是什么?",试想最可能的结果就是学生依教材泛泛而谈。于是,教师设计了"经济全球化对我家的影响"的探究活动,从效果来看,是单纯讲授法不可比拟的。过程如下:

第一步,请学生与家长共同填写居家物品与经济全球化的关系(如表4、表5)。

表4 祖辈居家消费与经济全球化关系统计表

项目＼类别	名称	产地	用途
食品			
家用电器			
服装、饰品			
通讯、交通工具			
总计	( )件	( )国	( )种
结果分析			

表5 我家居家消费与经济全球化关系统计表

项目＼类别	名称	产地	用途
食品			
家用电器			
服装、饰品			
通讯、交通工具			
总计	( )件	( )国	( )种
结果分析			

第二步,学生调查和平路商业街麦当劳、名表店、进口服装专卖店的情况,它

们对本市商业的冲击等,制成多媒体课件,以备课上展示。

第三步,了解班里学生有多少家长在中外合资、外商独资企业工作。学生采访这些家长,请家长们结合自己在这些企业工作的亲身感受,畅谈对经济全球化的理解。

第四步,根据以上调查情况,撰写调查报告《经济全球化给家乡带来的机遇和挑战》。

四、以发展家国情怀为归宿,指导学生自主评价

历史学科具有强大的立德树人的育人功能,要知道通过学习学生是否具有家国情怀和国际视野,需要不断对学习活动进行反思和评价。教师在引导学生自主评价时,要注意以下几个方面:首先,教师应引导学生明白评价的目的和功能。"历史教学评价的功能不再只是检查、甄别、选拔,更重要的是为了促进被评价者的发展。"在学习中,时时对自己做出评价是为了更好地调控自己的学习。其次,教师要引导学生虚心听取伙伴和其他人对自己的评价;在学生对其他伙伴做出评价时,应引导学生用发展的眼光看待他人、评价他人。最后,教师要引导学生对自己和他人做出全面的评价,而非仅仅关注学习的知识方面。因为历史学科核心素养下的评价要求不仅仅是考查学生对基础知识、基本技能的掌握,更要关注五大核心素养的形成。具体来说,教师在指导学生评价时,可采取以下策略。

(一)挖掘教科书中的家国情怀

教师要熟悉教科书中有利于开展家国情怀教育的内容,才能设计出有利于这一基本价值观形成学习活动,所以挖掘教科书中的资源是指导学生自主评价的起点。以人教版三个必修模块的中国史为例,见表6:

表6　利于家国情怀教育的教科书内容

专题	古代中国的政治制度	近代中国反侵略的潮流	近代中国的民主革命	现代中国政治建设与祖国统一
必修一	1.西周宗法制 2.走向大一统的秦汉政治 3.行省的设置 4.清朝的边疆政策	1.列强入侵与民族危机 2.黄海海战与反割台斗争 3.义和团反帝运动 4.抗日救亡运动抗日民族统一战线的形成	1.辛亥革命 2.五四运动 3.国民革命 4.新民主主义革命的伟大胜利	1.新中国成立 2.外交成就 3.香港澳门回归
专题	古代中国经济的基本结构与特点	近代中国经济结构的变动与资本主义的曲折发展	近现代社会生活的变迁	中国特色社会主义建设的道路
必修二	古代中国农业经济模式:小农经济	1.洋务运动 2.中国近代民族工业发展 3.实业救国	1.物质生活水平的提高 2.社会新风尚的形成 3.近现代交通通讯传媒的进步	1.市场经济 2.对外开放格局的形成
专题	中国传统文化主流思想的演变	古代中国的科学技术与文化	近代中国的思想解放潮流	20世纪以来中国重大思想理论成果
必修三	1.百家争鸣 2.罢黜百家,独尊儒术 3.朱熹理学 4.明末清初活跃的儒家思想	1.四大发明 2.中国古典文学和艺术	1.开眼看世界 2.维新变法 3.新文化运动	1.孙中山的三民主义 2.毛泽东思想 3.邓小平理论 4."三个代表"重要思想

(二)诊断性评价

在自主学习之前进行,是对学习者的认知特点、认知水平以及学习技能等因素的综合考察,用于确定学习者的学习起点,并且使学习者以此为根据选择适合自己学习水平的学习资源,确定适当的学习进度、学习策略与学习方法。实践中,使用问题训练单是诊断性评价的常用方法。

问题训练单是一种训练元认知的有效方法。教师可通过编制问题训练单来导学生对自己的学习进行调控和反思。问题训练单应依据实际情况来选择问题,从而使学生在诊断性评价时,能按照问题训练单自我提问、自我回答,以达到对学习起点的自我诊断。

例如,《罗斯福新政》一课,教师给学生设计了如下的问题训练单:

1.发现问题

从本课标题中我能猜测本课要说明的史实是什么吗?

我的猜测与教材内容相吻合吗?

理解罗斯福新政,我需要查找背景资料和相关概念吗?

2.史料实证

我通过什么途径厘清罗斯福新政的内容和作用?

对勾画出来的不懂的地方,我能通过主动与小组成员交流史料后,解答出所提问题吗?

3.时空观念、历史解释

我能按时空观念列出本课的知识结构吗?

我能看着知识结构给父母或同伴复述或创造性地解释罗斯福新政吗?

4.唯物史观、家国情怀

我能运用唯物史观评价罗斯福新政吗?

我能通过与其他国家改革的对比,理解罗斯福新政吗?

学习本课我有什么启发?

学生们初看这些问题时,纷纷瞠目结舌,这是历史题吗? 倒像是一盘亲切的"家常菜"。正是这份以"我"主的"家常菜",引起了学生对本课的兴趣。学生按照问题训练单自我提问、自我回答,潜移默化中开始了对本课的自主学习。

(三)形成性评价

形成性评价的目的在于了解学生的学习进度以及其在自主学习过程中遇到的问题,以便调整和改进自主学习的策略,激励学生自主学习。

学生自我评价是让学生随时掌握自己的学习水平和学习进展情况,做到有的放矢。学生可以根据对自主学习活动过程中的问题随时思考或对任务完成的结果自我评定,发现学习中的难点以及自己的弱点,以便适时调整计划和目标,进行学

习策略的重新选择和思考,达到最优化、最高效率的自主学习。自我评价在很多情况下依赖于学生自主实施练习、测试等,学生能够判断自己的学习结果,不再完全依赖外部反馈,并且学生能够恰当地利用获得反馈的机会加强自我评价与反思。

例如,学生可以在自主学习之前与教师制定一份学习契约,契约中详细规定自主学习的总体目标,并且将总目标具体细分为各个较小的较详细的分目标。并且规定实现学习目标的方法、策略,并制定详细的学习计划及步骤,以及具体的学习时间表。学生根据自己在自主学习中每个步骤的表现以及各个分目标的实现情况与契约中的协议进行对照、评价,并将评价获得的分析结果作为反馈信息用来调控自主学习过程,并最终达到学习契约中制定的自主学习的总目标。这种评价方法可以有效地调动学生自主学习的积极性,培养学生掌握、调控自己学习进程的能力,并使学习者获得进行自我评价的能力。见表7:

表7　学习契约

学习任务	子目标1	子目标2	总体目标
策略选择			
时间计划	步骤一 步骤二 ……	步骤一 步骤二 ……	
结果对照			

(四)终结性评价

终结性评价是在自主学习活动完成之后进行的评价活动,其目的在于检查学生是否通过自主学习达到了既定的学习目标。

1.适于某一课的学习

具体到某一课的学习,教师可以通过设置简单的问题训练单来引导学生评价自己的学习收获。

例如:学习结果自我总结问题训练单

(1)这节课我学到了什么?

(2)这节课我有什么体会?

(3)我对学习经历有何感受?

(4)这节课的问题解决主要采用了什么方法?还有别的方法吗?

(5)采用的方法适用条件是什么?

(6)这节课的学习对我的学习生活有什么影响?

2.适于单元教学反馈

表8　自我评价表

内容		评价的视点	评分					评语
			5	4	3	2	1	
学习态度	(1)	有强烈的学习欲望						
	(2)	尽了最大的努力						
	(3)	肯动脑筋下功夫						
	(4)	积极性高						
	(5)	共同学习						
学习方法	(6)	能抓住学习目标						
	(7)	能制定学习计划						
	(8)	能够思考解析方法						
	(9)	可以自己查阅资料						
	(10)	能够相互进行确认						
	(11)	能够继续深入学习						
	(12)	能够反复推敲学习						
	(13)	学习能够举一反三						
关键能力	(14)	学习方法得当						
	(15)	有速记的能力						
	(16)	有创造力						
	(17)	基本功扎实						
	(18)	学习的自主性强						

　　表8设计有3个维度18个评价视角5个等级,是一个典型的多维设计,适于单元教学反馈。

3.模块的综合评价表

　　进行每模块的综合评价时,学生自评和互评尽量做到全面、具体、量化,具有一定的可操作性。见表9:

表9　学生学业成绩综合评价表

_____ 年级 _____ 班 姓名 _____

项目	自评		互评	
	基本情况	得分	基本情况	得分
出勤情况				
课堂表现及原因				
作业情况				
活动情况				
动手能力				
自主学习				
合作学习				
历史论文				
特长发展				
其他				
自评 50%	互评 50%		综合 100%	

测试题,也是常见的综合测验学习者的自主学习成果的方法。这种评价方法比较传统,不能针对每个学习者的个性特征和自身情况进行个性化评价,但这种评价有统一的评价标准,并且比较客观,也能很好地反映出学习者最终的自主学习成果。

(五)促进自主评价的其他策略

1.学生互评

学生相互评价是在自主学习过程中,学生以小组为单位,依据特定的评价标准,同伴之间对学习方法、学习过程以及学习效果所做的评价。在这种评价模式中,可以由同一组中的几个学生评价一个学生,每一个学生对被评价者的学习行为以及学习结果写出评语,指出其学习过程中的优点和改进的建议。同时,被评价的学生可以根据同伴的评价总结自己的学习,确定自己的改进目标以及改进方法。通过这种学生相互评价的方法,学生可以充分理解评定的标准,逐步增强自主学习的自信心。同时,可以使学生学会信任,客观、公正地对待自己和他人,并且学会了解他人的学习过程,可以运用相互评价来鼓励学生合作学习以及向他人学习。见表10：

表 10　同伴互评表

被评价者姓名：＿＿＿＿＿＿＿＿	评价者姓名：＿＿＿＿＿＿＿＿	
学习方法：		
学习过程：		
学习效果：		
评语：	优点：	
	建议：	

2.教师评价

教师对学生的评价是促进自主学习评价中主要的评价方式，可以采用以下方式：

（1）非结构型访谈

非结构型访谈是通过与学生进行交谈和询问从学生那里收集第一手资料的一种研究方法。

这种方法是定性与定量相结合的一种评价方法，它能够很好地收集到学生自主学习兴趣和动机方面的资料，如学生的价值观、情感感受和行为规范；学生已有的学习经验、自主学习习惯等。

这种评价方法可以为自主评价提供比较广阔、整体性的视野，可以从多角度对自主学习过程进行比较深入、细致的描述，可以帮助教师与学生建立彼此关心、相互信任的良好的人际关系，帮助学生及时了解自己、了解自己的学习目标与学习内容，是自主评价的基础。

（2）电子档案袋评价

档案袋评价是按照一定的标准，收集能够反映学生学习过程中所作努力的材料、学习反思的文档以及最终的学习成果和学习作品等整套材料，以展示学生的学习和进步状况。

随着信息技术在教育领域应用的逐渐增加，信息技术可以使传统的档案袋成为电子档案袋，即在信息技术环境下，学生运用信息手段表现和展示自己在学习过程中有关学习目的、学习活动、学习成果、学习努力、学习进步、学习业绩以及对学习过程和学习结果进行反思的一个集合体。见表11：

表11　电子档案袋

基本信息	姓名： 爱好： 特长：
学习目标	
学习规划	
学习结果	文本、图形、声音、视频、动画……
评价体会	学习者： 同伴： 教师：

由此可以看出，利用电子档案袋对学习者的自主学习过程和结果进行评价，可以将自主学习的过程和评价过程融为一体，学习者可以据此来更好地了解自己的学习进展情况以促进自主学习的自我监控与自我管理，这可以极大的促进学习者积极地参与到学习活动中，一方面可以有效地提高学习者自主学习的效果，另一方面也可以帮助提高学习者的整体素质。

(3)网络自主学习记录

随着多媒体计算机和网络技术的发展，信息技术越来越多地渗透到自主学习的方方面面，教师在对学生自主学习进行学习评价的时候，可以参照学生利用网络自主学习系统或者学习网站、自主学习软件的情况对学生的自主学习情况进行评价。

例如：参照学生自主学习中经常点击的URL(统一资源定位符)，搜索的关键词、字，经常访问的信息的类型以及停留的时间的长短，访问的频率等；学生参与电子讨论的话题，访问的时间段，经常使用的工具等；学生访问过哪些与自主学习有关的课件、课件的内容、访问的时间和学生已浏览过的教案页面、已经完成的练习和阶段性的测试题，以及各个知识点的学习成绩；学生经常使用的交流工具以及使用这些工具的次数，学生提问以及回答问题的次数和问题回答正确的次数等。

当然，在学习实践中，只选用一种评价方式的情况，往往是极少的。

例如《甲午中日战争》一课，各组都制作了演示文稿，这里就设计了多元评价主体和多维评价标准相结合的学生演示文稿评价量规。见表12：

表12　学生演示文稿评价量规

学生演示文稿评价量规			评分100%	
	优	良	需努力	学生评分50%	教师评分50%
学科核心素养要求	• 内容围绕着甲午战争研究的单元问题和基本问题展开。包括对课题研究的过程中的主要活动、主要观点及学习体会等 • 能够独立思考,多角度、由表及里地分析问题。对问题的解释有独到的见解 • 观点明确。能够举出具体的史实说明观点。所列举的史实准确无误。能用唯物史观理论分析战争概况 • 内容组织的时空条理,有逻辑性 • 没有错别字及语法错误	• 内容围绕着甲午战争研究的单元问题和基本问题展开。包括在课题研究的过程中的主要活动及主要观点 • 能够独立思考。对问题的解释提出自己的看法 • 观点比较明确,能够举出一些具体的史实说明观点 • 内容组织有时间或空间条理 • 没有错别字及语法错误	• 内容与甲午战争研究的单元问题与基本问题关联不大。对研究中主要活动及观点的介绍不够完整 • 研究中没有形成自己的解释 • 理由不充分。不能举出具体的史实说明观点 • 内容组织没有时空条理 • 有错别字及较明显的语法错误		
技术	• 10张以上幻灯片 • 色彩明快,背景、文字、插图搭配得当。视觉舒适 • 图文并茂,图片、动画的使用有目的性,有助于说明主题 • 各种链接准确无误 • 特效使用得当,有效的表现主题	• 6张以上幻灯片 • 背景与文字的颜色搭配得当,观看、阅读无障碍 • 图文并茂 • 各种链接准确无误 • 特效使用得当,有效的表现主题	• 不足6张幻灯片 • 色彩搭配不当,背景与文字颜色反差小。阅读有障碍 • 有链接错误 • 特效使用不得当,无助于表现主题		
总评					

参与是每一个学生的权利,是教育对每一个学生的要求和目的。教师的责任就在于创设恰当的方法使全体学生都参与进来,不漏掉任何一个学生。但学生已有的学习基础不同,接受能力不同,学习速度有快有慢,这就要求教师照顾到全体学生,分层对待,针对不同特点的学生在目标、方法、评价等方面体现出层次性,使全体学生参与学习。

我相信,只要我们历史教师转变观念,有意识地在教学中运用各种策略,培养学生自主学习的能力,那么历史教学必能勃发出不竭的生机和活力,并为学生的终身学习和未来的发展打下坚实的基础。

参考文献

[1]陈志刚.历史课程论[M].长春:长春出版社,2012.

[2]王春永.中学历史课程教学论[M].长春:吉林大学出版社,2011.

[3]李晓风.李晓风历史教学思考与实践[M].北京:中国大百科全书出版社,2012.

[4]赖格卢斯.教学设计的理论与模型:教学理论的新范式:第2卷[M].裴新宁等,译.北京:教育科学出版社,2011.

[5]郑林.中学历史教材分析[M].北京:光明日报出版社,2013.

[6]庞维国.自主学习——学与教的原理和策略[M].上海:华东师范大学出版社,2003.

[7]孙宏安.自主学习的理论与实践[M].北京:开明出版社,2003.

[8]韦伯.有效的学生评价[M].国家基础教育课程改革"促进教师发展与学生成长的评价研究"项目组,译.北京:中国轻工业出版社,2003.

[9]叶海龙.逆向教学设计简论[J].当代教育科学,2011(04):24-26.

[10]马鹏云.从领域一般性到领域特殊性:教学活动的转向[J].教育理论与实践,2014,34(23):3-5.

[11]王道俊.知识的教育价值及其实现方式问题初探——兼谈对杜威教育思想的某些认识[J].课程·教材·教法,2011,31(01):14-32+43.

[12]聂幼犁,於以传.中学历史课堂教学育人价值的理解与评价——立意、目标、逻辑、方法和策略[J].历史教学:(中学版),2011(07):10-13.

[13]於以传.中学历史课堂教学把握内容主旨的基本途径与方法[J].历史教学问题,2012(04):120-124+46.

[14]夏辉辉.追求历史教学价值 探寻课堂教学本质——关于"一节好的历史课"的思考[J].

历史教学(上半月),2013(11):10-15.

[15]赖配根,余慧娟.课程专家就教师关心的问题答本刊记者问(五)自主学习的真谛是什么[J].人民教育,2002(11):42-43.

[16]弗雷德瑞克·德雷克,莎拉德·雷克布朗,陈伟壁.三次序材料教学法(二)一个改善学生历史思维能力的系统方法[J].中学历史教学,2008(09):7-14.

浅谈高中历史开放性问题教学中突出学生主体地位的策略

天津市宝坻区大钟庄高级中学　李文恒

摘　要: 随着新课程改革的推进,突出学生主体地位成为教学的普遍共识。在进行开放性问题教学的过程中,笔者发现此种教学模式能够调动学生的积极性,对学生主体性的发挥大有裨益。本文将从学生主体地位及历史开放性问题教学的含义解读,两者的关系以及在教学中如何进行实践做进一步探讨。

关键词: 高中历史开放性教学　学生主体地位　教学策略

随着新课改的逐步推进,突出学生在学习中的主体性成为共识。充分调动学生的主体自觉性,使学生积极参与到教学过程中,真正做到"我要学",是教育者教学探索的方向。对于如何促进学生主体性的发挥,仁者见仁,智者见智。笔者在教学实践中发现,高中历史课的开放性问题的教学在实践中还处于全新领域。教师的问题设计由"封闭式"问题到"开放性"问题的转变,对学生学习主体意识和学生的思维培养大有裨益。

一、学生主体性的含义和特征

(一)含义

现代教育的显著特征之一就是尊重学生的主体地位。学生主体地位的发挥就是指在教学中突出学生学习的主动性、自觉性、能动性,对客观事物的认识在已有的知识结构的基础上,经过外部因素的刺激(比如教师的指导),形成新的认知结构,形成自己的技能、智慧和品格。

(二)特征

1.学生是认识和学习的主体

建构主义理论认为,学生是学习的主体,学生在学习过程中通过各种学习环境要素,充分发挥学生的主动性、积极性和首创精神,最终达到使学生对当前所学知识的意义建构的目的。发现学习理论的积极倡导者布鲁纳说过:"知识是我们构造起来的一种模式,它使经验里的规律具有了意义和结构。"同时他认为发现学习能调动学习者的自我学习机制,能调动学习者的主动性。因此,两种教育理论都强调学生是认识事物和学习的主体,而这个认识过程中就是突出了学生的主体地位。

2.与教师的主导密不可分

现代教育理论认为:在师生关系中,"教"和"学"分别是教师和学生的活动,教师是主导,学生是主体,两者既对立又统一,是相互制约的关系[1]。学生的主体性是通过教学过程中不断完善和发展的,学生不仅是认识事物的主体,而且还是实践的主体和发展的主体。但学生的认知离不开外部教学环境的影响,特别是教师教学过程的精心设计。没有教师的主导作用,学生的认知有可能会出现偏差。因此,教师的教学活动对学生学习方法、学习态度、价值观都将产生深远影响。"教学过程作为一种特殊的过程,是学生在教师指导下以认识知识为主,将认识已知和探

索未知统一起来。"所以,要想使教学效果显著,就要处理好教师的"教"与学生的"学"的关系。只有这样,学生才能进一步参与到教学活动中来,学生的主体性才能得到充分发挥,学生的创造性思维才能进一步得到拓展。因此,以学生为中心与教师的主导作用是密不可分的。

二、历史开放性问题教学的概念、意义、制约瓶颈和特征

(一)概念

历史开放性问题教学是指教师在设计历史教学问题时,呈现的材料多元、探索的过程强调学生的个性化、答案结论不固定的教学。比如问题中材料呈现一个观点或多个观点,要求学生依据材料和所学知识进行论证,或是所给材料中,问题论述的观点是隐性的,需要学生首先提炼出观点,然后加以论证。学生的论证凸显结论的开放性。

(二)意义

2019 年《国务院办公厅关于新时代推进普通高中育人方式改革的指导意见》中明确指出:"积极探索基于情景、问题导向的互动式、启发式、探究式、体验式等课堂教学"。而对历史开放性问题的研究,正是对这一指导意见的具体实践。目前,素质教育的观念已日益深入人心,而素质教育的实质核心是创新。近年来各类评价中开放性试题的设置,便是这一转变的突出表现和有力佐证。因此,在实际课堂教学中,通过历史开放性问题的设计,调动学生主动性,培养开放性思维,具有极强的现实价值。

历史开放性问题教学就是以历史课堂教学为立足点,以开放性问题教学策略为研究内容,充分发挥学生在学习中的主体地位,培养学生的自主性、主动性和创造性。近年来各省市高考卷出现了开放性试题,这种题型对学生的发散性思维提出了更高的要求,学生只有在课堂中充分发挥主动性和创造性,对历史现象和历史结论提出不同的见解,用正确的史观加以引领和论证,才能全方位地提高学科核心素养。因此,结合教学实际,探索历史开放性问题的教学策略,对教师专业的成长、学生的深层次思维和多元性思维的培养以及适应高考题型的变化将会大有益处。

(三)制约历史开放性问题教学的瓶颈

根据对一线教师的调查,历史开放性问题在教学中的使用还很少,尚处于全新领域,很多教师仍习惯于"封闭式"问题的设计思路。究其原因,具体表现在以下几个方面:

1.从教师角度分析

(1)教师对开放性问题的理论认识不足

由于教师在教学中对开放性问题的理论不熟悉,导致在教学实践中的问题设计与操作中倾向于"封闭式"问题,即有唯一固定答案的问题。而开放性问题的设计需要搜集大量史料,强化学生的思辨性和层次性,设计难度大,所以在教学中不愿采纳。加上教学评价机制陈旧,教师有时刻意设计了开放性教学问题,但是仍然用固定答案来评判学生的回答,学生的个性思维受到限制。

(2)教学设计中忽视学生多层次思维的培养

教师在设计开放性问题时远离课程目标,问题设计没有层次。学生思维没有拓展,这样对于教学目标的达成实际上是非常低效的。课堂问题的设置要紧密围绕教学重点,注重学生多层次思维的培养,这样才能使更多的学生参与到课堂当中来,不至于使一些学生在学习中处于旁观者的地位,影响学生主体性发挥。

(3)教师对教学中生成性问题把握不理想

教师在课堂教学中根据教学目标进行问题的预设,往往关注了目标的达成,而忽视了生成问题。教师在课堂上进行预设目标时所采用的自主学习、小组合作、探究活动等过程中,学生必然会产生新的问题,也就是生成问题。教师处理不当,会限制学生的积极性。开放性问题就是鼓励学生敢于提出质疑,对历史进行有意义、有创建的阐释。这就要求教师拥有很好地把控教学的能力和渊博的知识作为储备,适时对预设问题进行调整,从而体现生成问题的价值性。

（4）开放性问题设计忽视学生的学情

教师在开放性教学问题设计时如果没有从学情出发,没有从学生已有的知识经验创设,学生的参与性就会降低,不利于学生学习能力的迁移,学生思维的发展也受到限制。课堂设计中的开放性问题,往往思维含量很高,学生回答此类问题时往往受已有知识的局限,答案不着边际,收效甚微。

2.从学生角度来分析

学生在回答开放性问题时,往往出现逻辑关系混乱,点与点思维不能联系。造成这种现象的原因有:

（1）学生知识、方法储备不足

历史开放性问题要求学生有一定的知识储备,学生习惯于对教材观点的被动接受,对于不同角度的材料解读出现困难,因此在思维上就出现了不连贯,逻辑不严密。同时学生的多角度思维没有培养起来,特别是学生没有掌握历史学科强调的论从史出、史论结合的学习方法。

（2）学生习惯于"求同","求异"思维缺乏

传统教学注重学生在思维培养上的"求同",学生习惯了程式化的历史学习,追求答案的唯一性。学生的"求异"思维的培养受到限制。因此,学生在回答开放性问题时就会出现直接在教材中找答案,回答问题时出现单点思维,没有注意思维点与思维点之间的逻辑联系,从而影响了学习效果。

（3）注重结果,忽视过程

学生在回答开放性问题时,只注重结论,忽视历史解释。开放性问题本身具有开放性,解决问题是需要多种方式和途径,没有了对过程的理解和分析,只记忆一些干瘪的结论性知识,将对开放性问题的解决没有益处,同时也限制了学生思维的拓展,不利于学生的主动性的发挥,也就不利于学生的终身发展。

（四）历史开放性问题的特征

1.设问的开放性

设问的开放性是指设计历史问题时要改变传统的单一指向性设问方法,给学生留足发挥的空间,不仅要让学生关注历史问题的表象,而且要给学生提供广阔的思考空间,进行理性思考。这是开放性问题设计的前提。

2.情境的多向性

情境的多向是指选择历史问题背景材料的角度是多向的。比如政治、经济、思想等角度,也可以是提供针对一个问题的多个观点材料,在互证和互斥中潜移默化地培养学生的多向思维。

3.思维的发散性

著名的心理学家吉尔福特指出:"人的创造力主要依靠发散思维,它是创造思维的主要部分。"历史开放性问题的思维发散性就是指学生的"求异思维",即从不同方向、不同途径、不同角度提炼和论证观点,强调学生的个性发挥。

4.过程的探究性

开放性问题要求学生在已有的知识基础上探究未知知识,这个过程也是学生知识延伸的过程。探究性要求学生有正确的历史观指引,有扎实的历史知识的构建,同时在论证问题过程中要求有所创新。

5.知识的发展性

知识的发展性包括历史知识的迁移能力和与现实结合的能力。具体包括学生在解答开放性问题时依据已有的知识体系,在新的材料环境中能够做到知识的拓展,能够与现实相结合,发挥历史的史鉴功能,从而升华知识。

6.评价的多元性

历史开放性问题由于答案不唯一,需要改变单一的标准答案的固定模式,需要对学生回答问题的过程进行比较科学的衡量。评价中要包括学生思维过程、表述问题情况、史实运用情况等。

三、历史开放性问题教学与突出学生主体地位的关系

依据历史开放性问题的特点,不难看出这种教学模式就是要打破以往"封闭

式"教学的束缚,在教学中突出学生自主学习、发展个性思维的过程。因此,开放性问题教学对突出学生学习的主体地位起着极大的推动作用。

1.开放性问题教学彰显学生主体地位的发挥

开放性问题教学离不开学生主体性的发挥。传统教学的弊端限制了学生学习的主动性和创造性。而在教学中设置开放性问题,如何能彰显学生的主体性呢?

最重要的是要让学生在开放的教学情境下,改变问题结论的唯一性,突出多样性。比如开放性问题中的论证观点型问题设置就突出了学生的思维的多样性。如设置这样的问题:有人认为"就世界发展趋势来看,鸦片战争是不能避免的",试用所学知识论证这一观点。这个开放性问题已经给出观点"鸦片战争是不可避免的",关键在于学生如何从"世界发展趋势"的角度论述,这需要学生对19世纪中期世界的发展特征有清晰的了解,同时结合中国当时的时代特征加以阐释,需要学生对平时知识的积累和理解。这样一个论证问题的过程中就改变了问题结论的唯一性,对于学生个性思维的发展有重要的推动作用。

2.学生主动参与推动了开放性问题教学

学生主动参与是开展历史开放性问题教学的关键一环。教学是教师与学生的双边活动,没有了学生参与,再好的教学模式也不会发挥好的教学效果。学生的参与性如何,直接反映了学生对这种教学模式的认可。学生在教师设置的开放性问题中寻找自己回答问题的切入点,利用自己已有的知识结构,对历史现象和历史观点提出自己的解释,而这个历史解释过程就是当前核心素养的基本要求。高中历史新课程标准谈到,历史解释是以史料为依据,以历史理解为基础,对历史事物进行理性分析和客观评判的态度、能力和方法。从本质上看,历史解释的过程是学生历史思维的过程。而恰恰学生在回答历史开放性问题过程中,主动参与到教师设置的教学环境当中来,自主解答出现的问题,展示自己的历史思维过程,这无形中提高了历史解释的能力,同时也在解答问题过程中彰显了学生的主体地位。

学生参与历史开放性问题具体体现可包括:首先,融入教师多维问题情境。针对教师选取的多种材料设计的问题积极参与。其次,利用已有的知识结构进行探究、阐释和论证,拓展自己的思维;再次,主动构建新的知识结构,发挥创造性,提高历史知识的迁移能力。所以,学生在思考探究历史开放性问题的过程中,其积极性和主动性调动起来,学生的各方面能力才得以充分发展。

四、利用历史开放性问题突出学生主体地位的教学策略

　　教学策略是教师在教学过程中,为达到一定教学目标而采取的一系列相对系统的行为。教学策略包括组织教学的方案和教学程序。实际上,教学策略就是指教师通过各种技术手段让学生在"学会"的基础上"会学",在会学的基础上突出学生的主体认知能力。因此,学生的主体认知能力需要在教学中把教师的主导与学生主体相结合才能进一步提升。那么如何在教学过程中利用开放性问题突出学生的主体地位呢?笔者在实践中总结出"一线多维"的教学策略,能进一步提高学生的参与度,使学生在解答此类问题时有章可循,拓展了学生的思维,突出了学生的主体地位。何为"一线多维"的教学策略?"一线"即指突出问题主线即问题核心,在回答开放性历史问题时,学生要首先从所给的材料和观点中归纳出问题的主要核心点,这个归纳过程也是参与教学的过程;"多维"包含三方面的含义:教师设计多维(选取材料多维、设置情境多维,问题设计多维)、学生思维多维(建构知识多维、思考问题多维、表述问题多维)、评价多维即多元评价。具体做法如下。

(一)设计开放性问题情境

　　情境性是开放性问题设计的前提,由于学生掌握的资料有限,因此教师设计时要及时补充历史资料,设置问题情境,而且在选取材料时要注意从多个思维角度出发,问题的情境设置是培养学生发散思维的必备途径,同时也是激发学生学习兴趣,提高学生参与课堂教学的重要手段之一。设置开放性问题情境在选择材料时,可以是多角度的材料。比如在《辛亥革命的评价》时,可以选取20世纪初列强侵略的材料、革命思想传播的材料、《中华民国临时约法》的材料、南京临时政府的对外政策、一战后民族资本主义发展的材料、辛亥革命后生活变迁材料以及党的历代领导人对辛亥革命评价的材料,让学生结合一系列史料评价辛亥革命,这

样选择既注意了时代背景的设置,同时从多个角度设置材料,可以帮助学生从辛亥革命的爆发的历史必然、政治、经济、思想和社会生活及历史地位等多角度评价历史问题,这样可以培养学生的思维的发散性,这也是开放性问题的教学目标。再比如在评价鸦片战争时展示多种材料,如英国工业革命后资本主义发展的材料,清朝国内政治、经济、思想三个方面的材料,引导学生解读材料,从材料中获取信息得出结论,做到论从史出,又从多角度认识历史发展的复杂性。理解历史发展必然的同时,让学生从多角度思考鸦片战争给中国所带来的变动,分析时还要注意角度之间的逻辑关系。这样,教师通过多维情境的设计,既调动学生参与课堂的积极性,也在解答开放性问题中注意了逻辑思维的培养。

设置情境时也可以选取互相有争论的观点材料,这样能很快地吸引学生的注意力,为参与课堂教学做好铺垫。比如在学习统编教材《中外历史纲要(上)》第1课《中华文明的起源与早期国家》时,可以给出这样的材料:关于中华文明起源的历史分析,学术界存在着许多争论,一元论即"中原中心论"说;后来又出现了多元论,即所谓的"满天星斗说",认为中国早期文明呈现多元分布的态势或格局。还有学者认为,虽然中华文明的起源是多中心(即多元分布的形势),但仍不能否认中原(黄河流域)是其核心地区,故又呈"众星捧月"般的局面。然后提出开放性问题,根据以上材料所给观点和所学知识,你赞成哪一观点?请阐释理由。这个开放性问题的设置是把学术界的争论引入课堂中来,无形中拓展了学生的知识面和思维,同时激发学生探究的兴趣,自然地使学生仔细阅读教材和结合文明起源的图片,赞成某一观点,寻找理由。这样学生带着问题去自主学习,学生的主动性和创造性得以体现。

(二)寻找问题主线

寻找问题主线是解决历史开放性问题的核心。有了问题核心就有了解题的方向,学生依据教师所给材料,概括问题主线。问题主线的把握是学生认知历史的思维活动过程,也是学生主体性、创造性发挥的过程。比如在教学中设计这样一个开放性问题:

材料 美国普林斯顿大学历史系和东亚系教授,美国当代著名的中国史专家本杰明·艾尔曼(Benjamin Elman)说:"虽然中国的科举制度在1905年被废除了,这种传统却以另一种方式被传承下来。如今各个国家普遍设立考试制度,这是从以前的中国科举制度转变而来的。尽管其内容改变了,但它的技术、方法和规制都被延续了下来。从这个方面看,我不赞同科举制度是落后的这种观点,我认为它是进步的,只是到了清朝末年,大家都把它与清政府联系在一起,因为清政府是腐败的,所以与之有关的东西都要废除。现在我们可以看到,在科举考试被废除后,考试制度还是得到了继承,如孙中山时期的考试院,实际上是把科举制度现代化了。以科举为主的考试制度实际上是非常有意义的。"

结合所学知识评论材料中关于科举制的观点。

这个开放性问题是要评论材料中的观点,教师可以让学生采取小组讨论的方式,发挥学生的主观能动性,学生在阅读、分析的过程中,自主提出观点,然后结合史实论证。在讨论过程中有的学生能很快地抓住材料中提到的"它的技术、方法和规制都被延续了下来。……我不赞同科举制度是落后的这种观点,我认为它是进步的",也就抓住了问题主线,即从科举制的进步性分析,这个开放性问题就会成功解决。如果学生没有抓住此材料的主线,把阐释的重点放在了科举制的弊端上,就出现了偏离主线的现象。因此。问题主线寻找过程中,学生要抓住核心问题,才能正确解决问题,学生学习的主体性才能也得以彰显。

(三)从多个维度构建历史知识

有了问题情境的设置,还需要学生从多角度构建历史知识。学生在回答历史开放性问题时离不开知识的构建,无论开放性试题的类型有多灵活,系统构建历史知识是学生回答开放性问题的必备的基础。构建历史知识的过程是学生主动认知的过程,也是学生主体性发挥的过程。因此教师在教学中要帮助学生从政治、经济、思想等方面构建知识网,同时注意中外联系。比如2011年全国新课程卷第41题:"西方的崛起曾被视为世界历史中最引人入胜的历程之一……因此,西方崛起是比较晚才突然发生的,这在很大程度上都要归功于其他文明的成就,而不仅仅取决于欧洲本土上发生的事情",要求考生围绕材料中的一种或多种观点进行论述,史论结合。学生在解答这样的开放性问题时,首先考虑的是材料中的观点是什么。学生可以选择从西方崛起是自身文明发展的结果入手,也可根据材料中提到的西方崛起"很大程度上都要归功于其他文明的成就"。观点确定后,就是怎样论

证的问题了。选择第一个观点论证就需要知识的整合与建构,要求学生从政治、经济、思想三个维度出发,政治方面可从古希腊民主政治制度、罗马法对欧洲政治文明的积极影响等史实进行阐释;经济方面可从新航路开辟、资本原始积累以及英国圈地运动等史实进行论述;思想上可从思想解放的角度分析;选择第二个观点要求学生有中外联系的意识,可以列出中国的印刷术、指南针、火药为欧洲文明的发展起了推动作用等史实。所以,回答好开放性问题,学生必须具备知识构建的能力。

(四)注重历史逻辑思维培养

历史开放性问题教学需要培养学生的逻辑思维。没有逻辑思维,学生回答问题就会出现漫无目的,不着边际。开放性思维只有有了科学的正确的历史观的统领才不会失去方向,即开放是有度有据的。因此在开展开放性问题教学时,从历史解释的角度审视历史现象和历史事件,对培养学生的逻辑思维大有好处。不同学生对历史问题的解释是不同的,因此教师要在教学中注意问题的逻辑性。比如《北洋军阀统治时期的政治、经济与文化》设置的开放性问题是:中国近代史是一部沉沦与嬗变的历史,请结合北洋军阀统治时期"沉沦"与"嬗变"的表现,你怎样理解这个时期的阶段特征?这样一个开放性问题就是注意了问题的层次性,基础层次是归纳教材中袁世凯复辟帝制和卖国、军阀混战等沉沦的表现,同时归纳此阶段嬗变的表现如二次革命、护国运动和护法运动、民族资本主义经济进一步发展、社会风俗的变化、新文化运动的开展。然后根据这些基础性变化理解此阶段的整体特征,这样注重了思维的逻辑性的培养。学生在回答此问题时,需要对教材的知识点进行主动归纳,学生能带着问题去阅读教材,而且在众多历史事件中,寻找各方面的表现,最后宏观理解特征。在这个自主学习过程中,学生成为课堂的主体,同时也解决了教材内容多和课时紧的矛盾。

核心素养中的历史解释本质上是历史逻辑思维的培养过程。而历史逻辑思维的培养过程体现了学生对教师教学的参与度,同时也是学生主体性发挥的重要表现。学生主体性的发挥不仅表现在参与教学的积极性,也表现为学生在教学中历史思维的活动过程。比如以下案例:

表1 关于二战的起点的争论

起点时间	主要的主张者
1931年"九一八"事变	部分中国学者
1937年"七七"事变	部分中国学者
1939年德国进攻波兰	国际上大部分学者
1940年德国进攻西欧	部分欧洲学者
1941年6月德国进攻苏联	部分苏联和俄罗斯学者
1941年12月日本偷袭珍珠港	部分欧美学者

——摘编自张海鹏《第二次世界大战的宏观反思》等

问题:从表1中选择你赞成的一种观点并说明理由。

这个历史开放性问题重在考查学生对二战起点的历史解释,该问题并不是要让学生得出二战时间起点的定论,关键是在于学生要根据不同学者的身份得出不同观点的原因。教学中依据材料中提到的中国学者、国际学者、欧美学者、苏联和俄罗斯学者,分成四个小组,每个小组代表不同的身份,进行小组讨论。为了让小组内的学生积极参与,要求小组长分配任务,根据学过的知识,寻找说明本组观点的理由,让专门同学记录。最后各小组展示讨论的结果,教师或学生进行点评。这样做的目的是通过开放性历史问题,培养学生的理解、判断、分析的历史思维能力,实际上也是学生在课堂教学中发挥主体性,进行历史思维的过程。

历史开放性问题要求学生在回答问题时要有逻辑性。不管问题的设置怎样开放,学生在回答问题时要有正确的历史观。只有在正确历史观的指引下,学生的逻辑思维才会向正确的方向发展。有的学生对这类问题的回答时经常天马行空,不着边际,做到了形式上"开放",史实罗列很多,但缺少回答问题的"魂",即缺乏逻辑论证。比如上述二战起点的开放性问题,如果学生只罗列二战的史实,没有从学者的立场、身份角度分析,也就缺少了回答此类问题的"筋骨"。因此,要想真正在课堂中突出学生的主体性,学生的逻辑思维的培养必不可少,同时要让学生回答问题时做到"行散而神不散"。

(五)利用开放性问题的探究性

探究性是历史开放性问题教学的特点。开放性问题教学注重历史探究的过程,这也是与传统结论式教学、封闭式教学的主要区别。因此设计历史开放性问题

时教师要根据学生已有认知的基础,注重问题的探究性,进一步拓展学生思维的边界。比如在评价历史人物李鸿章时,可以要求学生搜集学过的关于李鸿章的基本史实,以知识为依托,进行评价时只要史论结合,言之有理即可。但同时要在唯物史观的引领下,客观准确地评价历史人物。这样学生在探究过程中就不是漫无目的,学生的个性思维得以张扬。在探究过程中既可以小组合作,同伴互助,也可以独立探究,有了知识作为铺垫,学生的评价就不是固定的、封闭式的答案,从而体现了学生主体性的发挥,开放性问题教学也会取得良好效果。

学生对历史问题逐步探究的过程也是体现学生主体性的过程。现代教育倡导以学生为本,学生的创造性的培养来自于学生对所感兴趣问题的深入探究。而这个过程需要学生在已有知识的基础上, 积极主动地对教学中的问题采取逐步探究。利用历史开放性问题进行探究可以进一步打开学生的封闭思维,拓展视野,同时也为学生主体性的发挥创造了先决条件。学生的探究过程不可能是漫无目的探究,这就需要教师在探究过程中适时指导。比如统编教材《中外历史纲要(下)》中第6课《全球航路的开辟》中在分析全球航路开辟的影响时,利用教材课后学习拓展的材料,马克思、恩格斯在《德意志意识形态》和马克思《经济学手稿》中的话,提出问题:尝试理解马克思和恩格斯对"世界历史形成"的论述,并说明新航路的开辟在世界历史形成过程中的作用。这样一个开放性的探究性问题旨在让学生通过对新航路开辟的学习,探究其与世界历史形成的关系。学生可根据多个角度分析,教师也应该在学生探究的过程中帮助学生从社会形态的变化、商业革命和价格革命的作用、世界市场、整体世界、人口迁移、亚非拉的贫困等角度去分析。学生在多角度探究分析过程中,学生的主体性得以发挥。

学生在探究历史开放性问题过程中的成果,一般会以小论文的形式呈现。小论文是学生主动学习,发挥创造性,理解历史的基本考查方法,近些年高考中多有涉及。撰写小论文的过程是学生历史思维的展示过程,是教学中突出学生主体地位的重要方式。小论文是开放性问题难度最大的,既要提炼信息材料,又要形成观点,同时还要论证自己的观点。具体可以包括三种基本类型:第一,试题材料中明显呈现一个观点,要求考生依托材料并结合所学知识对该观点进行论证;第二,试题材料中史论是隐性的,要求考生理解材料中的观点,表述并论证;第三,试题材料显性或隐性给出一个或多个观点,要求考生根据材料总结观点并加以论证[5]。但不论形式如何多样,需要学生回答问题的规律就是:形成观点—论证观点—升华结论[6]。这种论述观点的小论文,对于学生形成正确的历史认识尤为重要。因此,小论文型的开放性问题考查是对学生理性思维、发散思维培养的重要手段。比如2018年全国2卷中利用张之洞开办汉阳铁厂克服重重困难,成为中国第一家大型的近代化钢铁企业的发展历程的资料,并结合中国近现代史的史实,阐释与近代化的关系。这种开放性问题的小论文需要学生就材料中某一问题加以探究,探究的过程可以三步,首先要找准论述的主题是什么,可以从中国近代企业与中国现代化的关系入手,然后结合中国近现代的社会背景加以论证,理解近现代企业发展的曲折以及背后的原因,最后进行理论升华,得出中国近代化发展与国家独立的关系。因此,这样通过近代企业的某个点带动学生对中国整体近代化的反思,拓展了学生思维的边界。学生通过主动寻找主题,依据史实加以论证,凸显了学生在回答问题时的主体性。

(六)设置贴近现实的开放性问题

新课程标准指出,家国情怀是学习和探究历史应具有的人文追求,体现了对国家富强、人民幸福的情感,以及对国家的高度认同感、归属感、责任感和使命感。学生在学习中要立足家国情怀对历史现象的立意和价值进行判断。教师可以通过贴近现实的材料设计,让学生对开放性问题做出自主性的价值判断,提出有价值的个人观点,这是对学生核心素养的更高层次要求。同时在解答现实问题时要结合科学的正确的历史观作为统领,特别是唯物史观的渗透。比如在讲到家庭联产承包责任制时,结合党的十九届五中全会审议通过的2035年远景目标之一实行农业现代化,提出开放性问题:家庭联产承包责任制是否能促进农业现代化?教师提供中共中央关于近年来对于农村土地政策的具体措施,让学生通过材料自然得到在当前我们仍然坚持农村集体所有制不变,坚持家庭承包基础性地位不动摇,这是前提,同时学生结合现实,理解家庭联产承包责任制是符合当时生产力发展水平,但从长远来看,个体分户经营不适合机械化推广,但通过材料,学生能了解土地流转以后,对机械化的推广是有利的,而且农村推行适度规模化经营能够促进农业现代化。这样开放性问题的设计不仅加强学生对当前政策的理解,同时注意了知识的发展性,从而坚定了在党领导下实现农业现代化的信心。在这样的教

学过程中,学生针对教师提出的开放性现实问题,积极参与课堂教学,学生成为课堂探讨问题的主体,不仅对历史思维的拓展有很大帮助,同时对学生的发展、对家国情怀核心素养的培养都起着潜移默化的作用。

家国情怀的培养是历史核心素养的归宿。学生作为个体需要在主动学习中与现实发展的需要紧密联系。学生只有在平时的历史学习中积累看问题的方法,形成正确的价值观,才能树立正确的家国情怀。因此,教师在教学中要以生活化为依托,紧密联系现实,从而帮助学生积极参与课堂教学,调动学生的学习积极性,在活动中培养学生的价值观。而这个过程需要学生在发挥主体性的基础上得以实现。

(七)利用 solo 评价法(分层评价法)

历史开放性问题教学难以操作的重要原因之一是教学评价单一性,评价的单一性也制约了学生参与教学的积极性。因此,如何改变评价方式,是开放性问题教学实施的关键。笔者认为利用 solo 评价法(分层评价法)能够很好地解决这一问题。近年来,以华南师范大学黄牧航教授为代表的专家对分层评价法进行了系统阐述,分层评价法强调学生回答问题分为五个层次:前结构、单点结构、多点结构、关联结构、抽象拓展层次。前结构强调学生在回答问题时基本上无法理解问题,逻辑关系混乱;单点结构强调学生找到了一个解决问题的思路;多点结构强调学生找到了多个解决问题的思路,但未能有机结合;关联结构强调学生找到了多个解决问题的思路,能够把这些思路整合;抽象拓展层次强调对抽象的问题进行概括,从理论上能够升华。因此,学生的解答问题的思维处于什么水平,通过 solo 评价法能够有一个清晰的衡量标准,它既可以衡量学生的知识水平到什么层次,同时对学生的思维过程也有一个很好的评价标准,这样能够改变单一评价的旧模式,而且在以后的高考评分中将进一步采用。同时学生根据此方法可以准确地判定自己的回答问题处于什么阶段,也会增强学生参与教学的积极性,增强自信心和满足感,发挥学生的主体地位。

(八)建立平等和谐的师生关系

平等和谐的师生关系是学生主体性发挥的必要的生态环境。开放性问题的本质就是要打破"封闭式"的师生关系,在宽松的外部环境中有利于学生的积极性、主动性的发挥。首先,在解答开放性问题时,师生的关系是平等的。不能把教师的观点强加给学生,要给学生发表观点的机会。其次,学生在论证开放性问题的结论时,允许从不同角度去分析。学生从多维角度去分析,就表明学生在积极思考教师设置的问题。最后,评价学生的答案时,教师更应该改变单一评价方式,用分层评价法衡量学生的思维过程。因此,解决好上述三个方面,就更能调动学生参与到开放性问题的教学中来,而不是教师的精心设计与学生的参与度形成极大的反差。

总之,利用历史开放性问题,可以进一步调动学生学习历史的兴趣,培养学生参与课堂教学的主动性,而且教师在教学中可以贯彻"一线多维"基本设计路径,多角度、多层次地设计开放性问题,关注学生的认知水平的提高,关注学生思维的发展。这样,学生在教学中的主体地位就可以真正得以彰显。

参考文献

[1]沈绍辉.转变教育观念,更新教育思想[J].教育与现代化,2001(01):14–18.

[2]阎研.发展性教学与学生主体的构建[J].交通高教研究,2002(03):58–60.

[3]邵瑞珍.教育心理学[M].上海:上海教育出版社,1997.

[4]胡军哲.高考历史开放性试题的特点、类型及教学策略[J].中学历史教学参考,2012(11):58.

[5]肖先成.高考历史开放性试题解答规律探索(二)[J].中学历史教学参考,2015(04):9–11.

[6]张金超.以开放之道行务实之路——全国历史开放性试题的演变与应对策略[J].中学历史教学参考,2021(03):21–22.

运用影像史料调动学生学习主体性的实践研究

天津市第五十五中学　杨琳

摘　要:在新高考制度改革的背景下,如何在学科教学领域充分调动学生学习主体性,践行教育部发展学生学科核心素养,是一个随着基础教育教学改革的不断深化和我市教育教学不断创新而发现和发展的新课题。本文试以高中历史影像史料的运用为突破口,从研究背景、研究实践(立足历史学科,发展历史学科核心素养,丰富、整合与拓展教材,进行大单元教学设计,搭建课程体系等)和研究反思等方面来论述如何充分调动学生学习主体性。该命题对于适应新高考改革、提升教育品质、奠基学生未来具有一定的现实意义和前瞻性。

关键词:影像史料　学科核心素养　学生主体性　大单元教学

一、运用影像史料调动学生学习主体性的研究背景

(一)国家教育方针的方向指引

《国家中长期教育改革和发展规划纲要(2010—2020 年)》(以下简称"《纲要(2010—2020)》")中明确指出:"到 2020 年,基本实现教育现代化,基本形成学习型社会,进入人力资源强国行列。"《中国教育现代化 2035》文件明确指出,"培养德智体美劳全面发展的社会主义建设者和接班人。"2019 年 6 月《国务院办公厅关于新时代推进普通高中育人方式改革的指导意见》中指出,"积极探索基于情境、问题导向的互动式、启发式、探究式、体验式等课堂教学"。综合文件和历史学科的特点,就是要以史为鉴,发挥历史对现实的指导功用,创设情境来充分调动学生的主体性,转化为学生的责任感和实际行动,进而发展学生家国情怀等学科核心素养,五育并举,奠基学生未来。

(二)当前中学深化教学改革和新高考制度改革的形势需要

《纲要(2010—2020 年)》中提出要"全面提高普通高中学生综合素质。"我们所面对的是 21 世纪的学生,林崇德在《我国学生核心素养研究报告》中指出,未来的人才应该具备"沟通与交流、团队合作、国际视野、信息素养、创新与创造力、社会参与与贡献、自我规划与管理"等现代关键素养指标,需要发展学生学科核心素养。

(三)运用影像史料的学情分析和优势

通过对学生的访谈沟通,学生获取历史信息的来源比较多,特别是影视资料,而且超出学校教育的空间。另外,部分学生表示,有的教师教学方式和手段比较单一,学生学习比较被动等。这样的课堂,学生的学科核心素养和关键能力很难贯彻与落实,更难奠基学生未来。除此之外,新的高考制度改革,学生面临从 6 个科目中选取 3 个高考科目的问题,教师须要结合学生的兴趣爱好、性格特征、学习

特长和提升空间、成绩基础、学习压力、具体的生涯规划、潜力发掘、未来发展状况、大学的需求、专业的选择、高考志愿的填报等多方面进行综合考量。这就需要在历史课堂学习和课外延伸中,对教学的形式、手段、过程、培养目标等做出努力,对学生的素养和能力提升起到事半功倍的促进作用。同时国家统编教材在反映我国建设成就有关内容时,写入了十八大以后"一带一路"、亚投行等建设新成就。如果在教学时补充新闻的影像史料,也填补了历史教材因为文字数量限制等的局限,引导学生关注时政,更好地发挥主体性,从而使学生多角度感悟和理解史事。

影像史料与传统的教学媒介相比,是动态、立体、有声的,是形、事、图、文的完美结合,另外可供运用的历史题材影像资料比较多。还有教学实践和理论的借鉴指引,如复旦大学历史系教授张广智先生的专著《影视史学》和《历史教育与现代影视》等文章,叶永广老师28年来收集各类影视资料片多达41000余部(集),其中,3000多部(集)为抗战影像资料。2015年6月24日,他的《历史学科抗战影像资料包》首发。像张教授和叶老师这样致力于影像史料的人越来越多,师生共同找到适合调动学生主体性的影像史料,是符合现在新高考改革和学生发展需求的课题之一。

综上所述,新高考制度改革背景下在高中历史学科运用影像史料教学,调动学生学习主体性,发展学生学科核心素养,具有重要的现实意义和研究价值。

二、运用影像史料调动学生学习主体性研究的主要概念界定

(一)核心素养

《教育部关于全面深化课程改革落实立德树人根本任务的意见》指出:"学生应具备的适应终身发展和社会发展需要的必备品格和关键能力,突出强调个人修

养、社会关爱、家国情怀,更加注重自主发展、合作参与、创新实践。"

(二)历史学科核心素养

唯物史观是揭示人类社会历史客观基础及发展规律的科学的历史观和方法论。时空观念是在特定的时间联系和空间联系中对事物进行观察、分析的意识和思维方式。史料实证是指对获取的史料进行辨析,并运用可信的史料努力重现历史真实的态度与方法。历史解释是指以史料为依据,对历史事物进行理性分析和客观评判的态度、能力与方法。家国情怀是学习和探究历史时应具有的人文追求,体现了对国家富强、人民幸福的情感,以及对国家的高度认同感、归属感、责任感和使命感。

(三)学生学习主体性

表现在三个方面:(1)学生是学习活动的主体,主动地发现和探索;(2)学生是个体身心发展的主体,具有自主性和能动性;(3)学生在教学过程中是主体化的客体,是自我教育和理解认识的主体。林崇德先生在《心理学大辞典(上卷)》中指出,其主要表现在教学互动过程中学生主体性品质的培养和建构上。其主要表征:学生学习动机中的主体意识充分觉醒,在学习活动中,主体能动性、主动性和创造性得到充分发挥,在学习成果评价中,主体价值得到充分尊重,潜能得到充分开发,个性得到和谐发展。

(四)影像史料

须满足至少两个条件:既能突出历史主题,还原历史真相,又能佐证史事,调动学生兴趣,激发学生深入思考等。这样,通过影像史料,在课堂和课外调动学生学习主体性,发展学生"史料实证""家国情怀"等历史学科核心素养。

(五)大单元教学

大单元,是指指向学科核心素养,基于学生实际水平和学科知识内容构建的最小的学科教学单位。大单元教学具备以下特点:一个单元即是一个微课程;指向

学科核心素养;注重教学情境的创设;形成问题链,环环相扣,并有难度上的梯度,贯穿教学环节。

综上所述,合理运用影像史料调动学生学习主体性,是培养学生历史学科核心素养的有效策略,是发展学生关键能力的重要途径,符合新高考改革的趋势和大单元教学的新理念。

三、运用影像史料调动学生学习主体性的实践探索

深化教学改革和新高考制度改革背景下,"为核心素养而教""为调动学生学习主体性而教"是一种新型的教学价值观和教育价值观。以下结合笔者的教学探索与实践来具体阐述如何在高中历史教学中运用影像史料教学,在课堂上和课外活动中调动学生学习主体性,发展学生历史学科核心素养,培育学生关键能力。

(一)发挥影像史料佐证史事等价值,发展学生学科核心素养

历史学科核心素养包括唯物史观、时空观念、史料实证、历史解释和家国情怀。充分调动学生学习主体性,使学生运用影像史料来佐证历史,对高中历史课程资源进行丰富、整合与拓展,在这一教学过程中,学生被带入特定的历史情境中,调动了学生的多种感官,实现了学生脑、口、手、心灵的总动员,促进学生多种素养和各种能力的全面发展,辅助学生"把解释过去、感觉当下与期待未来联系起来",以历史学科为载体,真正培养学生家国情怀等学科核心素养。

1.依托影像史料,丰富历史教材体现学科核心素养的内容

以《中外历史纲要(上)》第27课《社会主义建设在探索中曲折发展》的"科技"

部分为例,师生共同搜集包括"中国导弹之父"钱学森、"两弹元勋"邓稼先(高中教材涉及)、黄旭华和孙家栋(教材未涉及)等科学家的事迹,在课上运用当时新闻纪录片的影像史料《新闻简报》展现原子弹、人造地球卫星情况的一手史料,史料价值很高,再运用92岁隐姓埋名30年的"中国核潜艇之父"黄旭华和87岁"中国探月工程总设计师"孙家栋两位老先生做客央视《开讲啦》的访谈口述史料,共同得出那一辈科学家身上共有的"两弹一星"精神等结论。学生在观看这些影像史料后,结合《感动中国》的颁奖词,学生写下"民族需要脊梁,人生需要信仰""从这些老先生身上,我们看到了那一辈人的爱国奉献、家国情怀,我们也会继承他们的志向并为之努力"等激昂的话语。

2.依托影像史料,整合历史教材体现学科核心素养的内容

如讲授《中外历史纲要(下)》第17课《第二次世界大战与战后国际秩序的形成》时,对比运用师生共同搜集到的电影《辛德勒的名单》和《珍珠港》的片断,同时展现了法西斯的暴行和反法西斯国家的团结反抗。之后又运用师生共同搜集到的法国纪录片《二战启示录》的片段,学生更加明确认识到"前事不忘,后事之师"。整合《中外历史纲要(上)》学习过的"抗日战争",将中国的抗日战争放在世界的反法西斯战争的背景下,学生升华出结论:"正义必胜、和平必胜、人民必胜",使学生在史料实证的基础上,在历史解释的过程中自己形成较接近历史本真的历史认识,并升华出家国情怀等学科核心素养,学生学习主体性得到充分发挥。

3.依托影像史料,拓展历史教材体现学科核心素养的内容

如,古代中国处于世界领先地位,再结合"封建社会落日余晖",分析出导致近代中国落后的原因。引导学生归纳工业文明冲击下的近代中国经济;近代先进的中国人如何努力探索。在课上运用综述性的纪录片《大国崛起》《复兴之路》的节选内容,引导学生深入思考"当今中国的崛起,应怎样更好地发展?",结合最近央视的纪录片《将改革进行到底》《大国外交》的热播,使学生自己得出启示:国家要想强大、发展起来,就必须进取、开放、宽容、沟通等。

(二)对影像史料深入挖掘,提出质疑和解决方案,发展学生关键能力

　　学生运用影像史料不只是佐证史事,单纯贴合教材内容,更重要的目标是,用多个影像史料相互印证,尽可能还原史事的真相,并使学生在看过之后有新的、更高的收获,调动学生学习主体性,培养学生的关键能力。在实际教学中,一个史事可以运用一个影像史料来佐证,也可以运用多个影像史料来印证。如以《中外历史纲要(上)》第 26 课《中华人民共和国成立和向社会主义的过渡》的"外交"部分为例,关于 1954 年日内瓦会议,可以参看《档案》《大揭秘》等纪录片来开展教学,在其中涉及周恩来和杜勒斯握手的"传闻",我先向学生提出如何判断这件事情的真伪,再和学生明确应经过史料的研读、印证和实证,最后运用央视纪录片《国家档案——1954 日内瓦风云系列第三集锋芒初露》的影像史料加以实证,根据时任中国代表团新闻办公厅熊向辉主任等亲历者的披露,会发现当时各个国家的新闻媒体都没有报道这件事,至少可以得出的历史结论为"杜勒斯确实对周恩来不友好",但并没有出现"拒绝和周恩来握手",也就更谈不到"和周恩来握手后掏出手绢擦拭"的历史细节。从而使学生建立起问题意识、质疑精神和孤证不立、正确解读分析史事的方法和能力。

　　另外,不同的影像史料,可能反映的历史史实是相同的,但有可能因为观点和立场的不同,呈现出来的影像史料也会不同。如《中外历史纲要(下)》第17 课《第二次世界大战与战后国际秩序的形成》一课,可以组织学生开展"从多国不同类型的影像史料看同一历史事件——二战"的活动。学生展示了所收集和截取的包括当时的苏联、美国、法国、南斯拉夫、中国和意大利、德国、日本等国家的影像史料,在观看后学生会发现:法西斯国家和反法西斯国家的对外宣传的口径是不同的,而不同社会制度的国家共同反抗法西斯昭示出正义、人性和团结的光辉。所以,这需要教师和学生一起深入挖掘影像史料所蕴含的历史信息和教学相关内容的内涵与外延,最大限度地调动学生学习主动性,促进学生素养和能力的提升,并运用于以后新的问题情境中。通过学生的自主学习,从多角度提升学生的理解和创新能力。从教学形式上,营造以学生为中心的自主学习、合作探究的学习方式。如,学生自己绘制出史事梳理网络图、思维导图等,凸显关键能力中对学生创新精神和实践能力的期望,提高学生解读历史问题的能力。

(三)对影像史料重组,开展大单元教学,构建课程体系

"一个有意义的教学过程,除了具有学习客观知识的特点之外,还应该成为广大师生运用课程资源共同建构知识和人生的生活过程。"教师开展大单元教学,是为完成学科内容,发展学科核心素养,在"深度学习"理论指导下,立足学校特色和学生学情、认知规律,以一个大单元为整体,优化教学设计,侧重贯穿主题、整合内容、创设情境、设计问题、提升能力和升华情感,在大单元整体框架下,联系起各个课时的教学目标,构建内容丰富、形式多样的课程体系。在这一过程中充分调动学生学习的主体性,进而发展学生的历史学科核心素养,提高教育教学效果,立德树人,培养新时代人才。

1.从历史学科角度,加强历史课程体系的建设

《纲要(2010—2020年)》中指出:"创造条件开设丰富多彩的选修课,为学生提供更多选择。"

(1)基础性学科课程。以人教版高中历史教材为主要课程资源,如前文所述。

(2)拓展性必修课程。立足国家课程,对历史教材进行二次开发,如开设校本课程。在《历史影视赏析课》上,"赏析素养"单元,教给学生一些鉴赏影视资料的基本方法;"大家来找茬"单元,目的是立足于赏析艺术性的同时更要把握史事的真实性;"历史小剧场"单元,学生可以结合赏析的影视片段,也可以自己选择某个题材,编演历史课本剧,尽量还原历史真相;"我说一段历史"单元,受到有益启发的学生还会进行影评、小论文的撰写等,对史事做出合理的历史解释。

(3)延伸性选修课程。主要以历史社团的形式,教师结合学生实际,和学生一起选好主题,设计问题,创设情境,进行大单元教学设计。如,依托《影像中的历史》社团活动,多种角度挖掘影像史料,引导学生主体参与。在两个学期开展的20次社团活动过程中,教师和学生共同探讨,精心设计每一节课,确立主题,选取典型的影像史料,包括中国、外国当时的影像史料,有条不紊,每一次的运用都具有较强的目的性,发挥了影像史料的"史料实证"功用,培养起学生的家国情怀,达到了

预期的设想。具体包括:"歌曲中的历史"单元,结合学生身边的社会生活实际。借助教材中展现的音乐、美术、影视、书法等史事的影像,结合相关的赏析内容,寻找情感的升华点。结合学校的班班唱活动,师生共同找到《没有共产党就没有新中国》《歌唱祖国》《春天的故事》《在希望的田野上》《四渡赤水出奇兵》等主旋律歌曲,都体现了对国家的歌颂与热爱等。"致敬英雄"单元,结合学生身边的时政新闻,师生共同找到反映抗日战争和抗美援朝的影像。师生共同创设教育教学的情境,找准切入点,开展主题活动,使学生的主体性得到充分发挥。只有使学生融入当时的历史时代中,于潜移默化中理解当时的人和事,想象一下自己会如何做,从而达到心理上的认同,思想上的震撼,产生内心深处的共鸣,最终受到深刻的情感教育,而主动学习和主动发展,真正发挥历史学科对现实的指导功能。"史料实证与史料辨析"单元,发挥历史影像史料的"实证"功用,重点以中国古代史,包括四大美人、帝王、剧名儿等影视剧中的史实错误。师生共同寻找能印证、佐证教材要点的史料,不但增强了学生的探究能力,还在教师的引导下,让学生在学习过程中能将教材的知识有意识地用来发现、纠正见过的史实错误,培养学生质疑精神和证据意识。通过这样课内学习与课外活动的结合,从而充分发挥学生的主体作用,进而提高学生学习历史的积极性和历史素养。除此之外,依托《影像中的历史》社团活动,多种形式展示影像史料研究成果,发挥学生主体作用。通过个人、小组、学生代表主讲等多种形式,充分发挥学生学习的主动性,营造探究式、合作式、互动生成式的学习氛围。教师结合学情,师生共同设计相关的有难易梯度的探究性问题,并予以解决,促进学生主体性的充分发挥。具体包括:充分发挥在小组合作探究过程中学生的主体作用,在此基础上推选同学来进行主讲,分别选取了央视纪录片《中国通史》、电影《妖猫传》等。充分发挥每一个学生的主体作用,讲述印象比较深刻的历史影像史料(片段),并说明依据和理由。学生撰写个人体验与收获、影评等。"谈古论'津'"单元,教师和学生从多种途径搜集展现天津的多角度影像史料,有央视纪录片《五大道》《有个学校叫南开》、系列专题片《天津故事》和其他反映天津的各类史料,并进行仔细梳理、甄别和整合,学生的活动热情非常高,彼此协作,学生的成果以《天津的历史足迹》《天津民俗》《舌尖上的天津》《曲艺之乡天津》《哏都之天津话》等调研报告的形式呈现,其中还穿插了演讲、辩论、微视频等多种形式。师生还设计评价表,学生在活动过程中全员参与、小组合作、同伴互助。

评价表如下表1：

表1 学习评价表

标准	A 级	B 级	C 级	自我评价	组内评价	组间评价
态度认真						
主动参与						
自主创新						
团队合作						
敢于质疑						
收获思考						
核心素养的 综合评价						
我的反思						

2.立足历史学科，整合相关学科，加强跨学科课程体系的建设

《纲要(2010—2020年)》中指出，加强基础教育课程教材建设……开发特色课程。除了前文表述的基础性历史学科课程体系建设外，还可以整合其他相关学科。历史教师和其他学科教师共同结合学生身边实际和学习主动性，研讨主题，进行大单元教学设计。

(1)基础性跨学科整合课程。将某些历史史实与政治、语文等学科整合。如：以央视纪录片《大国外交》为切入点，师生剖析新中国的外交历程。再如，师生依托正史的央视文博类节目《国家宝藏》讲述古代文物的前世传奇和今生故事等。

(2)拓展性跨学科特色课程。以校本课《奥运记忆》为例，师生精选并编写了包括1896年第一届雅典、1932年第十届(中国第一位奥运选手刘长春)、一战和二战期间停办、2004年雅典、2008年北京、2012年伦敦、2016年里约奥运会和2020年东京奥运会，共八节课的内容，融合了历史、语文、政治、地理、体育、计算机等多门学科。在搜集影像史料的时候，师生共同努力，发现了不少当时的影像，学生还自己动手动脑，利用"爱剪辑"软件进行史料的整合，制成系列微视频《奥运记忆》。

(3)综合性实践课程。教师和学生一起寻找、搜集、扩充和利用影像史料，及时

捕捉历史题材影像史料的相关内容,如 2019 年纪念新中国成立 70 周年,2020 年纪念中国人民志愿军抗美援朝出国作战 70 周年、2021 年纪念中国共产党成立 100 周年等所推出的纪录片和影视正剧等,帮助学生设计与之相关的活动,可以编辑历史影像史料方面的板报、班级刊物,使学生关注历史与现实,形成有效的课内、外的学习方式,来解决实际问题。

3.依托历史学科,构建个性化的课程体系

《纲要(2010—2020 年)》中指出"积极开展研究性学习、社区服务和社会实践。"教师进行大单元教学设计,通过班级文化的创设、校园文化的营造、社会文化的助力等多种方式开展综合性实践课程,充分利用家校、社区、社会等的资源,找到历史和学生生活实际相结合的切入点。在新高考改革走班制的情况下,教师可以运用不同类型的方法调动选课学生的学习热情, 使学生的主体性得到充分发挥。可以开设新颖的场馆课程,我校历史教师和高一高二学生曾经走进天津博物馆,研读《近代百年中国看天津》,学生在前期影像史料准备后在博物馆主讲,参加《谈古论津》社团的学生还将自己的成果带到场馆内,遇到疑惑的问题还可以向讲解员和老师请教。学生还可以自己访谈家人和其他老人,按照口述史料来录制《影像中国(现代史)之身边的历史》,凸显核心素养中对学生创新精神和实践能力的期望。

这样,通过历史学科、跨学科整合和综合实践课程,学生借助影像史料,自主探究学习,通过资料收集、归纳整理、数据分析、探讨交流、撰写成果、完善总结等活动,充分调动学生学习的主体性,给学生更大的创新发展空间。在实际操作中,对不同年级、文科生和理科生,会有所侧重,但都致力于培养学生人文底蕴、自主发展、创新实践、家国情怀等素养和能力。

综上所述,通过运用影像史料,立足历史学科,发展学生学科核心素养,师生共同丰富、整合与拓展教材,进行大单元教学设计、搭建课程体系等的教学实践,充分调动学生学习的主体性,通过合作探究等形式,促进学生自主、深度学习,实现学生"个性"和教学"共性"的整体发展,是新高考制度改革背景下落实教育目标,能够发挥学生学习主体性的有效实践研究。

四、运用影像史料调动学生学习主体性的研究效果与反思

笔者有幸聆听过赵亚夫、叶小兵、黄牧航、顾明远等专家对发展学生历史学科核心素养的讲座，阅读过叶永广老师的《历史·影视·教育》、张广智先生的《影视史学》、崔允漷教授的《指向学科核心素养的教学6招，让学科教育"回家"》等关于影像史料和大单元教学设计在历史课堂和课外中运用的相关著作和文献，受益匪浅，并结合自身教学实践和展望，重点围绕影像史料和学生学习主体性的联系作进一步思考。

(一)效果

1.课堂面貌明显改观

经过多年的教学实践，运用影像史料能促进学生参与的深度和广度。这样的课堂，学生更喜欢，学习积极性更高，促进了每一位学生兴趣和能力的提升，教学内容和教学目标的落实情况更好，全体学生的学习主体性都得到了充分调动。以下以笔者执教的《中外历史纲要(上)》第23和24课"抗日战争"为例，见表2。

表2　教学简表

史事	选取影像史料的出处	时长	选取影像史料的类型	运用的目的和效果
导入	1931—1945年的照片制成的影像合集	1分钟	一手史料，当时照片制成的动图影像史料	史料价值高 创设情境，学生被迅速带入当时的环境，情绪被激发出来

续表

史事	选取影像史料的出处	时长	选取影像史料的类型	运用的目的和效果
日军侵占中国东北	拍摄于1935年的电影《风云儿女》片段《义勇军进行曲》	51秒	电影片段,同时代的影视资料,历史正剧	史料价值较高 当时拍摄的电影,其价值比后来人拍摄的同一史事的电影价值高,因为拍摄者也曾亲身经历着那段岁月,可信度更高 强化了1931年以后"十四年抗战"的全民族抗战 学生发现,这是他们熟悉的国歌,家国情怀
日军侵占天津	央视9集纪录片《五大道》节选、重组	2分12秒	口述史料,一手史料,时人天津籍祝宗良的锄奸事迹	史料价值较高 天津地方史,学生的同龄人参加抗日锄奸团 学生写下激昂的话语
南京大屠杀	《南京暴行纪实》(105分钟)节选	2分钟	一手史料,美国人约翰马吉在南京大屠杀发生时的即时拍摄	史料价值高 这是目前南京大屠杀的唯一动态影像,铁证
中国远征军赴缅作战	《年代秀》节目片段	1分58秒	口述史料,一手史料,时人老兵梁振奋的战斗回忆	史料价值较高 当被问及是否后悔时,89岁的梁老先生的"不后悔"掷地有声! 学生的眼中噙着泪水
日本投降	日本裕仁天皇宣布《终战诏书》原音	52秒	当时官方史料	史料价值高 世界公认的影像史料
结尾	新闻联播,国家纪念日、公祭日的设立	30秒	新闻资料	9月3日,12月13日,联系时政新闻,"正义必胜、和平必胜、人民必胜" 首尾呼应

这堂新授课,共运用了师生共同搜集到的七个影像史料,包括中国、外国(美国、日本)当时的影像史料,时长总长为9分38秒,在每一次的历史情境中,学生的主体性都得到了调动,整节课学生的积极性和互动性都很高,渗透借鉴和启迪价值。

2.素养落实效果显著

其实对学生的思想进行潜移默化的德育教育,效果较之于单纯的说教更易于让学生接受,且影响更深远。历史学科五大核心素养是相辅相成、水乳交融的关系。在课堂教学和各项活动中,运用影像史料的课、社团活动、跨学科课程等可以努力将其全部渗透并落实,也可以将其中某一两个素养典型集中落实。各个具体的学科核心素养在不同的历史情境中整体发挥作用,努力对学生未来产生影响。笔者在任教的高二年级3个教学班进行学生发挥主体作用的对比实验(见表3)。

表3 学生发挥主体作用的对比实验

班级	前测	运用影像史料的程度	后测:学生参与积极性(课上观察)	后测:学生素养监测(教师课上观察和课后访谈)
高二1班	水平接近	使用较多	非常热烈	经常因为影像史料受到感染和启发,有时会给教师鼓掌;想进一步探讨的欲望较强
高二2班		使用不多	比较热烈	会因为影像史料受到感染和启发;有学生提出问题
高二3班		基本不使用	一般	课堂氛围有些沉闷,教师语言在具体的史事讲解不如影像史料生动直观等

经过前测,三个平行班的入学成绩差别不大,学生的历史水平也比较接近,听课认真程度和理解力也比较接近。经过后测对比,从在历史教学中不同程度地运用影像史料来看,相同的教学内容,使用较多、使用不多和基本不使用影像史料,学生的主体性发挥程度不同,产生的效果明显不同。新高考制度改革背景下,教师在涉及史事的同时,更注重对学生历史学科核心素养的培养,运用影像史料教学的结果说明,学生对该史事的理解和把握更好。

3.学生能力获得提升

通过教师进行大单元教学设计,构建多层级的课程体系,师生共同多种角度

挖掘影像史料,引导学生主体参与和多种形式展示影像史料研究成果,调动学生主体性的教育教学实践,充分发挥了学生学习的主动性,自主进行合作探究,能力、素养、情怀、动手能力等都得到了提高。学生观看影像史料并从中找出历史信息,提出并解决心中的问题。以下以笔者执教的《中外历史纲要(上)》第 26 课《中华人民共和国成立和向社会主义的过渡》的"外交"部分为例,在运用 1955 年万隆会议的影像史料片段时,教师创设情境,提出阶梯问题,请学生观看视频思考:①与会国追求的"同"是什么?②会上出现了什么问题?③与会国存在的"异"是什么?④周恩来的发言为什么被称为"经典发言"?带着这些问题观看影像史料,在学生找到答案后,教师对于学生在观看过程中可能产生的新问题、新的思维火花,师生要共同探讨,及时解决,使学生能力获得提升。

其实,不管学生是否将历史学科作为高考科目,教给学生受用终生的研究方法和素养能力是十分重要的一个目标。其实,不管是高考生,还是会考生,都在不同程度上认为历史学科对自己的学习、生活是受益的。学生对于所学过的历史事件的背景、经过、影响等内容,并不一定终生铭记,而如果学生能充分发挥主体性,掌握了唯物史观、家国情怀等的研究方法和社会责任感,培养起搜集、鉴别、证明历史事件的批判性思维与能力,进而在人生价值取向上有新的认识,则会终身受益。在学生能力获得提升后,能够培养学生解决问题、创新实践能力,奠基未来。

(二)反思

运用影像史料调动学生主体性,须要注意以下四个问题。

1.明确哪些影像史料可用于历史教学,可以更好地调动学生主体性

在调动学生主体性和积极性的同时,因为学生所接触的影像是比较繁杂的,因此要和学生一起区分史料类型,明确哪些影像史料可用于历史教学。通常,史料分为"一手资料"和"二手资料"。当然,"根据载体的不同,史料还可以分为文字、实物、口碑、声响和数字化等类型。""不同类型的史料在价值和使用方式上有所区别。"因而需要师生对不同类型的史料展开鉴别,运用影像史料时要对它的性质和价值准确定位、恰当使用。综合历史专家的主张和教学实践,笔者认为,同一

史事可能有不同的影像史料来佐证,把握好真实性与艺术性的关系,一手资料的纪录片等可用可信的影像,史料价值最高。可用于高中历史教学的影像史料,举例如下。

表4   可用于高中历史教学的影像史料

	影像史料(类型)	影像史料(举例)	影像史料(注意)
中国古代史	考古、实物的纪录片	《故宫》《敦煌》等央视的人文历史题材纪录片	1.一手史料为好 2.孤证不立,还需发挥不同影像史料的佐证和印证功能,史料实证
中国近现代史	当时拍摄的影像,时人的回忆等	当时的《新闻简报》、纪录片《国家记忆》等	
世界史	外国的纪录片等	《二战启示录》(法国)、《南京暴行纪实》(美国)等	

2.整体构建课程体系,更有利于学生主体性的调动

运用影像史料教学,紧扣培养学生学科核心素养,促进学生主体性调动这一主题,立德树人。充分发挥历史学科的功用,通过在必修课中有目的和预设地运用影像史料的学习,培养学生的历史实证思维和联系现实解决实际问题的创新能力;通过在选修课中充分发挥影像史料的延伸的学习,鼓励学生结合自己的兴趣爱好和发展潜力,学会学习、实践、创新和运用、解释、培养情怀等,这样充分调动了学生的主体性,能最大效度地发挥历史学科核心素养和立德树人的功用。发挥学生的主体性,要始终围绕学生的实际水平、热情、潜力和历史学科的特征、德育功能。整体构建历史学科和跨学科的课程体系,注重历史学科的本质特征,打造历史化、特色化、阶梯化、品质化的课程体系,总体目标是调动学生的主体性,培养学生学科核心素养,立德树人,以培养适应新的高考制度改革背景下的"全面而又个性发展的人"为核心。

3.发挥影像史料的作用与优势,真正调动学生学习的主体性

笔者尝试将关键能力、历史学科核心素养、影像史料教学、调动学生学习主体性,做一简单关联梳理,如下。

表5 关键能力、历史学科核心素养、影像史料教学、调动学生学习主体性的关联梳理

关键能力	沟通与交流、团队合作、国际视野、信息素养、创新与创造力、社会参与与贡献、自我规划与管理
历史学科核心素养	在坚持唯物史观的前提下,树立正确的时空观念,进行史料实证和历史解释,培养家国情怀
运用影像史料教学调动学生主体性	在坚持唯物史观的前提下,树立正确的时空观念(选取的重要原则),进行史料实证(运用的重要原则,影像史料的佐证和印证功用,一手史料的价值最高)和历史解释(带着问题赏析,解释、质疑、创新等),培养家国情怀(学科功能)。
四者的关系	目标指向:新时代人才,立德树人 中心内容:发展学生关键能力 途径方法:调动学生的学习主体性 关键环节:培养历史学科核心素养,运用影像史料教学的实践进行落实

随着教学进程的推进,学生的主体性得到充分的调动,每一位学生的基础的历史知识和技能得到落实,对史事的把握和理解的深度也达到提升,都取得了素养和能力的提高,很好地完成了教学目标。

4.教师要把控影像史料的预设和生成,调动学生学习主体性

教师须要不断提升自己,运用好影像史料。在进行大单元教学设计时,注重教与学的关系,教师主导与学生主体作用的发挥问题。学生转变学习方式,教师置疑——学生解答;学生质疑——教师解答;学生创新——学生自己解答,教师点拨等,促进全体学生的广泛参与。教师转变教学方式,学案变为题案,既注重知识,更要注重能力、过程、方法,突出史料教学,还要注重情感、态度、价值观,凸显人文精神。历史学科强调学生自主建构的同时,还要注重教师的价值引领。另外,同一个影像史料,不同学生的关注点不会完全一致,教师要关注生成,调动学生的学习主体性,激发学生更多的已有水平、情感和思想火花,助力学生成长。

历史,是过去,但历史绝不只是过去。林崇德先生振聋发聩地提问:"回归原点的反思与追问:我们到底需要培养怎样的人?如何培养?"新高考制度改革背景下,运用影像史料的实践研究与反思,充分调动学生的主体性,把历史课还原成学生想学乐学,并且能影响学生一生的重要学科,以作为现实的借鉴与走向未来和世界的启示。发展学生学科核心素养,立德树人,助力学生和教师成长,牢记历史教师的使命,不忘初心,砥砺前行!

参考文献

[1]中华人民共和国教育部.普通高中历史课程标准(2017 年版 2020 年修订)[S].北京:人民教育出版社,2020.

[2]徐蓝,朱汉国.普通高中历史课程标准(2017 年版)解读[M].北京:高等教育出版社,2018.

[3]国家中长期教育改革和发展规划纲要(2010—2020 年)[M].北京:人民出版社,2010.

[4]徐蓝.谈谈研制高中历史课程标准的一些体会[J].历史教学(上半月刊),2016(12):14−15.

[5]刘月霞,郭华.深度学习:走向核心素养(理论普及读本)[M].北京:教育科学出版社,2018.

[6]斯特凡·约尔丹.历史科学基本概念辞典[M].孟钟捷,译.北京:北京大学出版社,2012.

[7]叶永广.历史·影视·教育[M].上海:学林出版社,2004.

[8]李剑鸣.历史学家的技艺和修养[M].上海:上海三联书店,2007.

[9]张广智.历史教育与现代影视[J].历史教学问题,2003(02):66−70.

[10]林崇德.心理学大辞典(上卷)[M].上海:上海教育出版社,2003.

[11]余文森,林高明,陈世滨.有效教学的案例与故事[M].福州:福建教育出版社,2008.

在"馆校合作"实践活动中发挥
学生主体作用之行动研究

天津市梅江中学　李方

摘　要：本文通过行动研究，以案例的形式反映"馆校合作"实践活动中发挥学生主体作用的主要策略，期冀从另一个视角探寻历史教育的路径，从而培养学生历史核心素养，促进育人方式的变革，落实立德树人的根本任务。

关键词：馆校合作　实践活动　学生主体作用

一、研究的背景

1.政策的引领

2019年6月，国务院办公厅颁布了《关于新时代推进普通高中育人方式改革的指导意见》，在构建全面培养体系，从突出德育时代性、强化综合素质培养、拓宽实践渠道、完善综合素质评价等方面提出要求。其中，在拓宽综合实践渠道方面，指导意见强调，要健全社会教育资源有效开发配置的政策体系，因地制宜打造学生社会实践大课堂，建设一批稳定的学生社会实践基地。充分发挥爱国主义、优秀传统文化、军事国防等教育基地，以及高等学校、科研机构、现代企业、美丽乡村、国家公园等方面资源的重要育人作用,按规定免费或优惠向学生开放图书馆、博物馆、科技馆、文化馆、纪念馆、展览馆、运动场等公共设施。

2020年10月,教育部、国家文物局联合印发《关于利用博物馆资源开展中小学教育教学的意见》要求,通过采取一系列政策措施,推进中小学生利用博物馆开展学习,促进博物馆资源与课堂教学、综合实践有机结合,进一步健全博物馆与中小学校合作机制,促进博物馆资源融入教育体系,提升中小学生利用博物馆学习效果。

《普通高中历史课程标准(2017年版2020年修订)》也指出,学生的历史学科核心素养不能凭空形成,也不能只靠灌输形成。只有通过以学生为主体的活动,在做中学,进行自主学习、合作学习、探究学习,在认识历史的过程中联系和运用知识,掌握探究历史的方法和技能,逐步学会全面、发展、辩证、客观地看待和论证历史问题,才能使学生的核心素养得以提升和发展。

2.经验的积累

自2012年,梅江中学被确立为"馆校合作"基地校以来,与天津博物馆建立了很好的合作联动关系。借助"馆校合作"等社会力量,以校本教研为载体、以历史学科教学为突破口,初步形成"提出问题—体验感悟—合作探究—分享成果"四环节研究性学习策略;以"梅江中学天博历史研习班"为依托,初步形成教师专业成长与学生能力提升相互联动的"主题活动"策略;以"天博课堂"为依托,筹建"创新工作室",推出了网络直播课程,信息化引领"馆校合作"走向高端发展之路。梅江中学注重学科交叉统筹,发挥综合育人功能,实现了学校特色与学科特色的深度融合。

二、研究的意义

推开教室的门,开启的是教育,打开场馆的门,我们同样步入学习的殿堂。"馆校合作"活动引起了教育属性的四种改变,即教育场域上的变化,实现了场馆与学校双方教学空间的彼此扩充,学校走进场馆的同时场馆同样进入校园;教育资源

上的变化,学校将课程资源开发对象指向场馆及其所持有的资源,场馆则利用学校的教育理论资源完善自身的服务质量;教育方式上的变化,学校利用场馆的参与性教学和直观性教学激发学生的学习热情,场馆则致力于使教育设计更具系统性;教育主体上的变化,双方共同转向对"人"的关注、"全人"的培养、"人师"的训练以及"仁人"的诉求。

三、关键观念的解读

1.馆校合作

所谓"馆校合作",是指场馆与学校为实现共同教育目的,相互配合而开展的一种教学活动。这种教学活动是围绕场馆的"物"展开的运动形式。利用场馆的藏品,以各种工作方式和方法,为社会教育和有关学科研究服务。这是"物"的收藏作用于社会的过程,也是场馆"物"的运动最有意义的阶段。

"馆校合作"主要有两种合作方式,即形式上的合作和内容上的合作。形式上的合作,是指系统管理的机制协调,也就是学生、教师、学校、场馆、场馆教育工作者、教育行政部门、政府部门、社会公益机构等多主体间的沟通和合作。"内容上的合作",主要是指课程资源的互惠开发。

2.学生主体作用

学生主体作用,是指学生在学习活动中的作用。表现在三个方面:(1)学生是学习活动的主体,是主动的发现者、探索者,是主体得以确立的内在依据;(2)学生是个体身心发展的主体.是个性社会化的主体,具有自主性、能动性、创造性、独特性、整体性等主体性品质;(3)学生在教学过程中是主体化的客体,是由教到不教、由教育走向自我教育的主体。主要表现在教学互动过程中学生主体性品质的培养和建构上。其主要表征:学生学习动机中的主体意识充分觉醒,在学习活动中,主体能动性、主动性和创造性得到充分发挥,在学习成果评价中,主体价值得到充分尊重,潜能得到充分开发,个性得到和谐发展。

四、研究的方法

1.行动研究法

是指在自然、真实的教育环境中,教育实际工作者按照一定的操作程序,综合运用多种研究方法与技术,以解决教育实际问题为首要目标的一种研究模式。

2.案例法

创建体验情境,利用师生感悟到的思想和方法,迁移到解决其他问题实践之中,形成典型案例。

五、典型案例

案例 1:借助馆藏资源,进行实践活动的探索

【实践主题】《走近太保鼎》

【馆藏资源】太保鼎

【实践活动实录】

场景一:天津博物馆大厅

(李老师)同学们,我们实践课堂学习小组曾多次带着学习内容来到天津博物馆参观学习,不知同学们是否注意到,在博物馆很多地方都有一个标识，那么在我们今天进入实践课堂学习之前,有请天博金牌奖讲解员把这个标识给我们同学做一下介绍。

(讲解员)这是根据天津博物馆的镇馆之宝"太保鼎"制作的标识。"天"字像一个鼎,因此我们将古金鼎文的"天"字稍作变形,就成为现在天津博物馆的统一标

识。标识的拱形门引申为博物馆之门，中部显现出钥匙孔的轮廓，象征着博物馆的珍藏和中华民族优秀传统文化将为求索者敞开大门，而标识中间的英文对称编排，其色彩为具有历史感的青铜器颜色，与四平八稳的鼎的形象相互呼应。中英文穿插，象征了"天津博物馆"的国际化风范。

（李老师）接下来，我们就走进"耀世奇珍"展厅，开启我们实践课堂的学习——《走近太保鼎》。

场景二："耀世奇珍"展厅门厅

（李老师）同学们看这四个字是什么？

（学生齐声）"耀世奇珍"。

（李老师）下面我们就在"耀世奇珍"这个展厅，开启我们实践课堂的学习——《走近太保鼎》，请大家跟随我走近太保鼎。

场景三：太保鼎

这个文物就是"太保鼎"，有请张老师为大家讲解一下"太保鼎"。

（讲解员）天津博物馆镇馆之宝西周太保鼎为方形，通高57.6厘米，口长35.8厘米，宽22.8厘米，重26千克。四柱足，口上铸双立耳，耳上浮雕双兽。鼎腹部四面饰蕉叶纹与饕餮纹，四角饰扉棱。最为显著的是柱足上装饰的扉棱和柱足中部装饰的圆盘，这在商周青铜器中是独一无二的，非常奇异。

鼎是在祭祀时盛放肉类的礼器。周王室在进行祭祀、宴飨、丧葬等活动时都要遵从列鼎制度：天子用九鼎，诸侯用七鼎，大夫用五鼎，士用三鼎或一鼎，贵族的生享死葬都以此为标准。鼎以及伴随的其他铜器如簋等都是"礼器"，在"礼不下庶人"的周代丧葬制度中，是贵族的专利品。

从太保鼎的器型和纹饰特点来看，其铸造年代应为西周早期。鼎腹内壁铸"大保铸"三字。大保即太保，是周朝一种官职的称谓，既是周王的辅弼重臣，又是最高的执政官，地位非常显赫，与同是辅佐周王的太师、太傅并称为"三公"。鼎铭文中的太保指的就是召公本人。召公姓姬名奭，周武王去世后，周成王年少，由召公担任太保，辅佐统治，并以长老身份对成王监护。召公辅佐成王时提倡勤俭为民，深受人民敬仰。传说他曾在一棵甘棠树下办公，《诗经·甘棠》中也曾描述："蔽芾甘棠，勿翦勿败,召伯所憩。"说的就是后人为了纪念召公,舍不得砍伐甘棠树的典故。

太保鼎于清咸丰年间(一说道光年间)在山东梁山出土。同时出土的还有小臣犀尊、太保簋、大史卣等共七件青铜器。这些商周青铜器,器型庄严厚重,纹饰华丽繁缛,是商周青铜器的典型代表,被誉为"梁山七器"。一时间,学者们研究著录,收藏家们争相收藏,成为清末民初金石学界的头等大事。而西周太保鼎是目前唯一一件收藏在国内博物馆的"梁山七器"。

雄浑庄重的太保鼎曾被《中国美术全集·青铜器卷》收录,并于1993年被选送参加第三届《中国文物精华展》,又因其异常珍贵,被国家文物局确定为不允许出境展览的64件古代艺术品之一。

(李老师)感谢张老师的精彩讲解,同学们有什么问题请教张老师?

(邝同学)这个太保鼎的纹饰太美了,张老师能为我们介绍一下青铜器的主要纹饰及特征吗?

(讲解员)古代青铜器上经常有各种精丽神秘的纹饰,这些大多受宗教观念影响。夏商青铜纹饰崇拜鬼神,青铜器即出现怪异和想象的动物纹样。西周也信仰上帝和鬼神,反映在饕餮纹上,中期较流行不强烈、变形的简朴的纹饰。春秋战国时代百家争鸣,主要为龙纹,另反应上层社会生活有作战勇猛的宴乐、攻战等纹饰,以及纯几何图形的纹饰出现。

(讲解员)同学们,你们知道为什么青铜器是独一无二的吗?

(石同学)这个我知道,商周使用泥范铸造青铜器,通常一器一范,先用特殊的泥土做出一个模子,涂上油脂和草木灰,然后做出内范和外范,其中内范和外范的厚度,就是青铜器的厚度。最后,从浇注口注入铜液,等待铜液凝固之后,把内范和外范打碎,最后取出的器皿就是青铜器。由于青铜器是独一无二的,所以国家是不允许随意买卖的。

(李老师)通过张老师的讲解和同学的介绍,我们对青铜器有了更为深入的了解。兴起于夏朝,繁荣于商周时期的青铜器,其铸造工艺之先进、形制之美观在世界青铜器史上,都是出类拔萃的。同学们,还有什么问题请教张老师?

(王同学)张老师,那么"鼎"在青铜器中的地位是怎样的?

(讲解员)鼎本来是古代的烹饪之器,有三足圆鼎,也有四足方鼎。最早的鼎是黏土烧制的陶鼎,后来又有了用青铜铸造的铜鼎。传说夏禹曾收九牧之金铸九鼎

于荆山之下,以象征九州,并在上面镌刻魑魅魍魉的图形,让人们警惕,防止被其伤害。自从有了禹铸九鼎的传说,鼎就从一般的炊器而发展为传国重器。国灭则鼎迁,夏朝灭,商朝兴,九鼎迁于商都亳(bó)京;商朝灭,周朝兴,九鼎又迁于周都镐京。历商至周,都把定都或建立王朝称为"定鼎"。鼎被视为传国重器、国家和权力的象征,"鼎"字也被赋予"显赫"、"尊贵"、"盛大"等引申意义,同学们知道有关"鼎"的成语吗?

(学生七嘴八舌)一言九鼎、人声鼎沸、三足鼎立、钟鸣鼎食、拔山扛鼎、言重九鼎、大名鼎鼎、问鼎中原、一代鼎臣,等等。

(讲解员)同学们回答得非常好,每个成语背后都有一段历史故事,由于时间关系,我们把这个问题留在课后大家继续探究。实际上,在古代,"鼎"还是旌功记绩的礼器。周代的国君或王公大臣在重大庆典或接受赏赐时都要铸鼎,以记载盛况。这种礼俗在我们当代仍有一定的影响。

比如,2001年7月18日,在西藏和平解放50周年之际,中央人民政府赠送给西藏自治区的"民族团结宝鼎"总高5米,重约3.5吨。宝鼎分为上中下三部分。上面是一尊三足双耳的大鼎,象征着西藏在中国共产党的领导下,各项事业鼎盛发展;中间的鼎座上镌刻着江泽民题写的"民族团结宝鼎"鼎名和中央人民政府的题记。背面为相应的藏文翻译。其他六面的浮雕分别为"签订十七条协议""民主改革""川藏、青藏公路通车""毛主席派人来""腾飞的西藏""全国各族人民大团结"的历史性画面。鼎内铸有铭文"铸赠民族团结宝鼎庆祝西藏和平解放五十周年"。整个宝鼎古朴典雅,美观庄重。上座还铸有56条夔龙,象征祖国56个兄弟民族团结友爱,谁也离不开谁。座上铸有在西藏家喻户晓的"切玛"和"八吉祥"图案,象征五谷丰登,国泰民安。下部底座上有3层平台、21级台阶和5个大灯笼,寓意三个千年、21世纪和庆祝西藏和平解放50周年。后来,"民族团结宝鼎"就成为中央人民政府在各少数民族自治区和平解放或成立50、60周年时,赠送的贺礼了。"民族团结宝鼎"充分体现了党中央、国务院对各族人民的深切关怀和殷切希望,寄托着全国13亿人民对各族兄弟姐妹的深情厚谊和美好祝福,充分展示了各民族共同团结奋斗、共同繁荣发展的时代精神和光明前景。

(讲解员)同学们,你知道哪些"鼎"?

(学生七嘴八舌)后母戊鼎,毛公鼎……

(唐同学)我给大家介绍"世纪宝鼎"吧。1995年10月21日,为庆贺联合国50华诞,中国政府向联合国赠送一尊青铜巨鼎——世纪宝鼎。鼎座高0.5米,象征联合国成立50周年;鼎身高2.1米,象征即将来临的21世纪。鼎重1.5吨,三足双耳,腹略鼓,底浑圆,四周有商周纹饰,浮雕兽面,云纹填底。底座上饰56条龙,象征华夏的56个民族都是龙的传人。鼎内铸有铭文"铸赠世纪宝鼎,庆贺联合国五十华诞"。鼎座前为"世纪宝鼎"四个金文大字。鼎座后面书写"中华人民共和国赠一九九五年十月"。

(韩同学)接下来,由我为大家介绍"和平鼎"。为纪念中国人民抗日战争暨世界反法西斯战争胜利70周年制造的"和平鼎"。此鼎取意于"国之重器",并饰以望天犼、驺虞、莲纹、和平鸽等代表正义、和平的元素,刻以中央军委原副主席迟浩田上将亲笔书写的"和平鼎"三个大字,此鼎充分体现了中国人民珍爱和平之意愿。

(李老师)这个"和平鼎"是陶瓷制品,不是青铜铸造,尽管如此,但寓意深远。正如习近平总书记所说,我们热爱和平,但是我们不乞求和平,我们敢于面对任何强加我们头上侵略性的战争,中华民族受屈辱的时代一去不复返了。古时,盛世铸鼎,而今铸鼎,昭示国泰民安。今天,相信,今天我们的"实践课堂"学习,给同学们留下了深刻印象,同学们谈谈感受?

(邝同学)以前也有过老师和我们参观博物馆的经历,那时只是一边看文物,一边听解说,所以即使历史课上再现了与文物有关的内容,印象也比较模糊。我很感谢学校有这样的机会让我参加这次活动,让我知道令我们中国人骄傲的文物,以后我有时间就会到天津博物馆参观,学习文物。

(韩同学)我来谈谈我的感受,这次活动给我印象最深的是太保鼎。太保鼎作为天津博物馆的镇馆之宝,我有幸目睹它的真容,古金鼎文"天"字是天津博物馆的标识,事实上也是"天"津的新标识,这些本是作为天津人的骄傲,感谢老师带领我们参加这次活动。并且在张老师的讲解下,我更加明白了这座鼎的唯一性、特殊性、宝贵性。我们常说爱家乡,才能爱国家,倘若连家乡的一草一木都熟视无睹,那么爱国从何谈起,中国梦如何实现!

(翟同学)通过本次实践课堂的学习,我有了很大收获。我的理想就是成为一名像张老师一样的博物馆讲解员。要实现这个梦想,所以今后我更要努力学习,掌

握本领,以后用自己的知识,通过自己的讲解让更多的人了解到中国传统文化的博大精深,弘扬民族精神!

(李老师)看来,通过今天实践课堂的学习,同学们收获颇丰。今天,我们仅仅聚焦于"太保鼎",今后,我们实践课堂小组还会带领大家走进"青蓝雅静"等展厅,感受中国传统文化的源远流长。中国传统文化是中华民族生生不息、团结奋进的不竭动力。让我们弘扬传统文化,建设中华民族共有的精神家园,唱响中国梦!

今天,我们实践课堂的学习到此结束,感谢张老师的讲解,感谢同学们的参与,谢谢大家!

案例2:整合统编历史教材和馆藏资源,在教学设计基础上开展实践活动的探索

【实践主题】《一片甲骨惊天下》

【馆藏资源】

1.七年级《历史(上)》《夏商周的更替》和《青铜器与甲骨文》

2.普通高中《中外历史纲要(上)》《中华文明的起源与早期国家》

3.天津博物馆《殷契重光》纪念甲骨文发现120周年特展

【教学设计】

一、课程目标

通过甲骨文、青铜铭文及其他文献记载,了解私有制、阶级和早期国家的特色。

二、教学目标

将博物馆与历史教学、综合实践有机结合,落实立德树人的根本任务,改进教学方式,使学生通过历史课程的学习,拓宽历史视野,发展历史思维,提高历史核心素养,认同社会主义核心价值观和中华传统文化。

三、学情分析

高二年级学生已经完成初高中统编教材有关甲骨文的相关内容,并且《殷契重光》特展正式开放之后,学生在老师的带领下进行了参观,聆听了专题讲座,体验了甲骨热缩片的制作等一系列活动。

四、教学方式

通过情景教学、史料教学、问题探究等方式进行教学设计。

五、教学重难点

教学重点:甲骨文的发现,甲骨遗址的发掘,透过甲骨看商朝,汉字的寻根探源。
教学难点:二重证据法。

六、教学媒体

多媒体课件。

七、教学时间

1课时。

八、教学过程

(导入新课)大家好,今天我们来共同学习《一片甲骨惊天下》。

(推进新课)

(一)汉字的寻根探源

文字是人类文明的标志,汉语是我们的母语,它是我们祖先智慧的创造和结晶。汉字不仅是一种表情达意的工具,还是联结和维系中华民族的根。

(文字学)古代称小学,清末改称文字学,50年代又改称汉字学。名称一再更改,说明认识在逐步发展。

——周有光《世界文字发展史》

文字学,古代称小学,清末改称文字学,50年代又改称汉字学。名称一再更改,说明认识在逐步发展。汉字学是世界文字学的一个构成部分。

古者八岁入小学,故《周官》保氏掌养国子,教之六书,谓象形、象事、象意、象声、转注、假借、造字之本也。

——[东汉]班固:《汉书》卷三十《艺文志》

"六书"是古人解说汉字的结构和使用方法而归纳出来的六种条例,是汉字的造字方法。造字是为了说明事物,而最常用的应该就是和"人"相关的字了。下面我们就来看看甲骨文"人"字的演变。

| 甲骨文 | 金文 | 小篆 | 隶书 | 楷书 |

其实"人"的字形变化不大,甲骨文的"人"也是两划,各一长一短撇。但请不要看轻这两个笔画,因为它可是很写实地把人类的形状描绘出来了。左边的短撇是表明人类有双万能的手,右边的长撇则是表示人类长长的躯干,而且因为是侧身站着,所以只看到一边的手臂和身体。而且整个"人"字是直立状的,正可表示出人类是地球上唯一站立行走的动物,可见我们祖先的观察力有多么惊人。

从甲骨文到金文、小篆,再到隶书、楷书,汉字的结构数千年来没有改变,人们得以突破时空的限制沟通思想,这种传承是真正的中华基因。

(二)甲骨文的发现

光绪二十九年,沉寂多时的甲骨文突然奇迹般的重现在世人面前。埋藏在地底下三千多年的秘密竟然在一夕之间被揭开,到底怎样的因缘际会才会展开了这样一段漫长的甲骨文发现之旅呢?

相传,清朝末年,河南安阳的农民从地下挖掘出刻有符号的龟甲、兽骨,当作"龙骨"卖给中药店作药材。1899年,北京的官员王懿荣得了病,在达仁堂买药,发现龙骨上刻有符号,认为这是古文字,就把药店里所有带符号的龙骨都买下来。学者经过研究,认定这些符号就是商朝的文字。

——统编版《中国历史》七年级(上册)第5课《青铜器与甲骨文》

王襄,天津人,金石学家、甲骨学家。他也是最早发现和认识到甲骨价值并加以搜购的学者之一。

——《殷契重光——纪念甲骨文发现120周年特展》

关于清朝末年甲骨文的发现和鉴定,过去有一套流行的说法。但究竟谁最先发现了甲骨文,何人解读了甲骨文,其实存在不同的说法。我们认为,明确甲骨文发现的时间是1899年才更重要!

从19世纪末始,中国的贫弱、腐败,外加西方的殖民、侵略,使中国人开始不断反思国家落后的根本原因,经过数十年的中西方文化对比,以及国内不断的暴乱,恐慌、复古等事件后,一些国人得出这样一种结论:中国之所以落后、腐败是因为旧的传统文化在作祟,而旧传统文化之所以这样顽固是因为汉字。因此要想拯救中国,就必须扫除旧文化;而要扫除旧文化,就必须先废掉汉字。就此,一场长达近半个世纪的废除汉字的狂潮诞生了。

今山川效灵,三千年而一泄其密,且适我之生,所以谋流传而悠远之,我之责也。

——罗振玉

1899年,甲骨文的横空出世,使彷徨的知识分子看到了一丝曙光,中国近代考古学家、甲骨学奠基者罗振玉慨叹,"今山川效灵,三千年而一泄其密,且适我之生,所以谋流传而悠远之,我之责也",反映了近代中国知识界的心声。

汉字是中国几千年文化的瑰宝,是我们终生的良师益友,每个人的精神家园,汉字更是民族灵魂的纽带,中华文明的根脉。

(三)甲骨遗址的发掘

甲骨文发现之后,旋即成为热门的古董商品,身价也因此水涨船高。而古董商们为了谋求暴利,一度不愿意透露甲骨真正出土的地点,甚至还谎报甲骨是出土于河南汤阴。后来经过学者的明察暗访,终于确定甲骨出土于"安阳殷墟"。

殷墟位于今河南安阳,原本是商王盘庚迁徙后的都城,直至商朝灭亡,共经历了250多年。殷都有大型宫殿和宗庙建筑,还有商王和奴隶主的墓葬区,目前共发现13座王陵和1400多个祭祀坑。都城内有专门铸造铜器、制造玉器的作坊,说明当时手工业很发达。殷墟还出土大量的铜器、玉器、石器,其中有武器、装饰品等,

而最著名的当属大量刻有文字的甲骨。

——统编版《中国历史》七年级（上册）第 4 课《夏商周的更替》

殷墟科学发掘 90 余年的历程，初步可分为三个阶段。

1928 年至 1937 年，为殷墟考古发掘的第一阶段。这一阶段的发掘工作由当时的中央研究院历史语言研究所考古组组织进行。

1950 年至 1979 年，为殷墟考古发掘的第二阶段。这一阶段的发掘工作主要由中国科学院考古研究所组织进行。其间，河南省文物工作队、安阳博物馆也做了一些工作。

1980 年至今，为殷墟考古发掘的第三阶段。这一阶段的发掘工作，中国社会科学院考古研究所安阳工作队主要负责殷墟保护范围内的发掘，安阳市文物工作队主要负责殷墟保护范围外的发掘。其间，河南省文物考古研究所也参与了部分项目的发掘。

殷墟可说是中国考古学的发祥地，而甲骨文正是扮演了带领中国发展出现代考古学的一个重要角色。

周武王灭商之后，曾经繁盛的殷商王朝逐渐湮没在历史中。到了春秋末期，殷人后裔孔子便已发出了"殷礼，吾能言之，宋不足征也，文献不足故也"的感叹。西汉司马迁撰写《殷本纪》，虽给出了商王世系，但对商代的种种历史细节则无力涉及。

——《殷契重光——纪念甲骨文发现 120 周年特展》

史书中有关商朝的记载，得到了考古发掘的验证。……考古学家在河南安阳一带发现殷墟遗址，在遗址出土的大批龟甲、兽骨上刻有文字。这些文字被称为甲骨文……

——《中外历史纲要（上）》第 1 课《中华文明的起源与早期国家》

这种运用"地下之新材料"与古文献记载相互印证，以考量古代历史文化的方法，就是王国维创立的"二重证据法"。

甲骨学史上，涌现出大量的优秀学者，其中最具代表性的，当属"四堂""四老"。

"四堂"，指的是罗振玉、王国维、董作宾、郭沫若四位先生，他们的号中均有"堂"字。

"四老",指的是唐兰、于省吾、胡厚宣、陈梦家四位先生,"老"为敬称。

"雪堂(罗振玉)导夫先路,观堂(王国维)继以考史,彦堂(董作宾)区其时代,鼎堂(郭沫若)发其辞例"。

"唐老(唐兰)分析偏旁,于老(于省吾)骈枝成林,胡老(胡厚宣)彻底整理,陈老(陈梦家)综述分组"。

——《殷契重光——纪念甲骨文发现120周年特展》

从多次主持殷墟发掘的董作宾,到考证出商王世系的王国维,再到集甲骨文研究之大成的《甲骨文合集》编撰者胡厚宣……一代代学者前赴后继,以解开古老的文明密码为毕生使命。

(四)透过甲骨看商朝

在甲骨文出土之前,商朝是否存在属于悬而未决的千古之谜。中国从哪里来,中国历史的可信开端究竟在何处? 这一事关文明起源和民族认同的课题,因甲骨文的丰富记载而曙光初现。

甲骨文具有极大的文物价值、史料价值和学术研究价值,是重建中国上古史,透视三千年前殷商社会生活的重要素材。

——中国社会科学院学部委员宋镇豪

通过甲骨文、青铜铭文及其他文献记载,了解私有制、阶级和早期国家的特征。

——《普通高中历史课程标准(2017版2020修订)》

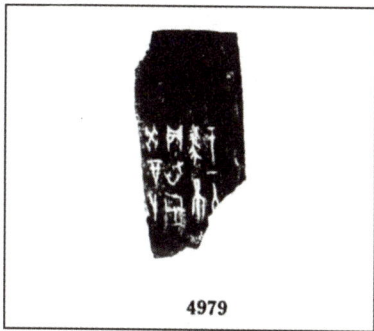

4979

《甲骨文合集》中的"余一人"

商王是王朝的最高统治者,集军权、神权和族权于一身,是奴隶主贵族阶级的总代表,商王既是世俗权力的集中体现者,是政治领袖,也是群巫和祭司之长,是神与人的中介,甲骨文中自称"余一人"或"一人",表示普天之下,唯我独尊,具有至高无上的权力。

众人协田牛骨刻

平民则是商代社会的主体,甲骨文中称之为"众"或"众人"。众人协田牛骨刻辞"(王)大令众人曰:协田,其受年。十一月"。即商王命令"众人"进行协田活动。这里的"协田",一般认为是指在土地上进行集体耕作。"其受年",是能否丰收的意思。

商帝乙、帝辛 在亢䜌芀卜骨

商朝人特别重视粮食作物的生产,根据甲骨文记载,当时的人已经在种植禾、黍、麦、豆、水稻等。说到水稻,大家可能会想到河姆渡遗址,而殷墟位于河南北部,那里真的适合种水稻吗?事实上,三千年前,安阳地区是相当湿润的,非常适合水稻的生长。天津博物馆藏有一片珍贵的卜骨。据中国社科院宋镇豪老师考证,这篇卜骨上所刻的内容,是关于水稻田长了杂草的。记载这一内容的卜骨,在全世界可能就只有这么一片。

夏商时期,人们对天文、星象有一定的认识。夏朝历法《夏小正》,载有一年中各个月份的物候、天象、气象和农事等内容。到商朝,夏历改进为殷历。干支纪日法是商朝历法的最大成就,是世界上延续至今的最长的纪日方法。

——《中外历史纲要(上)》第 1 课《中华文明的起源与早期国家》

夏商时期,人们对天文、星象有一定的认识。干支纪日法是商朝历法的最大成就,是世界上延续至今的最长的纪日方法。

商帝乙、帝辛 干支刻辞骨

这是天津博物馆藏"商帝乙、帝辛 干支刻辞骨"。此牛骨上所刻并非卜辞,而是按照顺序排列的六十干支,称为干支刻辞,使用十天干、十二地支纪日、授时,是中国人的独特发明,时至今日仍在沿用。干支纪日法对指导人们的生产生活具有重要意义,是古人智慧的结晶,也是人类文明的重要体现。

"透过甲骨看商朝",其实,我们只是撷取了几个片段,大量甲骨卜辞的留存,堪称"商代社会百科全书"的历史信息库,为我们研究商代的社会历史提供了各个方面的宝贵资料。

(新课小结)

一片甲骨惊天下,我们探究汉字之源,是因为它是中华基因的传承;我们探究汉字之魂,是因为它是中华文明的根脉。

进一步深化甲骨文研究和应用,加强收藏保护,做好整理和信息标注,确保文物安全。要推进著录考释,综合运用人工智能识别等技术手段,推动研究实现新突破。要加大对甲骨学人才培养的支持力度,促进多学科交叉融合,不断提升综合素质和创新能力。要推进活化利用,弘扬中华优秀传统文化,深化国际交流,彰显甲骨文的文化魅力和时代价值。

——孙春兰在纪念甲骨文发现 120 周年座谈会

殷墟甲骨文的重大发现在中华文明乃至人类文明发展史上具有划时代的意义,新形势下,我们要用纪念,弘扬文化;我们要用书写,传承文明;我们要用科技,走向未来。

九、教学反思

我们之所以聚焦天津博物馆《殷契重光——纪念甲骨文发现 120 周年特展》,主要是由于有了从甲骨文一脉相承发展的汉字,才使中华文明发展没有中断,这为研究中国源远流长的灿烂文明史和早期国家与社会形态提供了独特而真实的第一手资料。今天走出国门的甲骨文书法和实物,不仅带着文化自信,而且担负着文化使者的重任,底气十足地向世界展示 3000 多年前的殷商文明,讲述站起来、富起来、强起来的中国故事。

【实践活动纪实】

一、一份份匠心的记录清单,一个个学生的成长印记

围绕《殷契重光——纪念甲骨文发现 120 周年特展》,学生在展示前,完成了两次参观活动,一次主题讲座和体验活动。考勤记录清单、校本课程修习记录清单(个人)和综合实践活动课程清单(小组)的完成过程,其实就是我们确定展示内容,筛选展示学生的过程。

(1)全员参观,遴选学生。第一次参观活动,我们组织了高一、高二全体学生在展厅聆听讲解员讲解。活动结束后,学生提交问题,我们结合展示的要求,遵从学生的意愿,有 18 名学生入围参加下一环节的活动。

(2)学生分组,确定导师。每个学习小组,在导师的引领下,带着筛选后的问题,再次参观特展,聆听主题讲座,参加体验活动并完成考勤记录清单、学生个人

的校本课程修习记录单和小组的综合实践活动课程清单。通过参阅三份清单,确定"微课"和"访谈"的主要意向和最终展示师生名单。

综合素质评价表(讨论稿)

评价要素	评价项目	评价标准	实施情况			
			优(10—9分)	良(8—7分)	合格(6—5分)	不合格5分及以下
教师60分	组织教学(10分)	遵守专用教室或历史场馆规章制度,接送学生注意安全,保障教学秩序良好,气氛活跃有序				
	教学目标(10分)	整合教材资源和馆藏资源,落实历史学科核心素养,科学制定教学目标				
	教学过程(30分)	发挥历史场馆教育功能,寓学科育人目标于教学过程之中。充分运用现代信息技术,提高教学手段的多样化和信息化水平,师生关系平等、和谐、民主				
	教学能力及教态(10分)	具有过硬的教学基本功,历史专业教师和场馆教师能够团结协作,共同完成课时计划,内容科学、准确。仪表端庄,态度亲切自然有感染力				
学生30分	学习方式及能力(20分)	能够适应不同的教学环境,积极主动参与教学活动,独立思考,自主学习,互相启发,合作学习				
	学习效果(10分)	尊敬历史专业教师和场馆教师,学习方法、能力、智力得到培养训练				
教学特色10分		教学设计,组织教学过程有创造性,取得一定社会反响				
评课人及总分						
简要评语						

（3）馆校师生，完成评价。根据导师和场馆工作人员、学生自评和互评结果，上传综合素质评价成绩。

二、一场场师生的头脑风暴，一番番思维能力的考量

（1）筛选问题，分类汇总。经过第一次参观，学生从展览、网络、文献等途径提交了大约100多个问题。历史学科组老师从学生问题出发，认真研讨，经过筛选，汇总问题。

【问题汇总】

①甲骨在出土方式和地区集中这些方面有什么特点吗？从这些特点又能指向甲骨什么样的特点和属性？

②对甲骨文的研究已经开展了很长的时间，现在的研究方式与从前有哪些不同之处？

③甲骨文无论从历史学术价值来说还是从金钱上的价值来说都是珍贵的，甲骨文的发掘是否会收到盗掘者的影响呢？主要是什么类型的影响呢？

④既然甲骨文的使用时间如此悠久，为何到了周代便逐渐消失了？

⑤甲骨文文字系统是否严密完整呢，在当时是不是会有异体字的情况，一个字多种写法的情况出现？

⑥每一块占卜龟甲都可以使用吗，在选材步骤上有什么要求呢？

⑦为什么看资料说挖出的有甲骨文的骨头都是数以万计，现在对甲骨文的解析还是举步维艰？

⑧甲骨文以及从中得到的信息，如何去确认其准确性？

⑨古人为什么用这种将文字刻在龟甲或动物骨上的方式与神明对话？与神明对话的结果又是由谁凭借什么来判定？

⑩我们所见的甲骨文全部都是关于王宗贵族，那么在那个时期，平民百姓可以使用甲骨进行占卜吗？可以使用甲骨文这种文字吗？

⑪龟甲在当时属于珍稀物品吗？它的价值有多大呢？

⑫有些甲骨正反两面都有卜辞，在古人的眼中，用同一片甲骨占卜的次数，会影响占卜的结果吗？

⑬在占卜的时候，一定会出现占卜结果与实际不符的情况，古人为什么还是

使用了大量的时间和精力收集甲骨来进行占卜呢?

⑭除了用甲骨占卜,古人在想要判断一件事吉凶的时候还会运用什么方法?

⑮甲骨文的造字方法是什么呢?甲骨文是如何体现我国古代人民的一种思维方式的?

⑯甲骨文保存现状如何?

⑰甲骨文可以说是是中华优秀传统文化的根脉,文物价值、史料价值和学术研究价值,我们如何推动甲骨文有温度的走向世界?

⑱现代科技所用的"新方法"对于甲骨文这种"老学问"的应用与好处具体体现在哪里?

(2)活动设计,任务驱动。带着问题,学生在导师的引领下,经过学习教材,参观特展,聆听讲座、参加甲骨文热缩片制作等一系列活动过程中,学习成果获得了积累性地强化。

(3)呈现方式,精心策划。基于培养学生学科核心素养的"馆校合作"活动,不仅要考虑到展示内容的逻辑、展示过程的环节以及学生的认知特点等,更重要的是以学生的学习与发展为本位,以调动和发挥学生历史学习的积极性、主动性和创造性为核心,以学生的学习活动为实质性线路,以学生的自主探究活动为中心展开。因此,展示中的微课设计,学生来参加审评,提出修改建议;访谈环节,学生主持,与专家对话,拓展学习成果。

三、一次次学习成果的展示,一种种创新实践的检验

展品即知识,参观即学习,互动即教育行为,教育场域的变换,教育创新实践应运而生。

(1)精品教研实现了从历史教学到课程建设的进阶。2018年,梅江中学成为天津市历史学科特色课程建设基地校,我们在探索"馆校合作"路径时,进行了课程建设的尝试。这次展示是在现场答辩、专家研讨和网络精品课程制作等基础上进行的,循序渐进,水到渠成,实现了育人方式的变革。

(2)展示主题实现了从常设展览到专题展览的转换。以往的"馆校合作"活动多是运用天津地方史、天津博物馆常设展览等馆藏资源进行主题活动,这次展示从专题特展、小众话题入手,就是想提升学生学习兴趣,拓宽学生历史视野,创新

学生实践活动。

（3）课程体系实现了"天博课堂"实践类课程、研究类课程与综合实践活动课程的关联。我们整合了国家统编教材历史课程资源与馆藏资源，强化了学段衔接，满足了学生全面而有个性的发展，彰显了梅江中学历史学科课程体系的"馆校合作"特色。

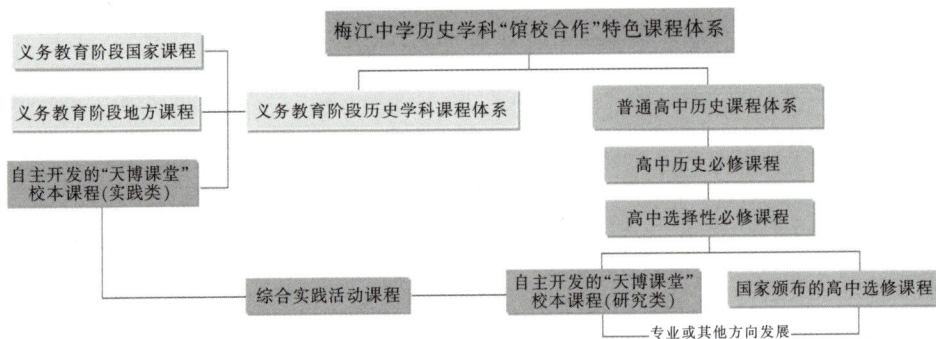

"馆校合作"特色课程体系

案例3：整合不同馆藏资源，在研究性学习基础上进行实践活动的探索

【实践主题】《一代宗师——李叔同》

【研究性学习】

文化之梦：李叔同故居纪念馆参观活动方案

在一百多年前的天津，诞生了一位中国近代史上的传奇人物，他就是被誉为旷世奇才的李叔同。他是中国近代早期新文化运动的先驱，他集诗词、书画、篆刻、音乐、戏剧、文学于一身，在多个领域开中华灿烂文化艺术之先河。

在天津博物馆的引荐下，2016年11月30日李叔同故居纪念馆的工作人员莅临梅江中学，举行了社会实践基地签字仪式和赠书仪式，并进行了《海河之子——李叔同与天津》的专题讲座。通过姜媛媛老师的精彩讲解，我们对李叔同青少年时期在天津的生活有了初步印象。

结合梅江中学"天津桃李源西岸教育专项基金"项目,我们拟开展以《弘扬传统,开创未来》为主题的文化之梦活动。

活动时间:2017 年 1 月 10 日 9:00—12:00

活动地点:李叔同故居纪念馆,梁启超故居纪念馆

参与主要人员:高一全体师生

活动主要环节:

(1)在学生讲解员的带领下,参观李叔同故居纪念馆。结合《海河之子——李叔同与天津》专题讲座和李叔同故居纪念馆展览的具体内容,开展"我所了解的李叔同"知识竞赛,并对优胜者进行奖励。

(2)撰写研究性学习报告。

通过李叔同故居纪念馆参观、体验活动,促进学生对中华传统文化、优秀历史名人及非物质文化遗产的关注、珍视和保护。

"我所了解的李叔同"知识竞赛

第一组

(1)李叔同出生在哪年?

(2)李叔同的父亲李世珍是哪一年考中的进士?

(3)李叔同独自编辑创作了《   》,是中国历史上第一本音乐期刊。

(4)李叔同在哪年尝试了断食,又是在哪年皈依了佛门?

(5)李叔同在上海时考入了南洋公学,师从谁?那一时期他还翻译了中文版的《   》《   》,这是我国最早介绍国际法公权和私权的译著。

第二组

(1)李叔同圆寂在哪年?

(2)李叔同在上海期间作了《   》《   》,让人看到了他满腔爱国热情和对祖国存亡的忧虑?

(3)李叔同作词作曲的三部合唱《   》,是中国近代歌曲创作史上的(   )声乐作品?

(4)在天津英租界维多利亚花园北侧,有一座(   ),是于(   )年落成的。

(5)洋书房是李家唯一一间具有洋式风格的建筑,李叔同是哪一年在此居住?

第三组

(1)在李叔同故居的第一展室内,悬挂了两幅李叔同的书法作品四条屏,分别是什么?

(2)李叔同哪年去的日本留学?哪年学成归国?

(3)1904 年,李叔同在上海参加了京剧《   》《   》的演出?

(4)《黑奴吁天录》是由《   》译成的,海报是由谁亲手绘制的?

(5)李叔同曾写了一首《   》歌,以此来回忆他在家中意园度过的美好时光?

第四组

(1)李叔同出生在天津的什么地方?

(2)李叔同哪年在哪所学校教授的裸体写生课程?

(3)1906 年,李叔同在日本成立了中国历史上的第一个话剧团体,叫什么?

(4)"桐达钱庄"是在哪年到哪年间的哪个"风潮"中破产倒闭的?

(5)李叔同与谁同在浙江两级师范学校执教,李叔同称其是自己过从甚密,相知甚深的挚友。

第五组

(1)李叔同三岁随父亲迁居到了什么地方居住?

(2)李叔同在日本东京美术学校毕业时的毕业作品是什么?

(3)1907 年,"春柳社"上演了中国的第一部话剧《   》,在剧中李叔同饰演谁?

(4)1905 年,李叔同的母亲在上海病逝,随后他护送母亲灵柩返回天津老家,并为母亲举办了一场怎样的别开生面的葬礼?

(5)李叔同的哪位学生是我们中国著名的漫画大师。

学习体会《送别——李叔同》

2016 级高一三班   陈同学

高一新学期伊始,我报名参加了天博课堂,为的就是去了解更多关于天津的更多往事。还记得第一堂课,讲解员老师为我们讲解的就是出生于天津的李叔同。

李叔同的家庭在天津可谓是一户大家,经营着盐业与银钱业,有着自家的账房——桐达钱庄。李叔同五岁的时候,父亲去世,自小跟随大哥长大。在八岁的时候,正式开始学习,在攻读四书五经的同时又开始学习书法和金石等技艺,在其十三岁时,李叔同的书法已经是初闻于乡了。而十五岁的李叔同内心开始有了些"反叛"的迹象,在学习之余,他又爱上了唱戏。这些都在为他以后的辉煌打下坚实的基础。

十六岁时的李叔同考入城西北文昌宫旁边的辅仁书院,因其在进入书院前,已饱读过经史诗文,学有根底,加上自幼聪慧,每次考课作文,只觉得有不尽之思绪需要写出。按照格式,文章是要一个字一个字书写在格子中的,老师发下来的纸张又是有一定限量的。叔同每感到意犹未尽,纸短文长,就在一格中改书两字交卷,博得了"李双行"的美称。

1898 年,在北京的维新变法使当时的李叔同颇有感触,一向关心国事、憧憬未来又极厌旧制度的他迅速地加入到这场变法当中,成了天津支持变法的领军人物。谁也不曾想到,这场变法在第 103 天的时候随着戊戌六君子的殉难和康有为、梁启超逃亡海外,这场维新运动以失败告终。李叔同却因为支持这场变法,被外界哄传是康有为和梁启超同党。为了避祸,李叔同带着母亲和妻子逃去了上海,在上海法租界里租了一套房子,安定下来。

后来,李叔同东渡去了日本留学。期间,李叔同开始与艺术接触,还成立了中国第一个话剧团体——春柳社。在回国后,他更是把在国外学到,看到的东西带回国内。包括:在学校开办音乐课和美术课,主编了中国第一本音乐期刊《音乐小杂志》,编曲中国第一首国人自己的歌曲《祖国歌》……

1916 年,李叔同自己患有疾病,因日本杂志介绍"断食"以修养身心之方法,李叔同决定尝试治疗自己的病,于杭州虎跑定慧寺开始了为时 17 天的断食。在断食期间,李叔同感觉到了寺院的清净,也知道了自己想要什么样的生活,在 1918年正式出家,取名"弘一法师"。

出家之后的李叔同在杭州和福建皆有停留。李叔同出家期间,修得是律宗。律宗是佛教中禁戒最多的宗派,而李叔同一直修习律宗,被称为"律宗第一人"。

1942年,10月10日,李叔同在下午写下"悲欣交集"4字交妙莲法师,且于当天晚上8点圆寂于泉州不二祠温陵养老院晚晴室。

我之所以能记住李叔同这个名字,不仅是因为他是受人尊敬的弘一法师,更是当年那个爱国、热爱艺术的李叔同。

"长亭外,古道边,芳草碧连天。晚风拂柳笛声残,夕阳山外山。

天之涯,地之角,知交半零落。一壶浊酒尽余欢,今宵别梦寒。"

【实践启示】

整合不同馆藏资源,在研究性学习基础上进行实践活动探索,我们通过多维度、多视角、多类型的实践活动,促进学生对中华传统文化、优秀历史名人及非物质文化遗产关注、珍视和保护。

六、研究反思

怀特海说,教育是教人们掌握如何运用知识的艺术。这是一种很难传授的艺术。它所要传授的是对思想的力量、思想的美、思想的条理的一种深刻的认识,以及一种特殊的知识,这种知识与知识掌握者的生活有着特别的关系[3]。

杜威说,教育在它最广泛的意义上就是"经验"生活的社会延续。这也意味着,教育中的所教、所学必将与学生已有的经验相联结,或直接激活以前的经验[4]。

由此可见,教育的任务在于,让教师的身影抽身而出,为学生提供一个空荡荡的直观的"空的空间",使之不仅成为审判的空间、哲理的空间、生活的空间,而且成为生成的空间、互动的空间和创造的空间,简而言之,教育的空间。场馆正是这样一种教育空间。

在"馆校合作"实践活动中发挥学生主体作用之行动研究,为学生的学习推开了三扇窗,一扇成长之窗,通往自由发展;一扇关怀之窗,通往共情体悟,第三扇窗是生命之窗,通往人性流溢。

参考文献

[1]中华人民共和国教育部.普通高中历史课程标准(2017 年版 2020 年修订)[S].北京:人民教育出版社,2020.

[2]王乐.馆校合作研究:基于国际比较的视角[M].厦门:厦门大学出版社,2017.

[3]怀海特.教育的目的[M].徐汝舟,译.北京:生活·读书·新知三联书店,2020.

[4]杜威.民主主义与教育[M].王承绪,译.北京:人民教育出版社,1990.

高中《历史地图册》在教学中有效运用的策略

天津市第四十七中学　尹晓婕

摘　要:利用历史地图册进行教学是教学手段多样化的体现。历史地图册内容丰富形象,在课堂教学中起着重要作用。用好地图册,可以进行有效的直观教学,拉近历史与学生的距离,培养学生的学习兴趣,对课本内容进行适当补充,构建完整的知识体系,并适时对学生进行德育教育。历史地图册在培养学生各方面的能力、提高课堂教学效益方面发挥着独到的作用。

关键词:高中历史教学　历史地图册　学习兴趣　批判性思维

古人有"左图右史"的读史习惯。现代教学论认为,观察是历史思维的开始,也是探索、发现、思考的开始,历史地图册为学生提供了观察历史的阵地。历史地图册内容非常丰富,图文并茂,就图而言,就有地图、图片、图表,这三者都是课本语言的延伸和补充,具有"以图代文""以图释文"的作用。引导学生读图、识图、分析地图,可以帮助学生建立历史空间概念,把抽象的历史事件还原于具有立体感、真实感、空间感的历史环境中,对事物的表述更生动、形象,更能激发学生极大的好奇心。

一、历史地图教学的教育心理学基础

美国著名心理学家布鲁纳认为,学习的过程是个体主动地形成认知结构的过程。在布鲁纳看来,学生心智的发展,虽然受到外部环境的影响,但主要是遵循自己特有的认知程序的,教学是帮助形成认知的成长,学习是一种过程,而不是结果。由此,他提倡使用发现学习的方法。发现法倡导的是教学应该重视培养学生的怀疑精神和批判意识,鼓励学生敢于打破常规和对现有的内容提出质疑,尊重学生的独特性和个性化表达;积极引导学生从事实践活动,提高学生的动手能力,从而达到创新的目的,最终让学生养成一种科学的探索精神。

布鲁纳认为发现学习有以下几个特征:一是发现学习强调学习的过程。在课堂教学活动中,学生的角色应该是一个积极的探究者,教师应该为学生创设良好的问题情境,让学生去发现去思考,而不是教给学生现成的知识。由此可见,学习的主要目的不是仅仅记住课本上的知识,而是让学生参与建立该学科知识体系的过程,学生不是被动的学习,而是主动的,积极的对知识进行探究。二是发现法强调直觉思维。在教学中,发现法还强调学生直觉思维在学习中的重要性。直觉思维的本质是映像和图像性的,所以在教学中应多进行直观教学,帮助学生由感性认识上升到理性认识。三是发现法强调学生的内在动机。影响学生的学习动机的因素可能是多方面的,但发现法更注重强调学生的内在动机,发现活动有利于激发学生的好奇心,学生容易受好奇心所驱使,对探究的内容产生兴趣。布鲁纳认为,发现式教学不仅能够培养学生发现问题和提出问题的能力,而且还有利于激发学生的好奇心,产生持久的内在学习动机。因此,在地图教学的过程中,教师可以利用图片、图像为学生创设适宜的问题情境,来激发学生对未知知识的探究欲望,让学生进行积极的思考。在地图教学中,教师可以利用图片来培养学生的兴趣,激发学生的好奇心和求知欲,让学生产生持久的内在动机,驱使学生自觉地去发现问题、分析问题和解决问题,从而能够很好地培养学生的问题意识。

二、高中阶段的学生心理发展规律及思维特点

进入高中阶段,学生自我意识增强,注重自我形象树立,非常在乎自己在班中和家庭中的地位。高中阶段的学生具有强烈的求知欲望和探索精神,他们兴趣广泛、思想活跃、思维敏捷,他们喜欢进行奇妙的幻想和丰富的想象,喜欢标新立异和别出心裁,为的是想充分彰显自己在班级中的地位和在学生中的形象。与初中阶段的学生相比较而言,高中生更倾向于探索各种事物之间的因果联系以及事物的本质,更喜欢发问、思考、探究一些能引起他们产生兴奋和兴趣的事物。而地图以其生动、形象、直观、信息量大等特点有利于吸引高中生的眼球,也适合学生心理发展的特点,利于引起高中生进行积极的思考、提问、探究等。若教师通过创设特定的问题情境的话,或者指导学生进行积极的思考和探究的话,并以开放和民主的态度对待学生的疑问,运用地图进行教学会为学生问题意识的培养提供一个很好的平台。

三、高中历史教学运用地图培养学生历史学习能力的现状及原因分析

笔者对高一、高二年级学生进行了《历史地图册》的应用研究现状调查问卷(见附录),经过分析得出结论:高中历史课地图教学中学生读图意识比较薄弱。通过反思,笔者认为原因主要表现在以下两大方面。

(一)学生的原因

通过问卷调查得知,许多学生不喜欢历史学科,对历史地图的学习更是缺乏兴趣。学生的学习多数都是被动接受。在平时的历史学习中,学生不重视对地图的利用,也就忽视地图在学习中的重要性。学生没有养成经常读图的良好习惯。虽有少数学生热爱观察地图,但缺乏观察的耐心和识图、析图的技巧。学生解图方式较为单一,缺乏解图的能力和灵活运用地图的思维。

(二)教师和教学的原因

一方面,在日常教学中,历史课程教学课时安排较少,课程容量大,很多教师都是以完成教学目标为目的进行教学的,很难注重学生识图、析图能力的培养。只有当分科以后,才有少数的老师能有意识地教选学生去识别地图、应用地图。另一方面,在历史地图的应用难易程度上,很多教师认为历史教学中历史地图的使用尺度不好把握,主要难点在于地图隐含信息过于庞杂。另外,教师的专业素养急需提升,很多教师的教学理念深受传统教育的影响,在历史地图的教学应用方式方面较为单一,教学过程僵硬,需要与时俱进、灵活多变。

四、运用历史地图优化教学的策略

从上一部分内容的分析,笔者根据上述问题所在思考了具有针对性的建议和策略。具体来讲,一是让学生在学习中养成看图、用图的良好习惯;二是运用地图创设适宜的问题情境,引发学生进行积极的思考;三是运用历史地图创设现实环境,引导学生关注社会现实;四是通过地图教给学生质疑的方法,来培养学生的问题意识和批判性思维;五是运用地图,培养学生的创新思维能力;六是教师在日常教学中对地图的应用举措和应注意的问题。

(一)让学生在学习中养成看图、用图的良好习惯

我们常说:"史地不分家"。历史学科和地图的关系是十分密切的。在平时的历史学习中,应加强对地图的使用频率,养成读图和用图的良好习惯。近几年的天津市高考题,都会有一道地图选择题,非常典型的考查学生的时空观念。且考题所选的地图,基本都来自教材配套的地图册。而学生和老师在日常的学习和教

学中,经常忽视对《历史地图册》的使用,导致学生识图能力很差,此类题在高考中得分率较低。

课本教材由于篇幅所限,编写原则以言简意赅、高度概括为首要,用语简洁精炼,重点突出历史主干。因此,对历史的展现不可能做到面面俱到,很多历史细节也没有提及。统编版《历史地图册》根据历史课本内容设置了相对独立的单元,每个单元内容由单元导读、地图、历史图片、读图等组成,内容非常丰富直观,历史线索整理得很完整。

根据教科书提到的历史场景、历史事件、历史人物和历史文物作为本主题的具体表现内容,尽可能地表现和充实、补充教科书的历史内容。以简明易读、形象直观的地图为主,解读历史事件、历史现象的空间发展变化;配以实物照片、人物画像及简洁的文字说明,达到与教科书相得益彰的效果。图册中的地图与教科书的插图既一致又不同。教科书插图不能完全满足教学的需要。由于插附于课本中,一般只简单描述有关历史空间内容,不能就前后课文或某章节间的相关内容进行综合性的空间分析。《历史地图册》在此有了明显的用武之地。

例1:西周分封示意图

统编版高中历史必修《中外历史纲要》(以下简称为《纲要》)上册第6页的《西周分封示意图》和教科书配套使用的《历史地图册》第4页的《西周分封形势》相比较,西周分封制是教学的重点内容,教材的地图只是简单展示了西周分封制的几个主要诸侯国。分封制的主要目的是"封建诸侯,以藩屏周"。仅凭教材的地图,学生不能深刻理解这个目的。如果老师带着学生观察分析《历史地图册》的地图,学生会通过主要诸侯国君的身份发现分封的对象是王族、功臣、古代帝王后代,而且王族大都分封到重要富庶的地方,从而真正做到拱卫周王室的作用。

例2:明清时期的经济发展

明清时期的经济发展也是教材的重点内容之一,教材"学习聚焦"是这样描述的:自明朝中期起,农业、手工业、商业各经济领域出现了一些新现象。《历史地图册》对新现象的表现非常直观、形象、详细。教师可以先指导学生观察地图册,得出结论,然后再和教材进行对比,看看学生漏掉了什么或者能发现教材中没有体现的现象。这既提高了学生读图、析图的能力,还有助于加深学生的理解和记忆。(图详见《历史地图册》第33页《明清时期的经济发展》。)

例3:古代中国的政治制度

本课时间跨度很大,从夏朝到鸦片战争前的清朝,贯穿中国古代史。示意图完整的展示了中国古代政治制度中两条主要线索"君主专制统治逐步加强和中央集权进一步加强"的过程,利用示意图,学生能构建完整的知识体系,可以清晰地掌握本课的脉络,记忆起来相对轻松一些。新版地图册的亮点之一就是实用性更强,为学生的高三复习打下了坚实的基础。(图详见统编版高中历史选择性必修1《国家制度与社会治理》第1课配套地图册第2页的《古代中国的政治制度》。)

(二)运用地图创设适宜的问题情境,引发学生积极思考

在历史教学中,由于受传统教学模式的影响,学生习惯了教师灌输式的教学模式,学生一般都是被动地接受知识,缺乏独立发现问题、分析问题和解决问题的能力。教师在日常教学中应该传授给学生一些质疑的技巧和方法,以达到有效培养学生问题意识的目的。法国著名教育家卢梭曾说过:"问题不在于教给儿童各种学问,而是在于培养他们爱好学问的兴趣,当这样的兴趣充分地调动起来时,教给他们研究学问的方法。"正所谓:"授之以鱼,不如授之以渔。"

奥苏伯尔的有意义学习理论指出,创设一定的问题情境,能够引起学生对所学知识产生兴趣,进而会引起一种我要学习的心理倾向,激发学生的心理动机。在历史教学中,教师运用地图所创设的问题情境既要符合学生的年龄特点,又要适合学生的现有的知识水平和接受能力,从而促进学生对要学习的内容产生强烈的探究动机。

例1:《西周分封形势》和《秦朝形势》

讲授中国古代史重要概念分封制和郡县制时,对比《西周分封形势》和《秦朝形势》(《纲要》上册《历史地图册》第6页图)提出下列几个设问:

(1)两幅图对比之后,前后有哪些变化?你认为每个变化的原因是什么?

(2)从图《西周分封形势》中看有何特点？

(3)从图《秦朝形势》看,秦朝郡县的分布有何特点？

(4)周与秦疆域变化的原因,你认为有哪些？

在学生回答的基础上再点明几个观点,如少数民族的融合过程也是中华民族逐渐形成的过程,郡县制的推广是历史的进步,是符合中国历史发展趋势的。

例2:人民解放战争与新民主主义革命的胜利

在讲授《纲要》上册"新民主主义革命的胜利"时,教师一般会提出问题:为何经过人民解放军一年的作战,我军战略进攻的主要目标要选在大别山？"挺近大别山"是解放军由战略防御转向全国性战略进攻的开始,是本课的一个重点。如果只是枯燥地讲述,只会让学生感到繁杂,难于理解和记忆,更难形成清晰的认识。带着问题,结合《纲要》上册《历史地图册》第59页《人民解放战争与新民主主义革命的胜利》分析就可以看出,陕北、山东、中原、南京、武汉构成战略进攻的空间环境。由于国民党军队主力集中陕北和山东进行重点进攻,这样就造成了中原地区的兵力相对薄弱。另外,从地理位置上看,中原的战略位置十分重要,近可以威胁到武汉和南京,远可以控制全局。所以毛泽东做出了明智的选择,"夺取中原,将尖刀插入敌人胸膛,由守转攻,开始外线作战。开辟的大别山、豫陕鄂、豫皖苏三个解放区,空间上形成倒品字阵势,直接威胁国民党统治中心南京和湖北重镇武汉,战场转向国统区。在分散敌人力量的同时,其他战场的人民解放军也转入进攻,全国的战略进攻开始了。"当我们使用了地图册,会起到事半功倍的效果。

例3:亚历山大帝国、阿拉伯帝国

在统编版《纲要》下册第4课《中古时期的亚洲》的教学中,在讲述阿拉伯帝国时,可用统编版配套地图册第13页的《阿拉伯帝国》与前面学过的第2课《古代世界的帝国与文明的交流》中地图册第6页的《古代罗马》进行对比,创设问题情境。

问题1:两个帝国靠什么建立起这么强大的疆域？

学生回答:军事征服。

问题2:两个帝国版图的共同点是什么？

学生回答:都地跨欧、亚、非三大洲。

问题3:两个帝国在世界文化融合方面有什么作用?

学生回答:促进了东西方经济文化的交流。

问题4:两个帝国文化繁荣的共同原因是什么?

学生根据地图,结合前面的问题,可以比较容易地得出结论:两个帝国文化繁荣的共同原因是优越的地理位置。阿拉伯帝国是东西方文化交流的桥梁。它把唐朝的文化带到欧洲,把欧洲的文化带到唐朝。地理位置是阿拉伯帝国文化繁荣的重要因素之一。以上四个问题层层深入,利用地图把学生带入有效的问题情境,学会史地综合分析并最终解决问题。既突出了教学重点,又有效地培养了学生的思维能力。

综合上述三个例子,我们发现利用地图创设问题情境,让学生主动去分析和解决问题,更好地锻炼了学生的思维能力。需要老师们注意的是,课堂中问题情境的创设,除了教师的精心设计,还必修结合学生的学情和认知规律,采取比较、综合等学法去分析和解决问题,让学生真正进入问题的情境中,更好地去理解教学内容,进一步提高学生的思维能力。

(三)运用历史地图创设现实环境,引导学生关注社会现实

新课标的课程性质之一是实践性。从心理学角度看,与学生关系比较密切的事情,都能引起学生的关注。历史与现实是不能割裂的,历史是过去的现实,现实是历史的延续。学习历史就是在认识过去的过程中学会观察人类社会和现实世界,从中体会历史与现实的密切联系。

例1:在《辽夏金元》的教学中,教师可利用《元朝形势》,联系现实引导学生探究(教师可以分别展示《纲要》上册《历史地图册》第23页图《元朝形势》和《中华人民共和国疆域图》)

问题1:元朝行省制的划分和我国现在的省区划分有什么区别?

在比较的过程中,学生能从省的名称、数目、管辖范围等进行比较和归纳。

问题2:元朝疆域辽阔是一个统一的多民族的国家,那现在中国的统一大业完成了吗?引出台湾问题。

问题3:中国政府强调,台湾自古以来是我国领土的一部分。你还能从地图册中找到一些证据吗?

学生对这个问题非常感兴趣。大多数学生都能在短时间内从地图册中找到台湾在中国古代属于中国的三处证据。《纲要》上册《历史地图册》第 12 页《三国鼎立形势》上称"夷洲";《纲要》上册《历史地图册》第 13 页《隋朝形势》上称"流求";《元朝形势》上称"琉球"。

由此,在教学中适当地将学生感兴趣的一些现实问题与教材历史地图有机结合,引导学生进入现实情境,可以强化学生的体验,增进对现实问题的理解。这可以培养学生关注社会现实的好习惯,有利于其今后更好地解决工作和生活中遇到的现实问题。

(四)通过地图教给学生质疑的方法,培养学生批判性思维

所谓的批判性思维就是不迷信权威,敢于挑战权威,然后对现有的理论和既定观点进行质疑和批判,打破常规思维模式,突破传统的理论框架,开辟新思路、新角度、新看法的一种思维活动,进行批判性思维的过程是对人们意识中习以为常的现象和习惯认识加以质疑、批判乃至否定的思维过程,其思维结果通常与先前习惯性的认识相反或者是对原先的认识有所补正。

历史批判性思维主要表现为用自己的认知和事实去重新审视,审视观点是否有逻辑,是否有道理。它是一种理性思维,是一种自主性思维,是一种创新性思维。它不是为了批判而批判,为否定而否定,从一个极端走向另一个极端,而是培养学生一种质疑和探究的精神。从某种意义上说,"批判"的本质是审视、分析和评估。历史批判性思维是为创造性而质疑和批判,它是建设性的。

例2:辽、北宋、西夏的并立

在《纲要》上册第 8 课《两宋的政治和军事》中,书中有个思考点:北宋这种"以钱财换和平"的做法是否可取?为什么?大部分学生第一直觉是不可取。北宋作为中原王朝,与边疆少数民族政权签订和约,每年付出一大笔钱财,是一种屈辱的行为。当老师进一步指导学生观察《纲要》上册教材第 51 页《辽、北宋、西夏形势图》和《纲要》上册《历史地图册》第 20 页《北宋地边疆危机》两幅地图,并适当补充一些史地综合的知识:北宋时期,周边国防形势非常紧张,先后面临北方辽国、西北的西夏、东北金国的极大威胁。历代中原王朝面对北方游牧部族时,都有一个无法弥补的天然劣势。由于中原内地缺乏大面积草原,无法大量繁

殖养育马匹,因此长期以来,军队只能以步兵作战为主。步兵方阵面对骑兵冲击,很容易陷入"打赢了追不上、打输了跑不了"的窘境。加之游牧部族骑兵习惯用掠夺方式补充给养,实在不行还能杀马充饥,绝少受到后勤保障方面制约,使得其机动性极强、作战范围很广。对任何朝代的皇帝而言,他们都是一个让人头痛不已的对手。学生对此进行了深入的思考,有学生提出了相反的意见。由于宋太祖赵匡胤奉行重文抑武之策,使用各种手段严格限制武将的权限与地位,历代赵宋皇帝奉为圭臬,渐渐使得宋朝成了一个武备虚弱的跛足巨人。宋朝每年付出很多"岁币",表面上看来吃了大亏,但从深层次分析,这样做还是很合算的明智之举。宋朝每年付出的"岁币"总是有限的,如果放弃支付"岁币",转而动用战争手段解决边境问题,那么"兴师十万,出征千里,百姓之费,公家之奉,日费千金",消耗的军费要远远多过"岁币"。另一方面,宋朝在与各国开展的边境贸易中,可以凭借压倒性的贸易顺差,很轻松就能把"岁币"赚回来。因此这一招未尝不是一个高明之举。

最后教师引导学生辩证地看问题:"以钱财换和平"虽然加重了百姓的负担,但是保持了一百多年相对和平的局面,有利于双方的经济、文化交流,进一步促进了民族的交融。

例2:第一次世界大战前后民族资本纺织业的发展(1913—1927年)

图1选自人教版历史必修2配套地图册第10课《中国近代民族资本主义的曲折发展》,显示第一次世界大战前后民族资本纺织业的发展。第一次世界大战期间(1914—1918年),由于外国棉纱布输入锐减,中国民族资本纺织业得到了一个发展的机会。中国纱厂和纱锭的数额在其后短短几年中成倍增长。

教材中描述,1912—1919年,新建厂矿企业470多家,投资近亿元,再加上扩建企业,新增资本达到1.3亿元,相当于辛亥革命前50年的投资总额。其中,面粉业和纺织业

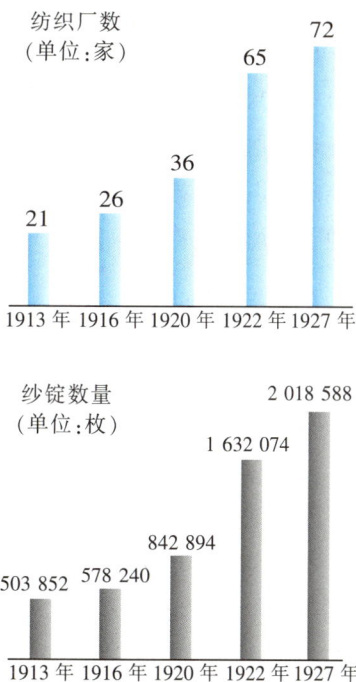

纺织厂数
(单位:家)

1913年	1916年	1920年	1922年	1927年
21	26	36	65	72

纱锭数量
(单位:枚)

1913年	1916年	1920年	1922年	1927年
503 852	578 240	842 894	1 632 074	2 018 588

图1 1913—1927年民族资本纺织业的发展

发展最快,化工、皮革、卷烟等行业也有相当发展。但是,第一次世界大战结束后,欧洲列强卷土重来,整个中国民族工业又迅速萧条。

细心的学生观察图表发现:民族资本纺织业从一战结束后1919—1927年,依然是增长的态势,这明显和教材产生了矛盾。教师该如何做解释呢?对此,我并没有急于给出答案,而是鼓励学生可以利用网络去查查民族纺织业的原始资料,是否和地图册中描述的一样。通过查阅资料,学生表示地图册没有问题,难道是教材写错了吗?对此,我提出了我的意见,仅供学生参考。一战之后由于帝国主义列强之间分赃不均,对于各殖民地的分割没有达成一纸协议。所以对于远东的控制力有一定削弱。在此情况下中国民族工业还能有一定发展。那时又奉行实业救国,还有一战后,欧洲国家(例如英法)还没有从一战的阴影中走出来,无暇对中国进行剥削,再过了几年,欧洲国家缓过来了,又开始对中国进行剥削,中国的纺织业就又开始衰落了。教材的描述是从整个民族工业的发展来看,图表只是展现了纺织业的情况。我们可以进一步进行探究,不需要给予学生固定的答案,主要是训练学生的历史思维能力。

从新课程改革的推进和近几年高考命题发展趋势来看,历史教学必须注重学生历史批判性思维的培养。在历史学习中,要能够运用历史思维,学会从历史表象中发现问题,对历史事物之间的因果关系做出解释,对历史发展进程及其规律做到准确认识和把握,能够尝试从历史的角度解释问题,能够以全面、客观、辩证、发展的眼光加以看待和评判。

(五)运用地图培养学生创新思维能力

人们的创造力往往是靠求异思维来实现的,求异思维是创造性思维的核心部分。求异思维指的是人们依靠自己的智慧和才能,根据一定的思维定向,进行标新立异,大胆设想,另辟蹊径,从多方面、多角度去进行发现问题,分析问题,和解决问题的思维过程。

列夫·托尔斯泰曾说:"如果学生在学校里学习的结果是使自己什么也不会的话,那他的一生将永远是模仿和抄袭。"传统的教学模式培养出的学生往往是眼高手低,缺乏应变能力和创造力。因此,我们在教学过程中应该积极探索,把培养学生的创新意识作为教学的主要目标之一。如果对课本中的一些地图加以深入研究,就能够运用它来激发学生的灵感,培养其创造思维能力。

　　例如在看《中国工农红军长征路线示意图》时,单凭老师的讲述,学生对长征所经地名的先后顺序会非常模糊。对此,我在讲完之后,让学生把重要地名列举出来,然后加以联想,用一个类似的图形来形容。结果他们各抒己见,有的认为像"L"形,有的认为像"C"形,有的则用"月牙"二字来形容。讲到《太平天国形势示意图》时,学生又总结出:太平军从起义到3次军事征伐所涉及的地名呈"S"形,而且"S"形的两头分别是北伐的最北地点静海和运动的发源地金田,其中以都城天京作为一个转折点。学习秦朝的疆域时,可以用"+"字形对秦朝疆域四至进行形象记忆,学习清朝疆域时,可以刚"*"字形加以形象化。类似例子不胜枚举,只要善于发掘,史地结合,就能使学生易于学,乐于学,提高思维能力。

(六)教师在日常教学中对地图的应用举措和应注意的问题

　　历史的学习不是一朝一夕所能练就的,必须通过长时间的积累才能有所成就。在进行教学时,教师首先必须以学定教,认真备课;在上课过程中可能会出现许多突发情况,教师必须提高驾驭课堂的能力;课后,教师要及时反思课中出现的问题,寻求解决的方法。

　　在历史地图的应用方面,教师必须能够精确掌握地图的主题,了解地图的精髓,牢记地图语言,对地图信息进行优化整合。只有熟悉了解地图的语言和使用技巧,才能在应用时感到得心应手。教师要开阔眼界、发散思维、突破限制。历史地图能够将动态的历史更好地展现出来,历史知识相当庞杂,教师很难保证全部都熟记于心,在使用时要充分考虑它的使用技巧。如果在课堂上不布置好任务,学生可能会在课堂上天马行空,导致效率低下。教师还要指导学生做好充分地课前预习,预习不到位,历史地图的教学效率也会打折扣。针对以上问题,我们将进一步在教学实践中深入研究和完善,以发挥历史地图的最大功效。

五、结语

　　《历史地图册》是学生人手一本的教材之一,教学资源是现成的,不需要额外去搜集,上课时使用是非常方便的。地图是历史教学的重要组成部分,由于

它既有直观具体性,又具有抽象概括性,因此它也是一种重要的思维工具。运用地图来培养学生的历史思维能力,不仅是素质教育的要求,更是促进学生全面发展的需要。

通过对基于地图教学的研究,得出以下结论:第一,历史地图教学不仅可以培养学生的读图能力,还可以培养学生的问题意识,并对学生综合素质的提高产生了积极的影响。第二,在运用地图培养学生的历史思维能力过程中,不能忽视对基础知识和基本技能的重视。因为学生只有具备一定的知识和技能,才可能对新知识产生好奇和渴望,才能产生怀疑进而引发问题。因此,扎实的基础知识是培养问题意识的前提和关键。第三,也应该重视非智力因素在培养学生问题意识的动力功能。激发学生的学习兴趣和优化学生良好的意志品质,可以为学生养成良好的问题意识习惯,提供持久的内在动力。第四,历史地图能够将过去发生的历史事件更加直观地展示在学生的视野中,使学生以史为鉴,不断修正自身的姿态,逐步养成良好的爱国主义情怀,更加珍惜来之不易的和平社会;此外,它还能将跨学科思考问题的意识植入学生的脑海、提升综合运用知识的能力。第五,灵活运用地图,有助于更好地作答历史试题。历史知识考察时,对学生的识图、分析地图、解图能力具有很高的要求。因此,在日常教学时教师必须强化学生在这方面的能力培养,为其进一步学习打下良好的基础。

参考文献

[1]叶小兵.论中学历史教学中的历史思维能力[J].首都师范大学学报(社会科学版),1998(01):109-115.

[2]陈琦,刘德儒.当代教育心理学[M].北京:北京师范大学出版社,2007.

[3]陈宝亭.高中学生地图能力培养的探究[D].兰州:西北师范大学,2007.

[4]林培英.中学教师课堂教学行为及案例透[M].北京:北京高等教育出版社,2004.

[5]王景英.教育评价理论与实践[D].长春:东北师范大学,2002.

附录 1：

高中历史统编教材《历史地图册》的应用研究现状
调查问卷（学生）

本问卷旨在调研普通高中学生对于高中历史统编教材配套《历史地图册》的使用情况，烦请各位同学仔细填写，谢谢！

(1)你对我们教材配套的《历史地图册》是否感兴趣？

A.非常感兴趣　　　B.比较感兴趣　　　C.一般　　　　　D.不感兴趣

(2)你阅读地图册的时候一般会关注哪些类型的内容？（可多选）

A.地图　　　　　　B.艺术作品　　　C.图表　　　　D.照片　　　E.文字材料

(3)如果老师不要求使用地图册，你每周自己翻阅地图册的频次大概是多少？

A.每天一次　　　　B.约 3 天一次　　C.偶尔一次　　D.从不

(4)地图册中的内容能否有效地帮助你学习？

A.能　　　　　　　B.有的材料能　　C.不能

(5)你能读懂《历史地图册》中的地图吗？

A.能　　　　　　　B.有的能　　　　C.不能

(6)你使用统编教材配套《历史地图册》进行学习至今的最大感受是什么？

_____

_____

_____

(7)你对教师课堂《历史地图册》教学的具体建议和要求。

_____

_____

_____

附录2：

高中历史统编教材《历史地图册》的应用研究现状
调查问卷（学生）

本次调查采用的是问卷调查法，对高中生问题意识的现状进行调查，力求客观、全面、准确的了解在地图教学中学生问题意识的现状，并对问题缺失的原因进行分析，进而为提出具有针对性的培养策略提供依据。

（1）调查目的：此次问卷调查是为了全面了解当前高中地图教学中学生问题意识的现状以及高中历史教师对学生问题意识的培养情况，并进一步分析出目前高中地图教学中学生的问题意识存在哪些障碍，进而寻找培养学生问题意识的策略和方法。

（2）调查对象：本研究的调查对象是高二、高一的学生，每班45人，共90人。

（3）调查实施：本次调查于2020年10月9号进行，一共发放问卷90份，收回有效问卷90份，有效率为100%。

（4）调查情况及分析

调查问题	选项	百分比
（1）你对我们教材配套的《历史地图册》是否感兴趣？	A.非常感兴趣	20%
	B.比较感兴趣	42%
	C.一般	36%
	D.不感兴趣	2%
（2）你阅读地图册的时候一般会关注哪些类型的内容？（可多选）	A.地图	93%
	B.艺术作品	100%
	C.图表	42%
	D.照片	100%
	E.文字材料	38%
（3）如果老师不要求使用地图册，你每周自己翻阅地图册的频次大概是多少？	A.每天一次	36%
	B.约3天一次	40%
	C.偶尔一次	20%
	D.从不	4%

续表

调查问题	选项	百分比
(4)地图册中的内容能否有效地帮助你学习？	A.能	82%
	B.有的材料能	18%
	C.不能	0%
(5)你能读懂《历史地图册》中的地图吗？	A.能	38%
	B.有的能	45%
	C.不能	17%

通过问题1可以看出，学生对于历史地图的学习兴趣并不浓厚。而对地图的学习多数学生都是被动接受，这对运用地图来培养学生的问题意识是很不利的。

通过问题2可以看出，学生还是更多的关注艺术作品和照片，由此证明抽象的历史事件还原于具有立体感、真实感、空间感的历史环境中，对事物的表述更生动、形象，更能激发学生极大的好奇心。

通过问题3可以看出，在平时的学习中，学生不重视对地图的利用，也就忽视地图在学习中的重要性。学生在平时的学习中并没有养成良好的读图习惯，这对通过地图来引起学生积极的思考，进而培养学生的问题意识是有一定难度的。

通过问题4可以看出，如果有意识的引导学生阅读地图册，他们还是能有所得的。

通过问题5可以看出，由于学生日常不重视对地图的利用，读图的时间很少，所以读图的能力较差，这需要在日常的教学中多加训练。

问题6和7是主观题，学生通过教师有意识的引导阅读地图册一段时间后，有如下感受：

1.对统编版《历史地图册》的编写很满意，尤其是"时间轴"和"总结的表格"，有利于构建起历史的时空观念，补充教材的不足。

2.便于预习，并能有意识的思考并提出自己读图中产生的问题，带着问题上课，提高课堂的学习效率。

3.通过一段时间的关注地图册，历史学习的综合能力有所提高。

4.希望老师在今后的教学和复习中，坚持使用历史地图册。自己也会在今后的学习中，把阅读地图册形成良好的学习习惯。

附录3：

下面我以高中历史教材统编版选择性必修二第2课《新航路开辟后的食物物种交流》的教案为例,探讨地图册在教学中的价值。

教学过程(表格描述)		
教学环节	主要教学活动	设置意图
新课导入	展示两幅示意图 动态的《丝绸之路示意图》和新航路开辟前《西域与中原之间的交流示意图》 设问:结合图片和教材第8页前言,说说新航路开辟前食物物种交流有哪些?何特点?	通过对新航路开辟前世界食物物种交流情况的回顾,与本课内容:新航路开辟后的食物物种交流情况自然衔接并形成对比,为理解其内容和影响做铺垫。(动态的地图和图片更能引起学生的兴趣)
新课讲授	一、美洲物种的外传 教师出示《"物种大交换"示意图》(统编版高中历史选择性必修2《经济与社会生活》(后面简称为选必2)第2课配套地图册第8页):"物种大交换"即哥伦布发现美洲后引发的全球性物种流动和交换。欧洲人把欧亚大陆的马、牛、羊、鸡等禽畜,燕麦、小麦、大麦等农作物,橄榄、葡萄等水果传入美洲;美洲的马铃薯、玉米。番茄、花生、南瓜和可可等也流向世界各地	指导学生学会看地图,从地图和图例中寻找有效信息,借助具体的图像认识食物物种的交流

教学环节	主要教学活动	设置意图
新课讲授	学生活动:请结合教材内容,绘制玉米、马铃薯、甘薯在欧洲传播的时空路线图。 (一)粮食作物的传播 1.16世纪玉米和马铃薯传入欧洲 2.明朝时期玉米马铃薯甘薯传入中国 指导学生阅读教材历史纵横:玉米和甘薯传入中国的过程与影响,以中国为例,讲述高产作物引入中国后,对中国农业产量、农产品结构、人口增长和国人饮食习惯等方面的积极影响 (二)蔬菜的传播 1.番茄由西班牙人带回欧洲,明朝万历年间由欧洲传教士引入中国 2.辣椒15世纪末传入西班牙。16世纪,传到英国和中欧国家。16世纪后期,传入中国 二、其他地区物种在美洲的推广 让学生阅读课本结合图片(选必2)《经济与社会生活》第10页《早期英属北美殖民地农作物分布图》,自主学习,归纳出其他地区物种在美洲的推广,并填表	通过绘制传播时空路线图,学生能够运用恰当的时空表达方式叙述过去,并把握相关史事的时空联系,发展时空素养 用教材历史纵横和材料,引导学生自主归纳其他地区物种在美洲的推广,填表帮助记忆

欧亚作物传入美洲	
粮食	
水果	
蔬菜	
经济作物	

续表

教学环节	主要教学活动	设置意图
新课讲授	三、食物物种交流带来的影响 观察下面两幅地图(选必2)第2课《新航路开辟后的食物物种交流》第9页《1500—1800年大西洋贸易图》《新航路开辟后美洲农作物在中国种植推广示意图》 结合教科书内容,学生小组合作讨论,分析新航路开辟后食物物种交流给世界带来的影响 学生讨论结束后,发表各自看法。教师进行点评与总结:食物物种交流带来的影响有提高了全球粮食产量,使世界人口激增,改变了人们的饮食习惯,推进了当地经济和贸易的发展,对当地环境产生影响	进一步通过地图的解读提升学生能力,通过问题解决促进对历史的理解,提高历史解释的能力 引导学生回顾《中外历史纲要(下)》第7课《全球联系的初步建立与世界格局的演变》有关内容。联系旧知,生成新知。教师结合学习聚焦中的内容进行总结概括,落实教材重点知识
新课总结	指导学生完成本课学习任务单,并进行知识小结,强化教材学习聚焦中的内容,落实课本重点知识 新航路开辟的食物物种交流 美洲物种的外传:粮食(玉米、马铃薯) 蔬菜(番茄、辣椒) 其他地区物种在美洲的推广: 欧亚作物传入美洲:小麦、水稻、苹果 畜禽的传入:牛、驴、骡、猪、羊、鸡 食物物种交流带来的影响: 提高了全球粮食产量,是世界人口激增 改变了人们的饮食习惯 推进了当地经济和贸易的发展 对当地环境产生影响	引导学生进行知识结构的整理,突出重难点,简明扼要便于记忆

教学环节	主要教学活动	设置意图
拓展提高	15世纪上半叶,英国入侵爱尔兰,捣毁庄稼,致使大多数农作物歉收乃至颗粒无收,唯有生长在地下的马铃薯安然无恙,帮助爱尔兰人度过饥荒。爱尔兰成了以马铃薯为主食的国家。16世纪末,中国福建发生饥荒,饥民依靠甘薯得以度荒。摩尔根称赞玉米是世界上最好的一种谷物,种植玉米对于人类命运的影响极为巨大 农作物的交流,从哪些方面影响了人类命运?	联系旧知 拓展提高

利用思维导图在高中历史教学中促进学生深度学习

天津市武清区杨村一中　梁春雨

摘　要：适应新课程改革不断深化的要求，为真正发挥学生在教学中的主体地位，笔者探索在高中历史教学中利用思维导图促进学生深度学习。本文主要分析了利用思维导图进行深度学习的可行性，论述了如何在教学环节中利用思维导图促进学生深度学习的发生，提出利用思维导图进行高中历史教学应注意的事项。

关键词：思维导图　深度学习　高中历史

　　深度学习是一种探索性、探究性的学习行为，是指在教师引领下，学生围绕具有挑战性的学习主题，全身心积极参与、体验成功、获得发展的有意义的学习过程。深度学习不能自然发生，它需要促发条件。思维导图是一种运用关键词、图画、线条和颜色，遵循一定的逻辑关系组织起来的学习工具。在高中历史教学中引入思维导图能够激发学生自主学习兴趣、提高自主学习能力和历史思维能力，从而促进学生深度学习的发生。

一、利用思维导图进行深度学习的可行性

(一)思维导图的概念与原理

1.思维导图的概念

思维导图创始人东尼·博赞先生在《思维导图》这本书中这样定义:"思维导图是用图表表现的发散性思维。发散性思维过程也就是大脑思考和产生想法的过程。通过捕捉和表达发散性思维,思维导图将大脑的内部过程进行了外部呈现。本质上,思维导图是在重复和模仿发散性思维,这反过来又放大了大脑的本能,让大脑更加强大有力。"将思维导图引入华人世界的第一人孙易新博士在《思维导图应用宝典》中定义:"思维导图是一种可视化图像,依照人类大脑最自然的思考方式,以图解的形式,网络化的描述多个概念之间的关系,或呈现大脑思维过程,可以帮助我们激发创意,提升问题解决能力、记忆力与快速掌握交换信息与知识的笔记技巧。"根据两位前辈的定义我们不难得出思维导图是一种可视化的思维工具,能够锻炼学生的发散思维、逻辑能力,提高学生记忆力和创造力。

思维导图是根据脑细胞的结构绘制成的网状图式,中心主题相当于脑细胞核,分支相当于脑细胞向外伸展的细胞干,分支之间的连接点相当于传递信息的突触。这样的结构符合大脑认知特点,是大脑自然的思考方式。这种图式用于历史学习中,能够化繁为简、生动直观地呈现历史信息,有助于学生梳理知识体系,建立知识之间的逻辑关系。在教师指导下,学生利用思维导图工具建构一节课的知识体系,进而建构单元知识网,在主动建构和思考中,学生逐渐形成历史思维,提升学科素养。

2.思维导图的原理

(1)脑科学理论。神经生理学家斯佩里认为:左右脑以不同的方式进行思维活动。左脑长于语言和计算,比如抽象思维、逻辑分析、数学运算等;右脑长于形象思维、空间知觉、复杂关系的理解,比如图形、音乐、颜色、情绪的感受等。大脑两半球

功能高度异化,左右脑相互补充,相互制约又相互协作,只有使大脑两半球的功能充分发挥,相互配合运用,才能更好地发挥大脑的功能进行准确的行动。思维导图绘制过程中既反映左脑擅长的逻辑层次,文字表达,又体现右脑擅长的颜色、图标等。因此,思维导图使大脑两半球功能充分发挥并相互配合,更好地促进了大脑功能的开发与利用,促进学生自主进行深度学习。

(2)可视化理论。将抽象和复杂的事件、过程、关系用图形、图画等形式形象地表达出来的过程就被成为可视化。思维导图是一种促使知识可视化的重要认知工具,是一种表达发散性思维的可视化工具。思维导图利用图画与文字相结合的方式,将知识按照相互隶属的关系通过层级形式展现为可视化的图式,同时配合颜色、符号、代码等辅助大脑记忆,充分发挥并激发大脑的潜能,有效促进大脑进行深度学习。

(3)最近发展区理论。维果茨基提出最近发展区理论,认为儿童发展存在两种水平,一种是现有水平,也就是独立活动时所能达到的解决问题的水平;另一种是可能的发展水平,通过学习能够所获得的潜力。思维导图建立的网状知识结构,恰好能够反映新旧知识之间的联结,新知识嫁接在已有的知识体系上,促使学生在已有能力基础上向潜在的能力水平发展。跳一跳能够到桃子,这样的教学有利于激发学生的学习动力,促进深度学习的发生。

(二)深度学习的概念与特征

1.深度学习的概念

美国学者马顿和塞利约认为,浅层学习处于较低的认知水平,是一种低级认知技能的获得,涉及低阶思维活动;而深度学习则处于高级的认知水平,面向高级认知技能的获得,涉及高阶思维活动。

我国学者黎加厚认为深度学习是指在理解学习的基础上,学习者能够批判性地学习新的思想和事实,并将它们融入原有的认知结构中,能够在众多思想间进行联系,并能够将已有的知识迁移到新的情境中,做出决策和解决问题的学习。

可见,深度学习是指以学生学习为中心,在教师的指导下学生自主基于理解进行知识建构,基于真实情境主动学习和解决问题。深度学习要求从教师立场、内容立场向学生立场转变,教师要从满堂灌向少而精转变,更多地为学生搭建"脚手架",让学生自主攀登而不是背着学生攀爬。从学生全面发展的视域来看,实现深度学习是发展核心素养的必经之路。

2.深度学习的主要特征

(1)理解学习。深度学习强调的是对知识、概念的理解而不是机械的记忆,通过学习能够深刻理解知识的本质而非表象,从而加深对深层知识和复杂概念的理解。换言之,理解学习要求学生在对知识学习的基础上,学会对知识进行情景化地运用,进而善于管理知识。

(2)内容统整。学生学习的文本要具有科学性、层次性、开放性、系统性,文本应当是学生学习的认知地图,学生基于文本能够自主学习并能检测自己的学习状况,知道自己到了哪里了。通过对文本的学习,学生在同化、顺应中将新信息与已知概念和原理联系起来,整合到原有的认知结构中,从而引起对新的知识信息的理解、长期保持及迁移应用。文本的层次性、开放性为解决学习的差和异奠定了基础,文本的系统性为学习的完整性提供了保障。

(3)自主建构。只有通过自主建构知识才会真正掌握,因而在学习过程中教师要想尽办法为学生学习搭好脚手架,在合适的时机为学生提供最适切的帮助,激发学生学习的潜能,让学生主动去学习,而不是拖着学生按照自己的意愿去学习。只有这样学生才能对知识进行内化,主动建构形成稳固的知识体系。

(4)迁移运用。深度学习要求学习者对学习情境深入理解,对关键要素的判断和把握可以在相似情境"举一反三",在新情境中分析判断差异并将原则思路迁移运用。

(三)历史教学面临的困境和解决方法

面对新课程改革形势,笔者通过问卷星了解学生历史学习的困境。通过 579 名高中生(来自不同地区和学校的高中三个年级)的问卷调查,了解到高中生对历史学习是有兴趣、有动力的,但在学习历史过程中普遍存在记忆困难、理解和分析方面的困难(如史料理解不到位和抓不准关键词等)、时空观念不清等问题。

为探索解决学生历史学习的困境,笔者于 2017 年师从思维导图创始人东尼·伯赞,并将思维导图引入高中历史课堂教学。针对学生在历史学习中存在的记忆、

理解和分析方面的困难,在教学中引入思维导图能够起到一定的辅助效果。思维导图教学帮助学生摆脱死记硬背学习历史,引导学生充满兴趣地主动建构知识体系,并能运用这个体系来合作探究历史问题。下面是笔者将思维导图引入高中历史教学的一些探索。

1.利用思维导图建立逻辑体系,提高学生记忆效率

思维导图通过线条、颜色、关键词和图标等按照分支规则建立起层级关系,能够把零散的知识按照逻辑关系串联起来。特别是在学习新知识时,能够把新知识嫁接在已有知识体系上,更容易把这些新知识纳入到原有知识体系中,这些新知识就不会轻易地被遗忘。有这样一个比喻很形象的说明这个道理,学习的新知识如同小树枝,如果没有成体系地学习,每学一个内容都是新的树枝,那么一堆树枝摞在一起也还是树枝,思维导图就像一棵大树,新树枝都嫁接在了原有的大树上,成为已有知识体系中的一员。

运用思维导图这种高效的思维模式,能够帮助学生更快地建立知识之间的逻辑关系,也更容易理解和记忆。在思维导图运用过程中可以结合其他学习理论一起帮助学生更高效的学习和记忆, 比如结合学习金字塔原理——教是最好的学。运用小组合作学习,在小组中学生轮流讲解自己绘制的思维导图,交流的过程中学生的思路更清晰,多次交流、展示,自然就能够扎实掌握所学内容。避免因死记硬背引起学习兴趣降低,学习效率不高。

在教学中运用思维导图教学法半学期之后,通过访谈,学生反馈说:"思维导图让我在复习时的思路更清晰,形成一个系统的知识框架,将复杂的知识点简单地概况、分角度记忆,更快速方便。"

2.利用思维导图提炼关键词,提高学生分析、理解能力

在思维导图绘制过程中,有一个非常重要的过程,就是从信息中提取关键词,然后把他们组合成合理的逻辑结构。如此一来,复杂的信息就被简化了,理解起来就更容易了。而经过多次绘制思维导图提炼关键词的过程,学生学会准确提炼关键词,所学技能能够在历史学习中帮助分析大段历史材料。如果不把握关键词,只是一味地从前往后读材料,既浪费时间,又妨碍理解。

思维导图中的每一级分支就是这张思维导图主题下的主要角度,从这些角度

出发可以绘制历史的一些具体要素,具体要素之下就是历史知识关键信息。历史角度清晰对于理解历史知识大有帮助,从最基本的历史角度政治、经济、思想文化等梳理知识,使学生思路清晰,方便理解。

在教学中运用思维导图教学法半学期之后,通过访谈,学生反馈说:"思维导图可以使课时结构内容更加清晰,脉络清楚,在复习或者背诵时能够快速找到本课的中心和重点,避免知识点的遗漏;便于寻找历史发展流程和各个历史事件之间的联系,节省时间,一目了然。"

3.利用思维导图,提升学生时空观念

设计以地图为中心图的思维导图,学生能够在绘制过程中对地图有更清晰的掌握。按照思维导图绘制的逻辑顺序,从一点钟开始,沿顺时针方向绘制思维导图;在重大事件前面加上时间,就变成了一幅具有时空观的思维导图。

例如,在学习第一次世界大战时,用1913年世界地图作为中心图,在过程分支中分为:第一阶段(1914年),第二阶段(1915—1916年),第三阶段(1917—1918年),并在每一阶段下一级分支中把重大历史事件的时间标出,这样一幅具有时空观的思维导图能够帮助学生更清晰地掌握时间和地理位置,从而提升学生时空观念。

二、利用思维导图促进学生深度学习

解决了学生存在的记忆、理解、分析方面的困难和时空观念不清等问题,就可以帮助学生进行高级的思维活动,即深度学习。下面从教学的各环节谈一谈教师如何利用思维导图促进学生的深度学习。

(一)通过绘制思维导图明确学习目标

1997年美国教育评价专家韦伯提出"知识深度"理论,他将学生认知水平分成四个层级,第一和第二层级分别是"回忆和重现""技能和概念",第三和第四层级分别是"策略性思考和推理""拓展性思考"。一个好的学习任务应该根据第三和

第四层级来设计，即从问题解决与应用、思维迁移与创造层面来设计。这样的设计在两个维度上实现了突破：一方面，认知的复杂性上升到了第三或第四层级；另一方面，一旦任务的复杂性到了第三层级，学生的自主性就会大大提高，这样就可以从以"教"为主变成以"学"为主。

如何才能确立有利于深度学习发生的目标呢？运用思维导图指导学生预习，能够达到事半功倍的效果。教师在新授课之前引导学生了解对本课内容哪些已经掌握、哪些已经了解、哪些基本不了解。只有明确当前自己的学习基础，才能确定符合自己学习情况的学习目标。教师要帮助学生了解自己的学习情况，并协助学生确立符合自己实际情况的学习目标。但对于教师来说想要了解一个班级学生已有学习情况并不是容易的事情，如果只是通过测试一些基础问题并不能把学生全部掌握的内容完全呈现出来，一个一个地询问学生时间上也来不及，通过引导学生绘制预习性思维导图，每一名学生都能将已有知识体系呈现出来，教师可以通过批阅预习性思维导图帮助学生了解自己的学习基础，在教师的指导下，学生确定哪些内容可以自己学会、哪些内容需要教师讲解、哪些内容是难点需要教师提供辅助材料、情境活动等进行突破。

例如，《中外历史纲要（下）》第 17 课《第二次世界大战与战后国际秩序的形成》一课的学习目标确立过程如下：

第一步，课前学生通过自主预习，绘制思维导图，见图 1。

第二步，教师诊断预习思维导图，发现问题。

教师阅读学生绘制的预习思维导图，发现典型问题。比如绘制预习性思维导图（图 1）的学生能够把课本内容进行重点提取，形成结构化的知识网络，但是对于历史基本角度还不能够清晰地表达出来，致使思维导图逻辑不清。学生对战争的过程能够按照时间线索清晰地梳理出来，但是对于战争发生的原因和影响还不能够准确、清晰的理解和表达。其中战争发生的原因，仅仅能够把事件罗列出来，不能将这些事件与二战爆发原因联系在一起。对于战争的影响，能够根据小标题"战后国际秩序的建立"和课文内容梳理出雅尔塔体系、联合国和国际格局演变，不能将二战的影响全面、清晰地表达出来。

第三步，根据诊断，制定学习目标。

通过分析这名学生的预习导图，教师清晰把握学生可以自己完成的内容二战

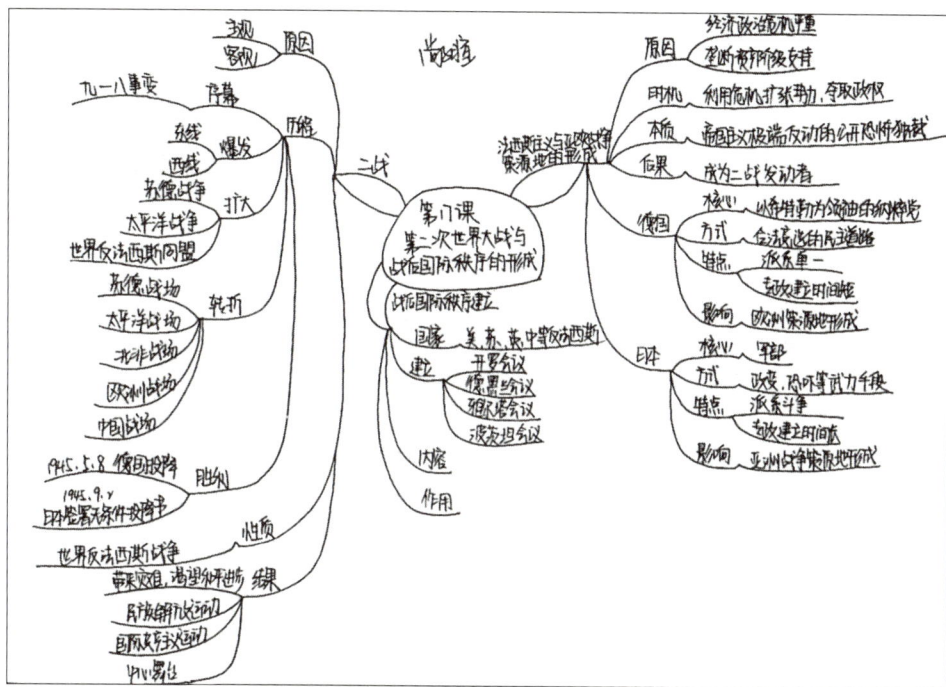

图1　学生绘制的"第二次世界大战与战后国际秩序的形成"思维导图

爆发的过程和需要老师帮助解决的问题二战爆发的背景和影响，以及二战特点等。根据最近发展区理论结合历史课程标准，老师制定了跳一跳就可以够到桃子的教学目标：①了解第二次世界大战爆发的过程和特点；②根据地图能够标出第二次世界大战爆发重要战役和重要会议发生的时间、地点；③理解第二次世界大战爆发的根本原因、直接原因和其他因素；④深刻理解第二次世界大战对整个世界造成的严重破坏并影响了世界格局的变化，认识战争的危险性，远离战争、珍爱和平。

第四步，师生研讨，确定本课重难点。

教师将批阅预习性思维导图的发现和拟定的学习目标与学生进行研讨，通过研讨调整学习目标并确定本课的学习的重难点。经过研讨确定本课学习重点为理解第二次世界大战爆发的原因和影响，学习难点为理解第二次世界大战爆发的影响。

这样制定出来的目标学生的参与热情更高,更乐于主动探索。

(二)利用思维导图促进学生深度学习

捷克教育家夸美纽斯指出,知识来源于人的感官对外界信息的接收。课堂是教学的主要阵地,是信息交流的主要场所。很多教师在课程改革的新理念下,开始从关注自己的"教"转向关注学生的学,从研究"教法"转向研究"学法",注重发挥学生在教学中的主体性地位。思维导图无疑是一种促进这种转变的有效教学工具,能够帮助实现"先学后教"、"多学少教"和"以学定教"的课堂转变。

1.根据学生预习性思维导图进行教学设计

教师在课前指导学生通过绘制思维导图进行预习,学生在课前对将要学习的内容有了详细的了解,并认识到自己知识的盲区、理解的盲区,在课上就更能够关注这些盲区,课堂学习更有效率。教师通过批阅学生绘制的预习思维导图,能准确了解学生理解有偏差的内容,并看到预习思维导图中知识的漏洞,这帮助教师准确地把握学情,根据预习思维导图暴露出的理解偏差和知识漏洞,结合课程标准(2017 年版),教师能设计出本节课切实可行、有针对性的教学目标。

笔者在批阅《中外历史纲要(上)》第 14 课《清朝前中期的鼎盛与危机》预习思维导图时,看到学生对于我国台湾问题的性质理解不清,一些学生把台湾问题的解决划归对外的角度。在课堂设计中笔者就针对性的设计了"如何正确理解台湾问题的性质?"这一问题。帮助学生理解台湾问题不能完全放在对外角度的原因,对外角度中只针对荷兰侵略,即郑成功 1662 年成功驱逐了荷兰殖民者,收复了台湾。之后台湾问题就转为国家的内政问题,包括本课内容中 1683 年清军渡海远征,郑氏后裔战败投降。

笔者又延伸到当今的台湾问题产生是从 1949 年中华人民共和国成立与以蒋介石为首的国民党集团从中国大陆败退台湾,所衍生的维护国家主权和领土完整的问题,是属于中国内政问题。内政问题需要中国人民同心协力,自己解决,坚决不允许外国插手。同时出示材料"2019 年 1 月 2 日上午,《告台湾同胞书》发表40 周年纪念会在北京举行。"同学们的爱国情感自然流露。

2.利用思维导图促进学生进行知识整合

深度学习在知识结构方面体现为会把新知识与原有的知识联结起来,而浅层学习不会把新知识与原有知识联系起来。不加整合的信息是孤立存在的,不能根据已有的知识经验加以理解,内化为自己的知识,很容易随着时间的推移而忘记。运用思维导图可以将已有知识和新学知识进行整合,形成一个整体,知识前后有联系能够加深理解和认识,内化为自己的知识体系,可以随时调取运用。

(1)利用思维导图进行一课的知识整合。教师引导学生通过课堂学习,结合自身特点,绘制《清朝前中期的鼎盛与危机》这一课的课堂思维导图,学生根据课本和课堂学习所获,结合自己的理解绘制出不同形式的思维导图,将一课的信息进行深度加工,提炼关键词,通过线条、图标和颜色等将关键信息进行逻辑整理,形成图文并茂的知识体系。如图 2、3、4 就是学生绘制的形态各异的思维导图。

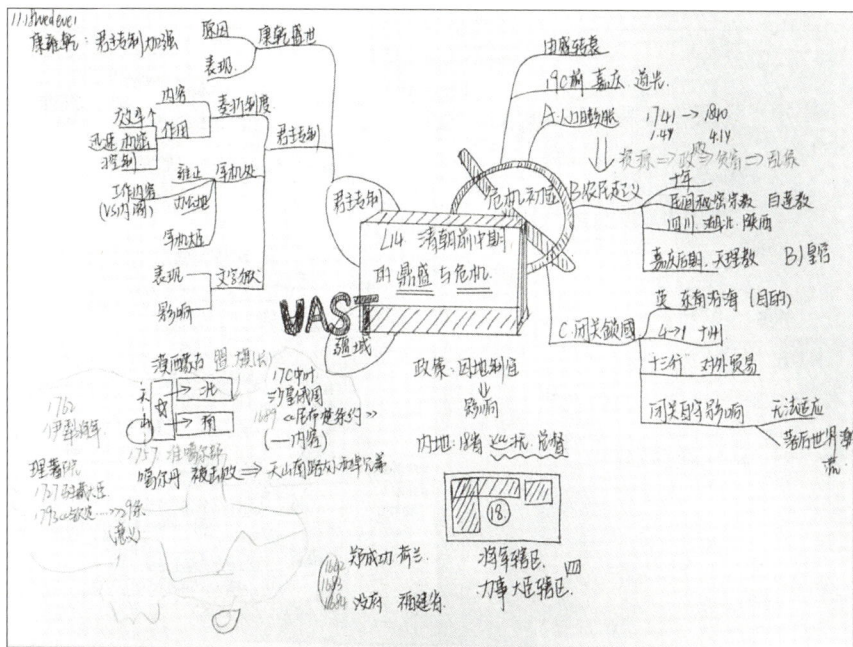

图2　学生绘制的"清朝中前期的鼎盛与危机"思维导图(一)

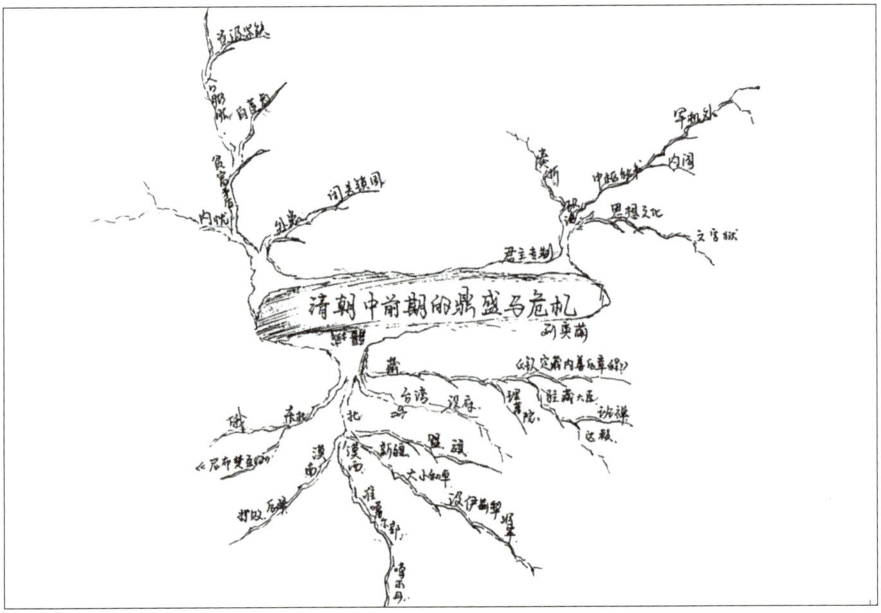

图 3 学生绘制的"清朝中前期的鼎盛与危机"思维导图(二)

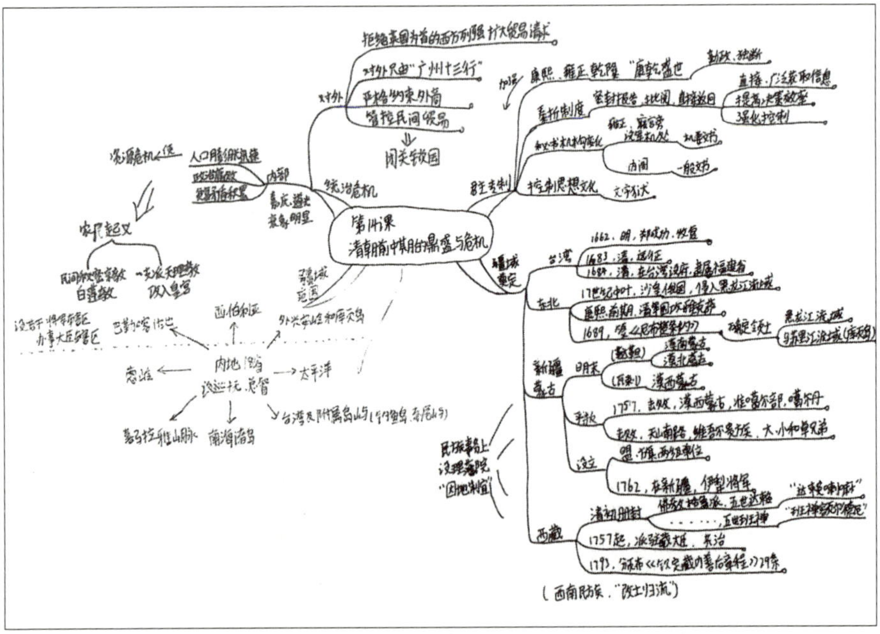

图 4 学生绘制的"清朝中前期的鼎盛与危机"思维导图(三)

(2)利用思维导图进行单元整合。所谓"单元",乃自成体系。单元设计是"撬动课堂转型的一个支点"。课程标准强调要重视以学科大概念为核心,使课程内容结构化;以主题为引领,使课程内容情境画,促进学科素养的落实。建议通过对课程内容的整合,引导学生深度学习,促进学生带着问题意识和证据意识在新情境下对历史进行探索,拓展学生认识的广度和深度。

统编版高中历史教科书《中外历史纲要(上)》第五单元"晚晴时期的内忧外患与救亡图存"和第六单元"辛亥革命与中华民国的建立",可以提炼"旧民主主义革命时期的救亡图存"为大概念,进行单元教学设计,并引导学生绘制大概念思维导图,通过学生的思维导图对教学设计进行总结和反思。基于大概念的思维导图单元教学设计,以大概念为内容核心,整合学科知识,建立了知识之间的一种横向和纵向联系,有利于宏观架构知识体系。在对大概念的抽象概括中,学生可以通过已有知识经验来分析和解决具体问题,促进学生将知识转化为能力,从而有效地帮助学生发展学科思维,培育学科核心素养。

着眼于"学生本位"的思维导图单元设计对教师的专业素养提出了更高的要求,同时亦对教师的专业发展具有重要的引领作用。思维导图单元设计要求教师打破单一课时的局限性,以联系的眼光、系统的思维高屋建瓴地把握课时与课时之间的联系,考虑单元设计的整体性如何对学生核心素养培养起到作用。课堂中教师引导学生绘制单元思维导图,通过对单元知识的整合,促进学生的深度学习。例如,在学习《中外历史纲要(下)》第六单元"世界殖民体系与亚非拉民族独立运动"时,笔者引导学生绘制这个单元的思维导图,并将资本主义世界殖民体系的形成与亚非拉民族独立运动两部分内容进行对比。学生通过单元思维导图整合,深入分析资本主义世界殖民体系建立的原因和影响,同时深入理解了拉丁美洲、亚、非民族独立运动的意义。图5是学生绘制的该单元的思维导图。

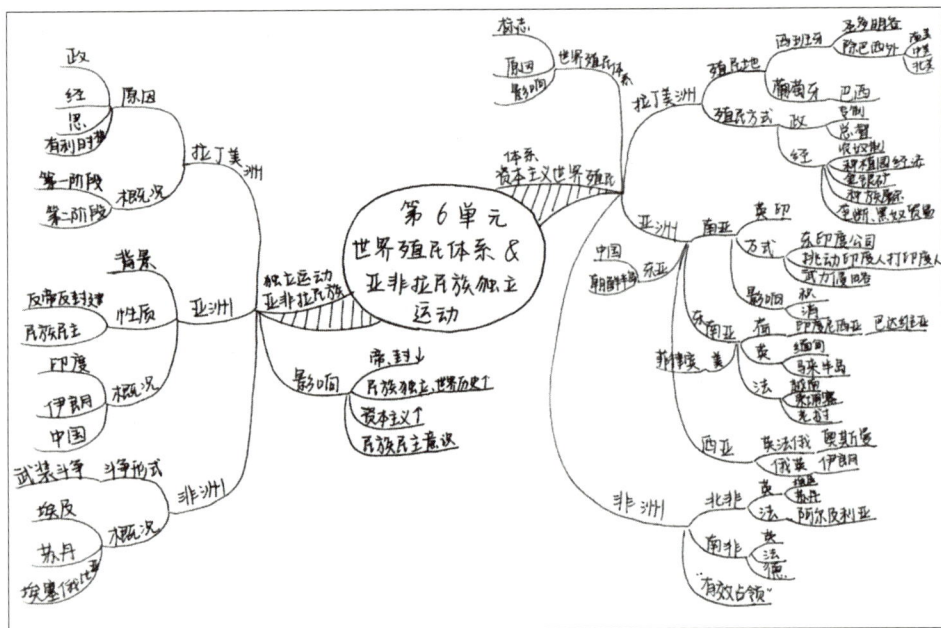

图5 学生绘制的"世界殖民体系与亚非拉独立运动"思维导图

(三)绘制复习性思维导图促进知识迁移

通过对 202 位高中一线教师的调查问卷发现,在教学中 95 位教师指导学生绘制预习思维导图并指导学生运用思维导图梳理课本知识,80%教师在课堂复习环节指导学生运用思维导图进行课后总结、梳理。

知识迁移需要"深度学习",而学习反思是让深度学习发生的必要条件。学习活动是建立在知识准备基础之上的,而对所学知识的反思,能帮助自己找到学习的最近发展区,能更好地联系固有知识储备,促进知识的对比迁移,从而获得新知。学习者有效乃至高效的学习活动就是使旧知识与新知识产生联系,培养举一反三、触类旁通、学以致用的学习能力,也就是提高"知识迁移"发生的能力。在学习经历的基础上,激活有效反思,学习者不断让自己的思维由表层走向深层,迈向深度学习,实现知识迁移。

1.利用思维导图制定学习计划,培养迁移能力

高中阶段历史教师培养学生的迁移能力,可以利用思维导图做计划的教学方式,引导学生编制完善的思维导图学习计划,学会如何进行知识的迁移。学生制订思维导图学习计划时,应该明确基本性、具体性的学习任务,自主性进行历史知识的迁移。

高中历史教师在日常的教学中应研究分析学生历史知识的遗忘规律,然后引导学生制定思维导图学习计划,安排每一节课的预习内容与复习内容,将分散性与集中性的复习方式相互结合,将回忆性的复习手段融入其中。教师可以为学生设置关于课程知识点的问题,然后要求学生制定知识迁移的学习计划与复习计划,利用回忆复习形式、旧知识联系新知识的形式等,不断巩固学生所学的历史知识,形成知识迁移的良好作用。在制定思维导图式学习计划过程中,教师可引导学生将容易错误的问题、记忆混淆的知识点等记录在思维导图中,学生自主查看,引导学生在回答问题、分析问题期间进行知识的迁移。这样除了可以起到良好的迁移能力培养作用,还能促使学生学习素养、综合素质的发展。

2.利用思维导图创设学习情境,培养迁移能力

高中历史教师在培养学生迁移能力时,应该着重使用生活化的教学方式,将学生历史知识的迁移与现实生活之间相融合,使得学生的学习不再脱离现实生活,提升历史课堂教育的活力。从实质方面来说历史知识和过去、现实之间相互联系,学生在学习期间可以积极借鉴前人的历史经验,针对性分析和研究社会中的问题,为了培养学生的迁移能力,教师应在课程中设置一些社会中的热点问题,在学生学习与生活联系的同时,为知识迁移营造良好的环境,提供有质量的资料和内容,使得学生在学习和生活相关历史知识的同时能够增强迁移能力。

例如,教师带领学生学习高中历史"五四爱国运动"知识期间,可从时间、地点与人物方面入手绘制思维导图,强化内容和学生现实生活中的联系,为学生提供我国的"五四爱国运动"的百年庆视频,并且引导学生绘制介绍"五四运动"的思维导图,使得学生对历史知识和现实社会之间的联系形成准确的理解。通过绘制思

维导图,学生能够自主提出疑问"现实社会中的爱国事迹还有哪些?""作为青年人,我们在社会中应该承担什么责任?"教师引导学生迁移自身所学习的历史知识,来分析和研究这些现实问题,增强分析问题的知识迁移能力。教师可以利用思维导图,引导学生利用自身所学习的历史知识点,分析研究现实社会中的热点问题和现象,提升历史迁移能力的培养效果。

(四)利用思维导图进行多元评价

后现代主义教育者倡导"为学习而评价""评价即学习"的理念,认为作为学习者学习过程中的特殊环节,评价的目的在于激励其不断发展。《普通高中历史课程标准(2017年版)》也明确强调:评价不再只是对学生进行甄别和选拔,而是为了学生更好的发展。历史假期作业的评价突出过程性评价,侧重纵向的学生个体诊断、激励和发展,以评促学,正是立足于"以学生发展为本"的理念。

《普通高中历史课程标准(2017年版)》将培养和提高学生的历史学科素养作为目标,并将其贯彻于教学的始终。在课程评价的基本理念方面,不仅关注"以学生发展为本",更进一步强调"发展学生的历史学科核心素养"。这就要求教师在评价中坚持"多元化"原则。首先,要注重评价主体的多元化,教师、家长和学生都可以成为评价的主体;其次,要注重评价方式的多元化,课堂提问、纸笔测试、实践活动、自我反思、同伴互评、教师评语、家长评价等多种方式可以综合运用;最后,要注重评价过程的多元化,做到形成性评价和总结性评价、量化评价和质性评价有机结合。如何利用思维导图实现多元评价呢?可以利用思维导图的结构化特点设置多种评价角度,指导学生进行反思。比如,针对第一单元学习的评价,学生可以将"第一单元学习评价"作为中心主题,一级分支分为量化评价和质性评价,量化评价下的二级分支可以包括提问、测试、自评、他评等;质性评价下的二级分支可分为能够分析、能够理解、能够运用等。学习结束都进行思维导图式多元评价,既是对学习过程和结果的评价,同时也是对学习的反思,有反思才有更加主动的探索,才能激发学生不断提高的热情。

三、利用思维导图进行高中历史教学应注意的事项

孙易新博士指出:学习,最重要的是找对方法,而思维导图法就是一种能为学生提供方向性指导的好方法。

在对 200 名高中一线历史教师的调查问卷中了解到:56.9%的教师在教学中尝试使用思维导图;教师们利用思维导图最多的环节是指导学生课后总结、梳理,其次是在预习时指导学生绘制思维导图以了解学情。还有很多教师在板书环节中绘制思维导图,建立起课堂内容清晰的逻辑结构。

很多老师在实践中感受到思维导图对历史教学的作用,认为思维导图对于构建知识体系,提高复习效率有很大帮助,应该在课堂中多应用,并且帮助学生掌握思维导图的基本方法。还有一部分教师认为思维导图本身是高效学习的一种方法,关键不是教师用,是教师引导学生用思维导图展示学生的思维过程,帮助学生更快地成长。虽然只是小范围的调查问卷,但它一定程度上能够反映思维导图应用于历史教学会成为一种普遍认同。借助思维导图这个思维工具,一定会有越来越多的教师能够实现以学定教,让越来越多的学生爱上历史课。结合自身实践体验,建议教师在利用思维导图过程中要注意以下事项。

(一)学生用思维导图尽量手绘

思维导图绘制可以手绘也可以利用软件进行绘制,目前比较常用的思维导图软件有 iMindMap、XMind 等, 很多办公软件如 PPT、WPS 等都有制作思维导图功能,软件制作思维导图由于字体标准化更有利于传播。但学生使用思维导图建议尽量运用手绘思维导图,手绘思维导图时调动了视觉、运动觉、嗅觉等多种感官的参与,更有利于大脑的活跃思考,手绘过程与大脑思考同步,多种感官一同作用,效率自然提高。手绘思维导图虽然不便于修改,所绘制的痕迹都会保留下来,修改补充的痕迹也会更加明显,这有利于辨别哪些是第一次复习时默绘出来的,哪些是经过看书补充上的,这些痕迹能够提高复习效率。最后,手绘思维导图在绘制小

图标时能够为大脑留下更深刻的印象,也为大脑打开想象、联想之门,想象和联想是记忆法的基础,提高大脑活跃度,增强记忆能力。

(二)引导学生提炼关键词而不用长句子

绘制思维导图对学习最有帮助的就是提炼关键词的能力提高,如果绘制时不提炼关键词,而是直接抄写句子,与线性笔记就没有分别了,可能还不如线性笔记看起来方便。思维导图之所以要提炼关键词,是要用关键词作为锚点,提纲挈领地引领一个知识体系。关键词就如同触发大脑启动的开关,看到这个关键词相关的信息自然就浮现在脑海中。因此提炼关键词的过程不仅仅是抄写的过程,更多的是思考的过程,思考这个知识体系中的核心是什么,哪一个词能够成为打开这个知识体系的钥匙。

在思维导图中提炼关键词还能够锻炼历史学习中常用的分析材料、解读信息、提取信息的能力,经常绘制思维导图的同学,做阅读材料题目时更能够准确把握材料所给信息,提高阅读和解决问题能力。

(三)添加图标帮助理解和记忆

软件绘制思维导图很少插入小图标,因为适合历史学习的图标很少。手绘思维导图少了这个局限,可以根据内容插入能够帮助理解和记忆的小图标。人类大脑最初是运用形象思维开始的,我们通过古人留下的岩壁上的绘画就能够了解古人经历了一些什么重要的事情。因此,运用形象思维帮助理解抽象信息能够提高理解和记忆能力。有的同学可能会因为不会画画而苦恼。如何添加图标?图标不是精美的绘画,可以用自定义的符号和普通的简笔画,只要能够起到帮助理解和记忆的功能就是合适的图标。不要怕画得丑,历史思维导图不是绘画比赛,只重视有效。教师也要克服自己的心理障碍,在绘制图标过程中为学生做好示范,不怕困难、敢于创新的老师才能教出乐于探索、勇于挑战的学生。

(四)通过展示、互评思维导图促进合作学习

学习金字塔理论显示最好的学习方式是教会别人。学生展示、交流思维导图能够加深内容的理解和认识,提高学习的乐趣,通过互评同学绘制的思维导图也能启发自己的思维,有一定激励作用。

教师引导学生通过小组合作学习的方式,展示和评价思维导图。小组成员互相点评,总结经验教训。教师协助指导,将各个小组的总结进行班内、校内交流,扩大交流范围,让同学不仅在组内,而且能够在班级内外广泛吸收好的经验。

(五)指导学生通过思维导图进行深度思考

教师在引导学生运用思维导图过程中,不能单单用思维导图增强记忆,知识是思考的基础。通过思维导图牢固掌握历史知识基础上,教师要引导学生利用思维导图进行深度思考。用思维导图梳理已学知识,并在此基础上引导学生对知识进行深加工,学生体会到思考的乐趣,学习不再是被动接收的过程,而成为主动创造的过程,学生可以学得更好!

参考文献

[1]东尼·博赞.思维导图[M].北京:化学工业出版社,2016.

[2]孙易新.思维导图法应用宝典[M]杭州:浙江人民出版社,2020.

[3]孙易新.中学生思维导图学习法[M]杭州:浙江人民出版社,2020.

[4]刘艳.你一学就会的思维导图[M]北京:文化发展出版社有限公司,2017.

[5]夏青.高中历史教学中思维导图的应用[J].中学历史教学参考,2020(02):73-74.

[6]程国荣.思维导图在高中历史教学中的应用[J].当代教研论丛,2019(11):94.

[7]徐春青.思维导图在高中历史教学中的应用[D].呼和浩特:内蒙古师范大学,2019.

[8]林腾希.高中历史教学中思维导图的应用研究[J].名师在线,2018(27):7-8.

[9]刘绍立.浅析思维导图在高中历史教学中的运用[J].中华少年,2017(26):63-64.

[10]罗燕.浅论思维导图在高中历史教学中的应用[J].中学教学参考,2015(10):105.

[11]沈建强.思维导图在教学中应用的理论基础[J].浙江教育科学,2009(06)47-49.

[12]睢丹丹.浅析思维导图在高中历史教学的应用策略[J].考试周刊,2021(06):141-142.

[13]李志鸿.基于思维导图的高中历史教学探析[J].甘肃教育,2020(24):90-91.

[14]钟启泉.从"知识本位"转向"素养本位"——课程改革的挑战性课题[J].基础教育课程,2021(11):5-20.

[15]尤小平.学历案与深度学习[M].上海:华东师范大学出版社,2021.

[16]曹宝红.高中历史教学中学生迁移能力的培养对策探析[J].中学课程辅导(教师教育),2021(10):35-36.

[17]曹彩红.高中历史假期作业多元化评价略谈[J].考试周刊,2021(37):121-122.

在探究学习中培养学生发现、质疑和解决问题的能力

天津大学附属中学　王卉

摘　要: 探究是一种重要而有效的学习方式。在探究学习的过程中,学生的主体性得到尊重和发挥,思维能力得到提高。在高中历史教学中,从"通过自学质疑,培养学生发现问题的能力;合作探究,激发学生在讨论中共同解决问题的能力;大胆表述,鼓励学生向权威挑战;示范引领,教师将分析问题的思维过程展示给学生;构建多元评价,促进学生全面发展"五个方面对学生进行培养和训练,提高了学生发现问题、质疑问题和解决问题的能力,学生的主体地位也得到体现。取得成果的同时,在具体实践中,也发现了一些存在的问题,并尝试加以解决。

关键词: 探究学习　主体地位　独立思考

历史学科是一门人文学科,人文学科的重要价值是培养人的思考和判断的能力,这个能力将使学生受益终身。那么,在高中阶段如何培养学生的这种能力,是每一名历史教师应该思考的重要问题。古希腊的大教育家苏格拉底曾说过:"教育不是灌输,而是点燃火焰。"我国著名的教育家陶行知先生曾指出:"先生的责任不在教,而在教学,教学生学。好先生,不是教书,而是教学生学。不仅教学生学会,更重要的是教学生会学。"探究式课堂教学是实现这一目标的行之有效的教学方法。所谓探究式课堂教学,就是在课堂教学中,教师为学生创造探究学习的条件,使他

们在主动参与获得知识的过程中,培养研究所需的探究能力,形成探究未知世界的科学精神和科学态度。具体地说,是指教学过程在教师的启发诱导下,以学生独立自主学习和合作讨论为前提,以现行教材为基本探究内容,以学生周围世界和生活实际为参照对象,为学生提供充分自由表达、质疑、探究和讨论问题的机会,让学生通过个人小组集体等多种解难释疑的尝试活动,将自己所学知识,用于解决实际问题的一种教学形式。在探究学习的过程中,学生的主体性得到尊重和发挥,提高了思维能力。

历史教学作为一种集体学习,可以通过探究方式,让学生学会独立思考,一步步接近历史真相。在教学实践中,我通过五个方面来培养学生发现、质疑和解决问题的能力。具体做法如下。

一、在探究学习中培养学生发现、质疑和解决问题能力的基本流程

(一)自学质疑,培养学生发现问题的能力

课前预习是学生探究学习的起点。探究式教学的主体是学生,探究式教学要想顺利开展,学生必须对探究的问题有一定的认识和了解,要能够对相关的问题提出一定的见解,而学生要想达到这个要求,就必须做好课前的预习活动。为了保证预习活动的有效性,教师要注意对学生的预习活动进行适当引导,加强预习活动的实效性。例如,在每次上课之前我都让学生做好预习的工作。为了减轻学生的课业负担,我主要以课本为材料,以课本为基本的学习资源,要求学生围绕着课本"讲述了什么事件?""为什么会发生这样的事件?""事件的过程是什么?""事件的结果是什么?"和"事件造成了怎样的影响?"这五个问题进行预习,使学生对教材内容有了大致的掌握,便于课上探究式学习的开展。

课前的自学提高了探究学习的效率。在课前预习过程中,学生能解决一些自

己能弄明白的问题,同时还会发现问题和提出问题。学生可以通过独立思考、查找资料、向他人请教等自行解决,然后学生带着在预习和自学环节中仍然没有解决的问题和生成的新问题来上课,有利于课堂效率的提高。例如,学生在预习美国联邦制建立的时候,学生带着自己产生的问题"美国政治体制既然体现了中央集权和地方分权相结合的原则,那么美国的总统和州长之间到底是什么关系?"来到课堂。我因利乘便,在完成本课教学目标的同时,将这个问题作为一个小组讨论问题让学生们分组讨论后回答,并且将这个问题进一步深化,让同学们继续思考"美国的政治制度和英国政治制度的比较"。学生们通过这样的自主探究,不仅提高了历史的思维能力,而且有利于学科素养的养成。

(二)合作探究,激发学生在讨论中共同解决问题的能力

自主探究学习应注重学生的自主参与,提倡思维方式的多奇新活。因而在具体授课时,教师要结合问题,情境设置将学生分成若干小组。每个学习小组成员在自主学习的基础上深度探究问题,提出自己的见解。至于小组内部的合作也是至关重要的,"合作学习是相对于个体学习而言的,而不是相对自主学习而言的。在合作学习中,学习内容固然重要,在合作过程中懂得人们是互相依赖的,人们的观念和行为是多样的,善于倾听从而理解他们的观点与角度,保持个体完整性与群体参与性的平衡也是极为重要。"通过合作学习,可以使学生学会互相配合,培养学生综合处理历史信息的能力;提升学生良好的语言表达能力与团队合作精神;培养学生创新思维的能力,塑造学生的个性。通过讨论、辩论和评价等形式,把小组成员探究和组内合作探究结合起来才能提高效率,有利于发挥学生在历史学习中的主体价值,有利于学生独立思考问题,有利于学生之间的交流和相互启发。在激烈争论中,学生之间的思想碰撞,头脑风暴是不能小觑的,他们往往会发现一些连老师也没有意识到的问题。例如,在讲授英国的君主立宪制的确立这课时,有些学生提出"西方的封建制度同样是腐朽的,为什么西方资本主义萌芽就能迅速发展?"这个问题超出了教师常规的教学思路与教材的观点。我对学生的提问给予赞赏,让学生们进行小组讨论,发表看法。这样,学生们在讨论中激发出智慧的火花,形成团队合作探究的意识,提高思考的深度和宽度。

(三)大胆表述,鼓励学生向权威挑战

孔子曾提出过:"学而不思则罔,思而不学则殆。"孟子曰:"尽信书,则不如无书。"教育不是培养"书呆子",而是要培养有思考能力的人。古希腊哲学家苏格拉底的著名的"苏格拉底方法",就是一种以探究性质疑为核心的重要方法。实际上,探究学习的核心,就是要培养学生的问题意识,引导学生善于发现问题,提出新的问题,以及解决问题。探究学习就是让学生亲历知识的获得过程,从而养成实事求是、谦虚谨慎的科学态度和敢于创新、独立思考、坚持真理的科学精神。在历史课堂上,我鼓励学生们积极思考,提出问题,对课本上的一些评论发表自己的见解,甚至也可以对老师给予的解释提出质疑。例如,在讲授解放战争时,我归纳国民党败亡的原因,其中提到了在思想文化领域实行文化高压政策,压制进步文化。这时候有同学提出了不同的意见,他问我:"老师既然实行文化的高压政策,那么为什么像鲁迅等这样的进步作家的文章能够发表,并且还能在社会上产生一定的影响呢?"学生提出来的反例确实有一定的说服力。有的同学对此表示认同,学生的质疑也是在考验老师的专业素养。我不疾不徐,简单地梳理下思路:首先从唯物史观的角度来分析,要全面、辩证和发展地看待历史问题。文化是上层建筑的组成部分,作为思想上层建筑的文化,通过政治上层建筑为产生它的经济基础服务。然后从民国时期颁布的《中华民国临时约法》中规定"人民有言论、刊行及集会结社之自由。"之后很多人创办报刊宣传民主共和的思想,在当时产生了积极影响。但是在国民政府统治时期,随着国民党一党专政的建立,对进步的文化进行了"围剿",设置反动的文化机构,以便从中央到地方实行文化专制,很多进步的刊物遭到查禁,被迫停刊,进步的文化团体遭到压迫和扼杀,进步的言论被封杀,进步的文化人士遭到了迫害,甚至被暗杀,国民党控制的官方媒体成为为其服务和宣传的工具。所以国民党文化专制政策是中国大地主大资产阶级利益、愿望和要求的反应,这一政策压制了进步思想,限制了人民的民主自由,不得民心,必然遭到广大的人民群众的反对。通过我的讲解,学生的疑问得到了解答,在对问题的探究与解决中使学生发展了思维,深化了对知识的理解,获得了新的认识,提升了学科素养。

(四)示范引领,教师将分析问题的思维过程展示给学生

在高中历史教学中,教师不应满足于对历史知识的讲解和历史结论的呈现,应更加注重将自己在学习和解题过程中的思路示范给学生,并反思自己在思维过程中的不足和偏差,让学生亲历老师的思维过程,使他们在获取知识的同时,也获取了分析问题的思维过程。这样,使学生们在获取知识的同时,也获取了对知识的思维过程,有助于他们历史思维能力的形成。例如,我在对学生进行史料实证和历史解释两大核心素养的训练时,对以下材料进行解析。

"烽火戏诸侯"的典故出自《史记》,其中记载周幽王为取悦褒姒"数举烽火"而失信于诸侯,等到申侯与西夷犬戎来攻时,"幽王举烽火征兵,兵莫至。遂杀幽王骊山下。"

史学家钱穆先生曾对此提出质疑:"诸侯兵不能见烽同至,至而闻无寇,亦必休兵信宿而去,此有何可笑?举烽传警,乃汉人备匈奴事耳。骊山之役,由幽王举兵讨申,更不需举烽。史公对此番事变,大段不甚了了也。"日本学者平势隆郎认为,"烽火戏诸侯"如果真实,"其前提是君主的权力发展到了足够强大的阶段"。

另据清华大学藏战国竹简《系年》记载:"周幽王取妻于西申,生平王,王或(又)取褒人之女,是褒姒,生伯盘。褒姒嬖(受宠爱)于王,王与伯盘逐平王,平王走西申。幽王起师,回(围)平王于西申,申人弗畀(给),曾人乃降西戎,以攻幽王,幽王及伯盘乃灭,周乃亡。"

请结合材料和所学,辨析"烽火戏诸侯"的真实性。

我将自己分析问题的思维展示给学生们,我的分析如下:本题主要考查史学研究方法,史料实证以及历史解释的能力。作答本题应首先表明自己的观点,然后根据材料结合所学知识说明理由。综合所学知识可知,竹书纪年属于实物史料,具有较高的史学价值。史书为文献史料可能因为各种主观原因而与事实存在偏差,并且带有作者的主观感情色彩,因此其史料价值低于实物史料。可以从史料价值角度、史料内容角度、史事所处时代角度和史书作者角度阐发,言之有理即可。

参考答案:不真实。

理由:从史料价值角度说,战国竹简为实物史料,且时间上比《史记》更早,具有更高的史料价值。从史料内容角度说,战国竹简未记载此事,而是记周幽王为主动进攻,应不需要召集诸侯来救;《史记》中诸侯远近不同却几乎同时赶到等记载不符合常理;从史事所处时代角度说,分封制下周天子对诸侯的控制力有限,且西周后期王权衰弱,分封制已遭到破坏。从史书作者角度说,司马迁生活在汉武帝时期,距西周历史久远又缺少相关史料,以及当时君权强大和举烽传警等现实对其产生了一定影响。

综上,无论从历史记载、考古发现还是情理推断,我认为"烽火戏诸侯"都是不可能发生的。

我继续说:"当然老师给出的答案并不是唯一的答案。这是一道开放性的试题,同学们可以有自己的观点和认识,只要做到分析合理,观点明确;引用史实,进行多角度论述;逻辑严密,表述清楚;归纳总结,紧扣观点即可。"

我将自己分析问题和解决问题的思路和方法传授给学生们,使他们获得了学习方法,这样有助于培养学生的自主、探究的能力和意识,为他们的终身学习奠定基础。

(五)构建多元评价,促进学生全面发展

教学评价的目的不是为了对学生进行甄别和排序,而是为了促进学生更好的发展,最终实现学生的全面发展。《普通高中历史课程标准(2017 年版)》中谈到要在发展历史核心素养和符合学业质量水平要求的基础上多维度的进行学习评价,提倡"注重课堂学习评价和实践活动评价的有机结合""注重形成性评价和终结性评价的有机结合""注重量化评价和质性评价的有机结合""注重评价主体的多元化和评价方式的多样化"。"探究教学的特殊内涵在于教师是探究的促进者和合作者,学生是具有创造能力和独立意义的学习主体,探究式的教学过程应是一个学生主动建构知识,实现其社会化的综合过程,同时对其评价也应是开放、多元的反馈过程。"所以教师对学生的评价不能仅仅归结为学业成绩的测量,也不能聚焦于每一个学生之间的比较,其主要功能是着眼于每个学生的发展,教师要以多维度来评价学生。这包括评价目标、评价主体、评价方式和评价标准的多元化。在评价目标上,既要重视学生对历史知识的理解和历史技能的掌握,又要重视学生对解

决问题和发现问题能力的评价,更要重视学生情感、态度和价值观的形成和发展的评价;在评价主体上,要充分重视学生在评价过程中的主体作用,不仅仅是教师评价学生,还应该有学生的自我评价,相互评价等;在评价方式上,既要看到学生对历史知识掌握的结果,更要看学生在学习历史的过程中是否感悟历史,体验到一种历史情怀;在评价标准上,要尊重学生的个体差异,对缺乏信心的学生更多运用鼓励以发挥评价的激励和促进学生发展的作用。通过多元评价的实施,有利于培养学生的探究、创新和实践能力,促进了学生的全面发展。例如,虽然考试还是比较传统有效的评价学生的重要方式,但是每次探究学习后,我和同学们一起推举出本堂课表现最佳的三名学生,这个将作为每学期期末,评选本学期历史学科优秀学生的一个重要依据。通过这种激励性的做法,促进了学生主动投入到历史学习中,形成良性循环。

在高中历史教学中,我通过这五个步骤对学生进行培养和训练,让学生们能够在学习的过程中发现历史的规律,去探索历史的奥秘,去思考历史的成因,去寻求解决问题的办法,从而促进了学生们发现问题、质疑问题和解决问题的能力提高,学生的主体地位也得到体现。

在培养学生自主探究学习能力的时候,要充分发挥学生的自主学习的能动性,但历史教师在学生学习过程中的主导地位并不意味着削弱了,相反课堂的主动权交给学生教师的工作不但没有减少,反而增加了很多,对教师能力要求更高了。在历史教学实践中,我做到如下几点,有力地推进了探究学习。

二、探究性教学对教师的要求

(一)教师要为学生营造适宜探究的学习环境

教师要创设民主和谐积极的学习环境和课堂文化,要尊重学生,给予学生"话语权";教师要引导学生明确学习的需求与目的,帮助学生创设积极的学习环境;教师需要为学生提供选择学习目标的可能空间,让学生能够独立地从丰富的知识和能力领域自主选择达成学习目标的各个要素,从而进一步拓展对知识的应用能力；教师要为学生搭建平台提供机会思考问题，激发学生勇于探究和乐于探究的精神；教师要引导学生反思问题解决的过程。这样有利于学生的感知，理解和记忆都处于最佳水平。学生对学习产生浓厚的兴趣，积极主动的参与教学活动，在原有知识经验的基础上积极思考，努力探索。例如，尽管教师用书会对每一节课的重难点提出建议，但是每节课的重难点的确定，我都要征求学生的意见，让学生说出他们在预习教材的时候认为本课的重难点是什么。我以此来安排授课，从而使课堂教学更贴近学生的需要，更有效果。同时由于学生的意见和建议得到了重视，从而促进了他们更加做好课前的预习。再如，上习题课时，我经常被学生的提问打断。有时候当我讲解完答案后，学生会对我说："虽然我认可您的分析，但我还是不明白为什么不选这个选项？"尽管教学进程被打乱，我还是耐心的当场给予解答，并分析出学生思考问题时存在的错误。通过师生间一问一答，不仅活跃了课堂气氛，调动了学生思考的积极性，同时也增进了师生之间的情感。

(二)教师要成为善于处理各种问题的能手

教学是一个动态发展变化的过程。在学生自主探究的过程中，课堂上会出现各种问题，教师要随时准备对出现的问题进行解决。如果出现学生"卡壳"了，教师要给予点拨；如果出现认识的错误，教师要及时给予纠正；如果课堂出现纪律问题，教师要及时处理。例如，在对辛亥革命进行评价的时候，其中有一点是袁世凯窃取了辛亥革命的胜利果实，有个同学在底下说出了这样的话："历史是胜利者评判的编写。"这是一个错误的历史认识，我必须给予纠正。于是我马上接过话茬，历数了袁世凯破坏民主共和的种种行为，并指出评价历史人物的关键点是要看他的所作所为是否真正顺应了历史发展的潮流，是否推动了社会的进步。借势而进我抛出"怎样评价历史人物？"这个问题让同学们分组探究，从而既纠正了学生头脑中的错误认识，又树立起运用唯物史观评价历史人物的正确认识。

(三)教师要善于管理自己的情绪

在教学过程中教师情绪的好坏直接影响教学效果，也影响学生们的学习情

感,一个带有积极情绪教授课程知识的老师,应该比那些带有消极情绪的老师教的更轻松更加有效。为此在教室上课的过程中,教师要将自己的心理情绪及时调整好。在教学过程中,有些情况是教师无法预测和控制的,但是教师却可以通过对情绪的管理,改变事情的发展方向和最终的结果。例如,有一次上课,在进行课堂讨论环节的时候,同学们都在积极思考,互相争论。在这期间靠近窗户的一名女生很少与周围的同学讨论,这引起了我的注意,我悄悄走近她的座位,发现她在写其他学科作业,原来她在历史课上正在争分夺秒地补写其他作业,我当时非常生气,真想大声训斥她,并把作业没收,但是转念一想这样做既不能使她安心听讲,也影响其他同学的情绪,更不利于问题的解决。于是我走过去小声提醒她把作业收起来,参与到同学们的讨论当中,并对她说:"类似这样的情况在这节历史课中,我不想再看到了。当然,我更希望你能端正学习态度,认真学习每一门课程。赶快加入同学们的讨论,贡献智慧分享智慧吧。"我悄无声息地处理了这个问题后,继续以饱满的精神状态完成课堂教学。同时这名学生也感受到了我的包容和谆谆教导,改正了学习历史的态度。

(四)教师要注重培养学生的创新精神

《普通高中历史课程标准(2017年版)》在关于历史课程的基本理念中指出,在课程实施上,进一步改进教学方式、学习方式和评价机制,将教、学、评有机结合,促进学生的自主学习、合作学习和探究学习,提高实践能力,培养创新精神。美国国家工程院院士萨蒂说过:"我们需要的是用知识来使人们产生创造力,因为创造力才能增加我们的潜力。知识是一个手段,而创造力是最终目的, 因为创造力使我们的大脑不断思考, 以迎接解决问题的新挑战并拓展思路。"历史的创新精神,简而言之,就是学生在学习历史过程中所表现出来的持续性的、新颖的、独具个人特色的思考问题、解决问题的能力和对历史的评析、判断和再判断能力。在中学历史教学中培养学生的创新思维,应该将着眼点放在学生学习历史的过程中,从不同的思维角度去探索新问题,在已知的问题中有所创新,在未知的领域有所发现和突破。例如,在历史教学中,我注重利用历史小论文的写作,来培养学生的创新精神。组织学生撰写小论文,"鼓励学生提出与众不同的见解,由历史事件和人物联想到今天的社会现实,用批判的观点看待历史上争论的问题,并从新的角度发现新的问题。从而突破作为中学生知识水平的界限和教科书提供的知识范围,有利于发展创新思维能力。"每周我都利用一节课的时间进行历史小论文的写作训练,或者以材料解析题的方式,或者让学生针对身边感兴趣的话题,自选角度,自定主题撰写历史小论文。通过历史小论文的写作,激发学生发现历史,感悟历史,探究历史真相的兴趣;这种开放性的试题,也有利于增强学生的发散思维和独立思考问题的能力,从而促进创新思维的培养。

(五)教师要及时进行教学反思

教学反思指教师以自己的教学过程为审视对象,反思教学过程的各个环节,不断提高自己的教学质量和水平的过程。经常进行教学反思,可以使教师在教学实践中发现问题,思考问题,并最终解决问题。教学反思的过程是教师不断探究和解决问题的过程,是教师不断完善教学的过程,更是教师教学效能全面提高的过程。所以每堂历史课后,我都及时地进行教学反思,对自身的教学观念、教学行为、教学设计进行再思考、再认知以及再创新,找出存在的教学问题,展开行动研究,从而不断地在教学实践中创新观念、教法。特别是在组织学生进行探究学习的时候,我经常反思自己是否注意了学生的求知欲,是否保护了学生的好奇心,是否肯定了学生的质疑精神,是否培养了学生的创新思维。通过反思,促进我改进教学策略,不断提升自己的教学水平和教学手段。

在取得成果的同时,也发现了一些存在的问题,于是我对前一阶段的教学实践进行反思和总结,探索解决办法。

三、探究学习存在的问题及应对策略

(一)学生课前预习不认真的问题及解决措施

存在的问题:学生在学习上有一定的惰性,对预习和自学环节不够重视,存在

着懒惰、畏难和敷衍的情绪。

解决措施：针对这种情况，我将课前的预习和自学情况纳入到学科评价的范畴，加强对这一环节的考核和评估，从而督促学生比较认真地完成这一环节的学习。特别是对那些认真预习以及带着自己生成的新问题来到课堂上进行探讨的学生给予公开表扬，发挥他们的带头表率作用，从而调动全班同学的学习自觉性和主动性。

（二）小组合作探究时学生讨论不积极、混乱的问题及解决措施

存在的问题：不是每个学生都愿意和热衷于在讨论中学习，而且一些学生利用讨论的这种方式自己偷懒，或者不认真思考、随意说或者利用讨论这种方式聊闲天儿。

解决措施：

1.加强分组的科学性

在学习小组成员的组成上教师要根据每位学生的不同情况，学习水平，科学地进行分组，使小组成员形成优势互补。并且通过日常与学生的接触和对学生的了解，将那些有一定组织能力，人品正直，思维比较活跃，敢想敢干，敢说敢言的学生均衡地分配到各组，发挥他们"领头羊"的作用。例如，我在分组的时候，按照学生历史认知水平的不同将学生划分为四个等级，保证每个组里都包含四个等级的学生，并且基本上将每个等级的学生的人数平均分配，这样使各组的水平比较均匀。然后，由小组成员按照本组组员的综合实力推举出本小组的组长，并考虑组员的各自的特点和专长选出本组的发言人。

2.细化组内考核和加强组间的合作和竞争

在小组讨论中，细化考核标准来调动小组成员讨论的积极性。例如，按照组内的评价分为讨论态度、讨论效果和个人独到见解等方面，制定了这样一个评价表格（见表1），每次讨论后组长根据小组成员的表现进行打分并公布。

表1 对同伴的评价表

姓名　　　　　　　　　　所在小组　　　　　　　　　　组长

评价标准	等级分数	评语
讨论参与度		
发言质量		
合作情况		
独到见解		
组内贡献		

同时还要想办法调动小组间合作的积极性和竞争的积极性,从而推动探究学习有序地开展。例如,有时我将课堂上需要探究的问题交给不同的组来完成。通过小组间的分工和合作,使探究的问题得到解决。我还定期举行小组竞赛展示科研成果激励学生去探究历史知识的持久激情。例如,我让每个学习小组以"走进天津博物馆的精品展厅,你能体会到怎样的历史?"为题展开探究,并以组为单位展示探究成果。这样既激发了学生学习历史的兴趣、热情和求知的好奇心,也调动了各组间的学习竞争情绪,使合作探究更加有效。

(三)不善于聆听不同意见的问题及解决措施

存在的问题:有的学生面对其他学生在学习和讨论中提出的问题时,不但不接受反而有嘲讽的表态。

解决的措施:

1.保护学生质疑的热情

在日常教学中,教师要帮助学生克服有问题不向老师主动提出的心理障碍,树立起质疑的信心。学生有问题不向老师主动提出的原因主要有:对自己的认识产生自我否定的意识,存在认为自己根本提不出问题的自卑心理;自己有问题,但顾虑重重,担心提出的问题不合教师的意图而受到教师的指责,或提出的问题过于简单,不能引起教师的重视,并担心遭到同学的嘲笑等。所以,教师要教育学生做到自尊与尊重他人,不自负也不自卑。学生质疑的问题虽然表现出不同的水平,但教师应一视同仁,积极鼓励和适当引导。面对一些学生对提出质疑问题的学生

表现出来的不屑甚至是嘲讽,教师要及时干预和因势利导。即使学生提出的问题是错误的,也要在肯定学生勇敢精神的前提下,和学生一起探讨来纠正其错误观点。通过这些引导,使学生的质疑精神得到保护,让学生乐于发现问题和敢于提出问题。

2.引导学生树立起学习的过程是一种交往过程的意识

我在历史课堂上一贯秉承着思想自由、言论自由的观念,并致力于使学生树立起学习的过程是一种交往的过程。在学习的过程中,每位学生都平等享有学习的权利和发表见解的权利;在学习实践中,每个学生都应尝试站在他人的立场上来理解他人的情感和体验。例如,在讲新文化运动的时候,有同学提出新文化运动的口号是"民主"和"科学",那么这个"民主"与孙中山提倡的"民主"有什么区别吗?面对同学提出来的问题,有的学生表现出了不屑,认为这位学生是在"瞎较真"。我看在眼里,没有说话,脑子里已有了应对之策。一边,我对提问的学生给予表扬。我表示同学这个问题确实有新意,以往在讲这课的时候还没有产生过这样的问题。证明了这位同学是在积极的独立思考,有自己的想法和见解。一边,我请刚才露出不屑表情的学生对这个问题给予回答,当他回答不上来的时候,我因势利导,指出新文化运动中的"民主"指的民主的思想和民主的政治,民主的思想得到了大力的宣传,从而动摇了封建思想的统治基础;而孙中山所提出来的"民主"主要为资产阶级革命派推翻清王朝统治建立资产阶级共和国服务,更加侧重于政治制度层面。我又对同学们说:"让我们打开记忆的闸门,回顾启蒙运动那段历史,想想启蒙运动领袖伏尔泰曾经说过什么?'我不赞成你的话,但是我要誓死捍卫你说话的权利。'反思一下,我们今天是否做到了?"通过我的循循善诱,同学们不仅收获了历史知识,也得到了做人方面的启示。

(四)学生缺乏对学习的反思的问题及解决措施

存在的问题:在日常教学中,学生对自己的学习行为与学习内容缺乏再认识。表现:考完试,知道分就行了;上课回答问题,回答错了就错了;作业批改完,也不及时改正。

解决的措施:学习是需要反思的。"反思是人类特有的一种心智活动,是人们有意识地考察自己的行为及其情境的能力。反思是思维的一种品质,它使人更清晰地理解自己的行为和行动的后果,从而更理性、更有目的地开展行动。"反思的过程是主体自觉地对自身认识活动进行回顾、思考、总结、评价、调节的过程。反思性学习就是学习者对自身学习活动的过程中所涉及的有关的事物、材料、信息、思维、结果等学习特征的反向思考。它不仅仅是对学习的一般性回顾或重复,更是探究学习活动中所涉及的知识、方法、思路、策略等诸多方面,具有较强的科学研究性质。在历史教学中,教师应重视引导学生在历史学习中形成反思的意识、习惯与行为,引导学生开展反思性学习。例如,每节课我都要求学生反思自己的学习过程,思考自己是否完成学习目标,回忆自己解决问题的思维过程,找出存在的问题,思考是否还有更简捷的思路和更好的学习方法,而且在平时讲课的过程中给学生传授一些思维认知方面的理论。同时教师把常见的思维错误:非黑即白的思维、以偏概全、否定正面信息、否定负面信息、主观臆断和错误比较等介绍给学生,因为这些错误是学生进行思考时经常犯的错误,对学生认清自己思考中存在的问题很有指导性,这些思维错误往往使学生认知发生偏移,阻碍了对历史事件的分析和认识。例如,在平时的历史作业或测试中,我引导学生对于自己的错误进行归类整理,从知识、能力、题型等方面,自主探究错误形成的原因及解决问题的对策与方法。通过开展反思性学习,改变了学生历史学习的方式,提高了自主探究学习能力的品质,加深了对历史知识的理解、掌握和运用。

(五)处理学生探究式学习与接受式学习关系时的问题及解决措施

存在的问题:在课堂教学中,教师如何处理好探究式学习与接受式学习两种教学方式,是摆在教师面前的一个现实问题,有时候会出现顾此失彼的现象。处理好二者的关系需要教师的智慧和实践经验。

解决措施:接受式学习是指学习者在课堂教学中,通过教师以定论的形式讲授教材,来接受文化科学知识的一种学习方式。它不要求学习者去独立发现,只要求他们把教师所传授的东西加以内化,即把新学的材料与认知结构中有关观念结合起来,并储存在认知结构中。探究式学习是对传统的接受式学习的一种改变,但不是对传统接受式学习的一种推翻。传统接受式学习对于历史学习

中基础知识部分来说相对有效些,它可以使学生在相对短的时间内掌握较多的知识, 也有助于培养学生从书本中获取知识的习惯和能力。况且在历史学习中,并不是所有的内容,都需要探究来解决,有的内容,限于学生的知识储备等原因,甚至根本不能让学生自主探究,同时探究式学习在某种程度上也需要依靠在接受式学习的基础之上进行。所以两种学习方式,并不是相互排斥,非此即彼的关系,而应是彼此相辅相成,互为依托的关系。在教与学的过程中,两种方式有着各自的特点,发挥着各自的作用,教学中应将两种学习方式有机的结合。例如,有些高中的知识与初中知识有重复时,这些知识可以让学生自己讲,或者教师不做详讲;有些知识则需要教师讲解,如分析抗日战争的特点,这个问题需要教师发挥传道、授业、解惑的作用,教师从民族性、双重性、两个战场两条抗战路线并存、中国共产党的中流砥柱的作用、以弱胜强和持久性等方面进行分析得出结论。

总之,教学是师生互动的学习实践活动,在这个过程中要关注学生的发展,转变学生的学习方式,使学生学会主动学习;要转变教师角色,尊重学生的主体地位,使教师成为学生学习的促进者,引导者。探究学习是实现这一转变的有效的教学方式,它需要不断在教学实践中得到完善和发展,需要师生共同地努力和探索。华东师大的许纪霖教授有一句名言"我改变不了这个世界,但我可以改变我的课堂。"作为一名普通的高中历史教师,我更改变不了这个世界,但是我可以改变我自己。我要继续通过自己的努力和实践,不断改进和完善探究式教学,在课程改革中改变自己,发展自己,成就学生。

参考文献

[1]靳玉乐.探究教学的学习与辅导[M].北京:中国人事出版社,2004.

[2]张汉林. 历史教育追寻什么及如何可能[M].北京:中国民主法制出版社,2015.

[3]中华人民共和国教育部. 高中历史教学课程标准(2017年版)[M].北京:人民教育出版社,2018.

[4]李森,于泽元.对探究教学几个理论问题的认识[J].中学语文,2002(09):47.

[5]托马斯 L·萨蒂.创造性思维:问题处理与科学决策[M].石勇,李森,译.北京:机械工业出版社,2016.

[6]雒启坤.中学历史创新教法[M].北京:学苑出版社,1999.

[7]黄丽嫦.例谈反思性教学——由《直线与圆、圆与圆的位置关系》谈起[J].课程教育研究(外语学法教法研究),2014(02):72-73.

[8]大卫·迪绍夫.元认知:改变大脑的顽固思维[M].陈舒,译.北京:机械工业出版社,2014.

农村高中历史教学中合作学习的问题与应对策略初探

天津市葛沽第一中学　范庆玥

摘　要：新课改倡导自主、合作、探究，强调以学生为中心，而提倡合作、探究、共赢的合作学习方式就成了新课改背景下教师们研究的永恒主题。合作学习和历史教学相结合，能有效地调动学生对历史学习的积极性和主动性，培养学生的历史核心素养，同时保证学生在历史课堂中的主体性。但在生源较差同时面对高考压力的农村高中学校，在进行历史合作学习的实践过程中至今仍然存在着一些问题。作为历史教师，应该落实立德树人的根本任务，以发展学生的历史学科核心素养为宗旨，所以积极探索历史课堂中的合作学习十分重要。本文就笔者所从教的农村高中学校为研究对象，从小组划分、学习内容、教师引导和评价机制等方面分析当前农村高中历史教学中合作学习的现状以及存在的问题，探讨一些关于高中历史教学中开展有效的合作学习的策略，并以一节新授课的教学实践案例进行具体说明。

关键词：新课改　学科核心素养　高中历史教学　合作学习

新课标的课程基本理念强调倡导学生主动学习，在多样化、开放式的学习环境中，充分发挥学生的主体性、积极性与参与性。而合作学习是一种学生在小组或团队中为了完成共同的任务，有明确的责任分工的互助性的学习方式，该方式能充分的调动学生学习的热情,突出学生在学习中的主体地位,是克服传统教学弊端,实现学生自主学习,提高课堂效率的有效途径。可以说是一种我国当前新课程改革所提倡的重要学习方式之一。并且合作学习作为新课改大力倡导的学习方式,在深化以核心素养为基础的课程改革方面起着关键作用。但因为农村高中校的一些独特性和历史学科的特点,受学生的学情、应试教育下学校对于成绩的要求等影响,农村高中历史课堂合作学习有时难以有效开展,造成我校的历史教师在教学中对合作学习的运用还存在一些问题,但在学校的组织和历史组教师的努力下,不断将学习到的相关的理论知识与教学实践相结合,从学生的实际出发,将实践合作学习的可行性条件最大化,探索出了一些应对策略。

一、合作学习的理论基础

(一)建构主义理论

建构主义者认为由于事物的意义并非完全独立于我们而存在,而是源于我们的建构,所以知识的获取就是通过建构得来的。建构主义理论指出,"通过学习者的交流、争议、意见综合,可以建构起对知识的更深层次的理解,在解决问题时,通过师生或生生的合作与交流,可以从不同的角度获得对问题的理解,力求全面的认识问题,为解决问题打下基础"。也就是说学习者以自己的方式建构对于事物的理解,从而不同的人看到的是事物的不同的方面,不存在唯一的标准的理解,通过学习者的合作使理解更加丰富和全面。在学生主动建构学习的过程,在这个过程中教师应该是意义建构的促进者和帮助者,学生是学习的真正主体。

(二)生本教育理论

生本教育是我国知名教育家华南师范大学郭思乐教授创立的一种教育思想和教学方式。常规教学以教师的教为起点,而生本教学的起点是学生个体先学,以学生原始的、真正的、发自内心的学习动力作为教学的第一步,其本质是充分激扬人的生命本能而使学生和谐发展,其教育方式在于为学生的好学、为学生的快乐

学习、自主学习而设计,其目的在于十分有效地发展学生素养,自己提高教育质量,其教育理念和教育方式具有强大的正能量影响力。学生通过完成"前置性作业",感到这个知识是我探究出来的,是我自己学会的,从而在第二天的课堂上有了想"展示"的欲望。由此展开学生学习的第二个环节——小组交流、合作学习。所以,先学是诱发学生自主学习的第一步,是小组学习的基础,是知识获得的根基。

(三)教学互动理论

所谓互动教学,就是把教育活动看作是师生进行一种生命与生命的交往、沟通,把教学过程看作是一个动态发展着的教与学统一的交互影响和交互活动过程,在这个过程中,通过优化"教学互动"的方式,即通过调节师生关系及其相互作用,形成和谐的师生互动、生生互动、学习个体与教学中介的互动,强化人与环境的交互影响,以产生教学共振,达到提高教学效果的一种教学结构模式。

二、高中历史教学状况分析

(一)学校状况

天津市津南区共5所高中学校,其中1所市重点高中,3所区重点高中,天津市葛沽第一中学是全区唯一一所农村普通高中学校,受中考后报高中志愿原则的影响,招收的高一新生大多数是全区中考成绩下游分数段的学生,大部分学生的历史基础很薄弱,这样的现状给我校历史教师平时的教学带来了一定的挑战,更使我校在历史教学进行合作学习的过程中出现很多问题,从而导致合作学习一直以来在历史课堂教学中多流于形式,无法真正发挥其应有的作用。但这两年,在新课改思想和学科核心素养理念的指导下,学校进行了一系列教学改革,尤其大力推行合作学习模式在教学中的实践运用,主张教师控制讲授的时间,保证留给学生合作学习的时间,突出学生的主体地位。借助这个有利的契机,高中历史组教师积极地进行实践,在学校举办的各种展示课中都会利用合作学习的方式进行教学,在体会到了合作学习给教学活动带来的益处后,正在努力使合作学习的教学方式在历史课堂上日益常态化。

(二)学生状况

笔者认为,高中历史合作学习应该是在学生具备一定的历史知识储备的前提下进行,学生通过与他人的合作交流,将碎片化的历史知识进行完整性建构或对某个历史问题通过质疑对抗后加深对其的理解。但在高一入学第一周的历史学习中,我们发现相当一部分学生对于在初中阶段学习过的历史知识大部分已经遗忘了,历史知识比较欠缺,自身的学习习惯也比较差,特别是自主学习的习惯非常欠缺,在课堂进行问题讨论时,很多学生不愿张嘴表达自己的观点或者是无话可说,合作学习意识不强。教师在实际教学中如何调动每个学生在历史课堂学习的积极性和提高其参与度,是我们首先要解决的一个问题,只有当学生有了参与学习和交流的欲望,合作学习才能真正有效地开展下去。同时,我们也看到高中生在这一年龄阶段的独立性、自主性意识较强,合作学习正好要求学生摆脱对老师讲授的依赖,而且历史学科特点是要通过史料进行学习,这就能在一定程度上弥补学生的某些历史知识漏洞。另外,我校的高中学生虽然历史基础知识较差,但却敢于发言和表现,所以只要教师能够进行及时正确的引导,不断夯实学生的历史基础知识,提高其历史学习能力,那么合作学习这种模式就能够在历史课堂上生根发芽。

(三)教师状况

如果想发挥合作学习在历史教学中的效果,当然离不开历史教师对合作学习方式的运用,但因为有些历史教师对合作学习的理解不深,理论知识比较欠缺,加上面对学生升学,新教材内容较多且课时少的压力,所以在实际教学操作中就会出现各种问题,从而没能较好发挥合作学习的真正成效,甚至在教学中利用合作学习模式的时间极少。但学校高中历史组教师大多为青年教师,也很渴望能够探索一种教学模式来提高课堂效率,更好地帮助学生提高其历史学习能力和培养其历史学科核心素养,所以在学校大力进行的课堂教学模式改革的推动下,基本上能够做到及时有效的转变教学理念,不断加深对合作学习的理解,积极进行合作学习方式的教学实践和研究。特别是,在每周高中历史组教师会进行集体教研活动,以听评课和交流总结经验为主,老师们在这个过程中可以不断吸收其他老师

宝贵的经验,反思自己的教学实践,从而在不断的实践反思再实践的过程中总结出一些针对学生合作学习的应对策略。

三、高中历史教学合作学习存在的问题

(一)小组划分过于随意

由于自上而下对合作学习的推动,上课时教师必须采用合作学习似乎成了统一的硬性要求,但因为受课时紧张等因素的影响,事实是很多教师为了能尽快完成教学任务,在日常开展的历史教学过程中,一般会随便设定小组人员和人数即展开对问题的探讨。例如会以就近原则让前后左右的学生在一起进行所谓的"合作学习"。但这样的划分显然没有考虑到学生的学习基础、能力等各方面的差距,容易造成职责不明确,历史基础和学习能力相似的学生也可能会扎堆从而造成有的小组讨论问题无效甚至根本讨论不起来。尤其是对于农村高中学校的学生来说,一部分学生自身历史知识储备不够,即便是根据历史材料进行探究,如果没有学科优秀的学生进行组织和引导,合作探究问题会显得比较困难,所以如何分组展开合作学习显得尤为重要。

(二)合作学习内容不合理

在高中历史课堂上展开合作学习,往往是教师设计一些思考问题,让学生直接展开小组讨论,然后得出观点。但是有的老师设计的问题并没有探讨的价值或价值过低,有的老师没有提前为学生创设情境,导致学生在合作探究时非常迷茫,不知从何谈起。由此可见合作探究的问题的设置的合理性对于发挥合作学习的效果至关重要,真正适合讨论的问题,应该既要有助于学生开展讨论,又要能够较好的完成教学目标。学校高中历史老师每个人教几个班,多则 6 个班,甚至还有跨年级教学的历史教师,所以如果既想要让学生围绕问题展开合作探究,又想要让学生取得好的历史成绩,日常操作起来显得比较困难。在常态课上,合作学习的影子少之甚少,或者为了合作而合作,设置的问题不合理,最终使合作学习流于形式,浪费了宝贵的教学时间。

(三)教师引导作用不充分

在合作学习过程中,学生之间的思维进行碰撞,会出现很多情况,有时可能碰撞出的"火花"过小导致合作学习继续困难,有时又会碰撞出让人意想不到的"大火花"。这时如果教师不进行参与引导的话,会错失提高学生合作学习意识的机会。有时,有的教师因为受本身的专业水平限制,在面对在备课时没有预设到的一些问题时,往往不知所措,无法解决学生讨论中的生成性问题,使课堂讨论无法进行升华。还有的教师专业知识渊博,有时会集中于一个小组的生成问题大谈特谈,没有适时地利用这个问题引导小组之间进行思维的碰撞。一个教师专业知识非常重要,教学能力更加重要,对课堂中生成性问题的把握更是对教师综合能力的考验。特别是在合作学习的课堂上,生生合作,师生合作都很重要,教师在"让位"时切忌不能失去该发挥的引导作用。

(四)评价机制过于片面

传统的总结性评价往往关注的是学习结果。而合作学习作为一种学生主动学习方式,不仅能让学生获得学科知识与技能,而且培养他们主动求知的能力,发展他们合作过程中的人际交流能力。在这个过程中学生的参与意识、交流能力等都很难通过传统测验来测量。但一旦教师最终只是基于成绩评价学生,学生的合作学习的积极性将会受到极大的打击。同时在我们的课堂上,更多的还是教师基于学生的合作学习成果评价,学生自评、互评的机会和时间还比较少,所以在课堂上我们倡导学生自评与互评,给予一定的时间让小组之间可以相互争辩,产生思维碰撞,从而找出解决问题的方法,最后教师进行评价时还要基于小组整体以及小组成员个体在合作学习过程中,对他们的学习行为、参与程度等进行合理的测量与分析,着重关注学生学习的过程,才会让评价更全面,学生的合作学习意识才会提高。

四、应对策略

(一)科学划分合作学习小组

在高中历史课堂教学中运用小组合作学习的教学方法,需要教师对学生进行小组划分。历史学习小组的科学化与合理化构建是小组合作有效学习的基础,只有科学的划分小组才能使得成员之间形成一种相互信任、团结合作的学习氛围。在以往的日常教学实践中,因为各种原因,大多数教师只是简单地以学生临近座位随意划分小组,没有考虑到小组成员的个体差异,特别是我校高中生的历史学科普遍薄弱,随意性的分组更是让合作学习效果大打折扣,为了发挥小组合作学习的真正效果,在构建学习合作小组时应该遵循"组内异质、组间同质"的原则,组内异质为生生合作创造了条件,组间同质又为全班各小组之间展开公平的竞争提供了可能。首先,教师应该根据全班不同学生自身知识基础、学习能力及性格等方面的差异,科学合理地进行小组划分,要确保小组内成员人均成绩大体相差不多,这样的分组方法能够有效平衡组内的学习水平和成绩,充分激发学生学习的积极性。其次,在每组人数和组数上不宜过多或过少,一般以4—6人为主,分工必须明确,做到全员参与合作学习。同时为了使小组成员形成集体观念,最大限度地激发他们的积极性和团结协作的精神,必须建立长期合作学习机制,在一个时间段内保持组员不变,必要时只需要进行微调即可。还有在座位的空间设置上,最好是打破传统的座位方式,在教室分区域安排小组座位,这样不仅能便利学生的合作学习,还能增强学生的小组集体认同感。我校录播教室的座位就采用了小组区域的布置方式,但在日常进行历史教学的班级因涉及班级管理问题,不可能每个班级都是小组区域的布置方法,每天去录播教室上历史课也不是很现实,所以这也在一定程度上影响了小组合作学习的效果,但教师可以在教室班级座位已经固定的条件下,尽量将同组学生座位设置在临近的区域,在客观上为学生营造一个方便合作学习的环境,从而强化学生的合作学习意识。

(二)合理设计合作学习内容

现代教学理论认为学生有了问题才会有思考和探究,在探究过程中遇到了困难才会有合作学习的欲望。通常情况下,对于一些较为简单的历史学习内容和历史学习任务,学生能够通过自身的能力独立完成,但是一些较为复杂烦琐的内容,则要通过小组内积极讨论和合作得出结论的方式进行学习。在这样的情况下,教师可以组织学生进行小组合作来学习历史知识。对具有分歧的学习内容,基于我校学情,历史教师设计的合作学习问题不宜过难,否则学生讨论不了,当然也不能过易,否则学生失去了深入思考的空间,也失去了合作学习的必要性。因此,在备课时教师必须要根据学情设计出符合学生认知的合作学习的问题,从而调动学生参与课堂的积极性,同时教师在设计合作探究问题时要明白在高中历史教学中不是每一课都有适合学生合作学习的内容,不能为了合作学习而设计问题,不能为了应付而合作学习,有必要时可以在课前和学生做一些沟通,从学情出发是设计合作学习内容的前提,这样才能提高合作学习的质量,避免合作学习流于形式,否则脱离学情进行的合作学习就是无源之水、无根之木。

(三)适时发挥教师的引导作用

在高中历史课堂上使用小组合作教学方式,教师要准确定位自己的角色,要注意在学生合作学习中充分发挥教师的引导作用,在合作学习中应成为学生学习的合作者、促进者和研究者。针对我校学情,可以在合作学习前,教师有针对性地为学生提供一些能帮助其合作探究的历史资料等,特别要注意在课上当组内进行合作交流时要及时巡视、观察所有合作小组中每个学生在小组合作学习时的积极参与程度、合作学习时遇到的困难,做到及时点拨、适时评价。比如当其合作受阻时要及时地融入该小组学习当中,及时发现小组学习中存在的问题,并采取必要措施加以引导。又如当学生在讨论中出现分歧的内容,教师应该抓住这个宝贵的课堂生成性问题,可以先不作评判性结论,让学生在小组内进行激烈的探讨和充分研究。这样,小组讨论不仅能够充分体现学生的主体地位,还能促进学生的创新思维得到很好发展。学生在进行小组间的合作学习时,教师要做好协调工作,促使学生的小组间合作能够和谐顺利进行,从而为学生营造一个和谐平等的学习氛

围,充分激发学生的学习主动性,让他们学有所思,学有所得,提高学生学习的内在动机,真正成为课堂的主体。

(四)构建有效的评价机制

苏联教育理论家苏霍姆林斯基说:"成功的欢乐是一种极大的情绪力量,他能够使学生产生好好学习的强烈愿望。"我校高中学生虽然在历史学科上比较薄弱,但对成功的渴望与其他学校的学生是一样的。所以为了有效推动我校高中历史课堂小组合作学习的良性发展,教师需要针对小组合作学习的成效建立一套有效评价机制。合理恰当,有激励性的教师评价和组内、组间客观的评价都是有必要的,这对于保证合作学习能够长期健康发展是非常重要的。首先,教师评价。合作学习是以小组实现组内共同目标为目的的,在对小组合作学习进行评价时既要注重小组的最终合作展示的结果,还要注重对于学生合作学习过程的评价。教师需要在认真看完每个小组的讨论和成果展示后,对该小组成员的参与度与解决问题的能力、展示成果的状态等做出自己的客观公正的评价,如小组合作学习展示成果时不是太理想,需要教师进行耐心的分析和评价,引导学生进行反思;如小组在合作学习过程中表现较好,教师必须加以肯定和表扬,从而激发学生的合作学习的意识。教师的评价可以增强学生的合作学习自信,小组成员之间的评价,使学生能更客观的了解个人的参与度,更能激发学生的参与热情。再者,小组自评或互评。对于学生小组合作学习的成果,要有学生层面的自评、互评。学生的自评可以基于自己在合作讨论问题时的表现进行评价,这是为了更好的认识自己的优点和存在问题。组间评价可以围绕其他小组在展示合作学习成果的表现进行,这样能提升学生的学习竞争意识,组间的互评更能培养学生学会辩证地看待别人的观点,养成批判质疑的能力。

(五)提高教师专业素养

教师是课堂教学实践活动的组织者、指导者,是教学设计的策划者。所谓"亲其师,信其道",开展有效的合作学习的必要前提是教师的专业素养必须过硬。只有专业的教学素养才能设计出有效讨论的问题,预判在学生小组合作过程中会出现的问题,会在课堂上出现生成性问题时应对自如,这就要求教师必须加强理论学习、阅读专业书籍,在教学实践后积极地进行反思与总结,从而在以后的教学实践中推动学生进行真正有效的合作学习活动。同时还要注意的是,教师还应该构建一个和谐、平等、民主的课堂氛围,因为合作学习不仅仅指的是生生之间,还有师生之间,教师应该平等的与学生对话,在学生合作学习的过程中要给予细心的观察和耐心的引导,要相信学生能够在这个过程中有所收获。

五、以新授课《西方的文官制度》的教学实践案例进行说明

(一)教学内容

本课是高中历史人教统编版选择性必修 1《国家制度与社会治理》第二单元第 6 课,本课通过三个子目:西方文官制度出现的背景、西方文官制度的建立、西方文官制度的特点和影响讲述了西方的文官制度的形成、发展演变历程。本课旨在帮助学生了解西方文官制度的产生是一定时代的产物,其改革具有渐进性、长期性、艰巨性以及连续性,其对中国科举制的借鉴意义,使学生的文化自信意识增强。

(二)教学实践

1.课前

(1)合理划分小组。笔者任教的高二年级两个历史班每班有 42 名学生,因为每个班历史学科成绩较好且组织能力较好的学生不超过 10 个人, 所以在历史教学中我将全班分为 8 组,每组 5—6 名学生,保证每组至少有一个历史学科成绩相对不错的同学担任组长,能在小组合作时起到带头作用,在同时组内学生根据不同的能力进行任务分配,可分别承担表达、补充、记录、计时等不同的任务,组员没有特殊情况暂时不会进行组间和组内人员的调整。同时组数的设置上也考虑到尽量保证在课上每组有展示成果或交流表达的机会,这样才能够使学生全体参与到

历史课堂学习中。

(2)导学案自主学习。因为想让学生能够在一定的知识掌握的前提下进行相关问题的讨论,所以在课前的预习环节,利用了导学案的形式让学生先进行独立自主学习。在讲授《西方的文官制度》之前,给学生下发了本课导学案,要求学生结合教材,归纳西方文官制度建立的背景,梳理西方文官制度的特点及影响。通过这个课前自主学习活动,能使学生首先通过自己的独立自主学习,对即将要学习的新知有一个初步的了解,这有助于教师指导学生进行有效的合作学习。

(3)设计合作学习内容。在课前和8个组长进行了几次简单的交流,了解到高二阶段的学生对本课涉及的一些专有名词和事件如个人恩赐制、政党分肥制、政务官、事务官、克里米亚战争等不是很了解,这些内容可由教师进行课上讲解帮助学生了解。学生在高一时通过对《中外历史纲要(下)》的学习,对西方中古时期和近代时期的一些社会特征已经有了一定的了解,为了使学生进一步加强对历史唯物史观的理解和运用,确定本课需要学生在课上进行合作学习探究的重点问题是:工业革命与文官制度建立之间的联系。另外,学生在本册教材前面章节的学习中也对中国古代选官制度科举制有了了解,为了加强学生对比分析的能力,设计了合作探究的第二个问题:对比分析西方文官制度与科举制的异同。

2.课中

在课上先由学生根据导学案预习情况展示自己独立学习的成果:西方文官制度产生的背景。然后向学生提出合作学习的问题:工业革命与文官制度建立之间的联系。给予学生8分钟的小组合作探究时间,并为学生提供了以下一则史料辅助分析。

材料:在1855—1870年文官制度改革期间,最大胆的举措是8个方面借鉴和采用了中国科举制度的原则,对英国文官录用制度作出了革命性的变革。第一,采用科举制公开考试、自由竞争、择优录取的原则。还强调了新的考试制度必须和英国国情融合、贯通,这是因为当时英国资本主义飞速发展,建立一个工作效率高、人员精干的政府成为工业资产阶级孜孜以求的目标。

——严泉《论中国科举制度对近代西方文官考试制度形成的影响》

在学生阅读完材料后,组长负责组织讨论,全组同学在进行讨论的同时,有同学同步用文字记录讨论出的要点,在这个过程中,对每组进行了观察,当发现有的组在探究中出现卡壳、甚至有个别组员参与度不高时,我会及时融入他们的合作中,通过引导、鼓励的方式促使合作学习的顺利进行。例如第五组只能想到工业革命推动了西方文官制度的建立,但两者之间具体的联系不清楚,这时引导该组:当经济飞速发展时,社会就会出现各种问题,那么国家要管理的事物就会增多,而之前的官制能不能应对呢? 在这个问题的引导下,这个小组的合作学习能够继续进行了。

在组内进行合作交流后,鼓励学生进行组间的交流。首先第五组最先展示本组成果。

第五组展示成果:工业革命发生后,资本主义经济发展非常迅速,经济领域、社会中都会有各种问题出现,这就为国家管理提出了新的要求,但以前的官员制度存在很大的弊端,这造成了政府官员会更迭频繁,严重影响着国家的管理,所以文官制度诞生了。

教师问:其他组有没有质疑、补充或批判的?

第一组同学表示有需要补充的观点:我们组同意第五组的观点,另外为什么会出现新的选官制度,我们组还认为就是原有的官员制度不适合国家的发展了,随着工业革命的发展,工业资产阶级逐渐掌权,他们为了维护自己的利益,必然希望国家的官员队伍是廉洁的,而以前的政党分肥制不符合工业资产阶级的要求,所以文官制度就诞生了。

教师说:补充得很具体,非常好,新制度的调整或变化一定是因为旧制度不能适应社会和经济的发展了。还有没有组想要质疑、补充或批判的?

第二组表示还有需要补充的内容:我们组认为随着经济的发展,西方国家的政党因为利益需要所以竞争更加激烈,而政府官员会随着执政党的变化而变化,所以更换十分频繁,这样就会造成政府工作稳定性和持续性出现问题,而能保持中立的文官制度就不会出现这个问题,所以文官制度诞生了。

经过小组之间的补充交流,最后师生共同将每组的讨论碎片整合在一起:工业革命后,经济规模扩大,社会分工更为复杂,英国等资本主义国家政府管理的社会事务增多,国家管理职能急剧扩展,管理的事务也越来越复杂,亟须建立有能力、能迅速处理日常事务的职业官僚体系;政党竞争更加激烈,政府官员更换频

繁,需要有能保证政府工作稳定性和持续性的文职管理队伍;工业资产阶级逐渐掌握政权,要求建立廉洁高效的文官队伍。总之,工业革命推动了资本主义的发展,而资本主义的发展需要公平高效的官员录用制度,这样文官制度在西方国家就产生了。

通过对这个合作学习内容的探讨,学生能深刻认识到西方文官制度是随着资本主义经济、政治不断发展而逐步建立和发展起来的,是工业社会发展到一定阶段的产物。同时在这个小组合作学习过程中通过学生分析史料—合作交流—展示成果—质疑补充或批判—学习成果生成,不仅提高归纳、概括问题的能力,培养了阅读史料的能力,强化了任何制度的产生都是一定时代的产物的历史唯物史观意识,更重要的是学生在学习环节中主体地位能够充分得以体现,而且在体验中获得了学习的乐趣。

接下来对小组合作学习的表现给予了简单点评,比如第五组的"抛砖引玉"的精神可嘉;第二组负责表达的同学语言专业精炼,第六组负责记录的同学不仅记录下自己本组的讨论要点,也在其他小组展示时进行了要点记录,在进行补充交流时,每组之间和谐友好,共同为了解决同一个问题而贡献自己的智慧,这极大地提高了全班同学的合作学习热情。同时让每组选出本组参与度高的两位成员,组间选出一个表现最好的小组,最先表达观点的第五组得到了一致认可,因为大家认为第五组展示的内容不全面, 但该组积极参与的学习热情让他们觉得很受感染。可见这对参与度低的组员和小组起到一定的激励作用,为以后学生参与合作学习提供了动力。

在学习西方文官制度的发展历程、特点、影响等问题时,主要是组织学生利用自主学习和合作学习相结合的方式进行,主要通过展示史料—独立思考—个人回答—他人补充—教师点拨—共同归纳的环节完成,从而使生生互动、师生互动和合作学习方式贯穿于历史课堂。

3.课后

为了让学生将合作学习延续到课下,布置课下作业:对比分析西方文官制度与科举制的异同。因为高二年级学生是走班制,所以在课后让他们进行面对面的合作讨论很不现实。再者,有的学生因为住宿或者缺少电子产品,利用网络进行合作讨论很困难。所以在这个问题的合作学习上,要求每个组员将自己的思考结果以文字形式体现,交给本组组长,然后由组长进行汇总,并利用历史课或自习的一定时间进行展示交流。通过这个问题的思考和理解使学生能认识到不同制度之间需要相互交流,学习借鉴,不断调整以适应社会需要,借此培养学生的思辨能力与历史解释能力,同时增强学生的文化自信、制度自信。

通过该教学实践案例可以看出,利用合作学习的学习方式,能够调动学生们的求知和展示欲望,在提高历史课堂效率的同时也培养了学生的时空观念、史料实证、历史解释等的历史学科核心素养。

六、成效与不足

(一)成效

在学校积极推进合作学习模式以来,经过历史组教师的不断努力实践,我校高中历史教学出现了一些明显的变化。

1.教师专业素养提升

通过不断教学实践,历史教师深刻地认识到要通过有效的合作学习促进学生的成长,自身的专业素养必须不断提升。天津市葛沽第一中学高中历史教师为了在教学中实施有效的合作学习,不断加强相关理论学习、阅读专业书籍,在教学实践后积极地进行反思与总结,并在每周的教研活动中进行集体沟通和交流。在这个过程中,教师的专业素养得到了提升,而这种提升离不开自身的努力与集体的智慧,师师合作这种交流形式也使教师亲身感受到合作学习的力量,从而更加坚定在课堂中实施合作学习的教学模式。

2.学生学习意识增强

虽然农村高中学生的基础知识、学习习惯和思维普遍欠缺,在一开始历史学习方面的积极性不高,但通过教师合理的安排合作学习小组,根据组员的能力以强带弱,明确分工,组员们为了共同的学习目标团结努力,形成了很好的合

作学习的氛围,同时小组之间的良性竞争也强化了学生的竞争意识。通过一段时间对合作学习模式的实施,在一定程度上调动了学生的学习积极性,增强了学生的合作意识,为课堂注入了活力,学生的各方面能力和学科素养均有一定的提高。

3.课堂氛围平等和谐

在合作学习的过程中,因为教师要认真观察学生,并参与其中进行及时指导,所以在课堂教学中会走到学生中间,由此与学生拉近了距离,学生尽情地展示自己的学习成果,教师耐心地进行引导和精心的评价,师生之间实现了平等的对话。通过合作学习,学生在课堂上越来越敢于表现自我,教师给予的及时的评价也使他们越来越自信,这种和谐的课堂氛围让学生真正成为课堂的主人。

(二)不足

合作学习常态化需加强。合作学习教学模式的成效显而易见,教师在思想上也很认可这种教学模式,也很积极的在课堂教学中实施合作学习,但因为课时少,高中历史统编新教材内容很丰富,从而面临着赶进度等现实问题,所以在日常教学中运用起来出现了"高开低走"的现象,一开始师生的合作学习积极性很高,但学期过半后,教师运用合作学习进行教学的时间明显在慢慢减少,放手让学生合作探究的时间有限甚至没有,教师在课堂上更多的还是以知识为本的教学,这使得教学又变成了"应试教育"。特别是在复习课上更加明显,所以合作学习如何常态化以及复习课的合作学习模式如何有效进行,还需要进一步研究实践。

综上,核心素养理念下开展合作学习对农村高中历史一线教师提出了更高的要求,虽然通过一段时间的实践探索,尽管在农村高中校的历史教学中开展小组合作学习有着一些困难,但只要历史教师树立终身学习的观念,不断学习理论知识,不断实践并不断探索有效的解决策略,在教学实践中积极发挥合作学习的效果,教师之间形成团队意识共同进步,就能使学生的合作学习意识增强,让学生成为历史课堂真正的主人,最终促进学生的全面发展。

参考文献

[1]王慧明.农村中学历史教学课堂中小组合作学习研究[D].太原:山西大学,2012.

[2]胡玉萍.自主、合作、探究——浅谈高中历史小组合作学习[J].文理导航,2016(06):57.

[3]顾竞雄.对合作学习下的高中历史课堂教学的点滴思考[J].文理导航,2016(05):52-53.

[4]宋国妹.核心素养理念下高中历史合作学习的实践研究[J].作文成功之路:教育前言,2018(10):59.

[5]李海兵.高中历史高效课堂构建策略探究[J].内蒙古教育,2019(21):49-50.

[6]钱海强.唤醒合作意识培养核心素养——小组合作学习应用于高中历史教学的评价研究[J].新课程,2019(24):154s.

培养自主学习能力
提升高中生历史学科核心素养

天津市蓟州区杨家楼中学　侯新生

摘　要:历史学科素养是学生在本学科内所具备的基本素质,自主学习能力的培养是学生历史学科素养提升的重要途径,本文主要探究在高中历史教学中如何培养学生的自主学习能力,以提升学生学科素养。

关键词:自主学习能力　高中生　学科素养

素养是在教育过程中学生逐步形成的,一种集知识、能力和态度等方面的表现,"学科素养是基础教育阶段,学生应具备的适应其未来发展和社会发展所必备的学科知识、学科思维方法、学科思维品质和学科关键技能"。在教育部2014年印发的《关于全面深化课程改革落实立德树人根本任务的意见》中,首次提出"核心素养体系"概念,历史学科核心素养是"必备的历史学科基础知识、学科思维品质、学科关键技能和历史意识等的集合"。同时,普通高中课程标准修订后,也将核心素养作为重要的育人目标。研究学生发展核心素养是落实立德树人根本任务的一项重要举措,也是适应世界教育改革发展趋势、提升我国教育国际竞争力的迫切需要。其中自主发展作为核心素养的一个组成部分备受教育界关注。自主发展离不开学生的自主学习,当前,对于提高学生的自主学习能力以适应教学改革的要求,大部分教师是认识到了,但是,部分教师的教学理念没有得到有效的优化和及时更新,导致学生的学习主体作用不能充分体现在实际的教学中,部分教师仍然以"讲学为主",忽视对学生的课堂参与和知识的应用能力的培养,导致学生在课堂中处于"被动"的学习地位,不利于学生学习主动性和积极性的培养,从而也会导致学生的自主学习能力不能有效地发挥。因此对学生自主学习能力的培养就显得十分重要。探究学生自主学习能力的培养,寻求新课程下学生自主学习能力培养的方法,顺应了素质教育的要求,有助于改变传统的教学模式,最大限度地挖掘教师的教育教学潜力,极大地调动学生自主学习的积极性和主动性,培养学生自主学习的能力,进而提升学生历史学科素养。

一、培养学生自主学习能力在高中历史教学中的作用

"自主学习"是指学生充分发挥自己的主动性,学习过程是自己主导和完成的,也就是说是学生"自己要"学习。联合国教科文组织出版社的《学会生存》一书中讲道:"未来的文盲不是不识字的人,而是没有学会怎么学习的人"。任何教育都不可能将所有人类知识传授给学习者,教育的任务必然要由向学生传授知识转成培养学生学习的能力,培养学生的自主学习能力,使学生由"学会""走向"会学",是教师不断追求的目的,特别是当前新课程改革注重学生核心素养的培养,核心素养强调学生的自我管理,因而,学生的自主学习能力就更加重要了。教师培养学生历史自主学习能力的重要性主要体现在以下几方面。

(一)自主学习能力是切合当前高中生自身发展需要的

自主学习能力已经成为 21 世纪每个人生存的基本能力,为更好地顺应时代的发展。自主学习能力已经是当代的高中生必不可少的一种基本素质。调查表明,自主学习的学生比被动学习的学生在对知识的掌握和理解上更有优势,他们往往能较为深刻的理解和较好地学习新知识,并有效地应用到实际中来。高中生只有真正意识到学习是自己的事情,是自己要学,把学习当成自身的一种需要,才能真正地做到自主学习。

(二)有助于激发学生学习的兴趣

传统的教学方式强调学生的接受和掌握,使学生被动地、机械地接受知识,严重地扼杀了学生自主学习的兴趣和热情,而自主学习强调学生主观学习能动性,倡导学生主动参与、乐于探究、勤于动手,培养学生搜集和处理信息的能力、获取新知识的能力、分析和解决问题的能力以及交流与合作的能力,更加有利于激发学生学习的兴趣。

(三)有助于提高课堂教学效果

培养学生自主学习历史能力教师势必改变传统的教学方式,创设开放民主的教学氛围,使学生能在轻松愉快的气氛中学习,要摒弃传统教学中将学生的思路强行纳入教师设计的轨道,束缚学生思维的做法。更要严禁以嘲讽、挖苦的语言对待学生的失误,而要精心保护学生的自尊心、自信心,消除学生的畏怯心理,促使他们积极参与到教学中来,大胆发表自己的见解。因此,要在民主的和谐环境中,培养了学生的创新精神与自主学习能力,从而更加有利于提高课堂教学效果。

二、培养高中生自主学习历史能力的对策

(一)教师培养高中生自主学习历史能力的方法

1.激发学生学习历史的兴趣和积极情感是培养学生自主学习能力的前提

学习兴趣是学习动机中最活跃的成分,它使学习活动变得积极、自觉、主动、愉快,从而获得良好的学习效果。激发学生的兴趣,可为自主学习创造良好的心理基础。当前高中统编教材,古今中外,涉及面广而且内容多。许多学生感觉没有初中历史有趣,甚至有点枯燥。而高中学生要学习的课程很多,如果老师上课时不能吸引学生,那么学生就会把历史课当成其他学科的调节课,因为相对于其他学科来说,许多学生认为历史自己能够看懂。久而久之,对历史也就没有了兴趣。因而在教学中注重培养学生学习历史兴趣是非常必要的,那么如何培养学生学习历史

兴趣呢？我采取方法主要有：

在课堂上补充一些背景资料,利用多媒体展示历史视频、图片资料;以历史故事为切入点,深入浅出、通俗易懂地分析整个历史现象;注重历史与现实的结合等,从而使学生对历史有全面的深入了解,增强了学生的感性认识,在不知不觉中,自然地增强了学生学习历史的浓厚兴趣。如我在讲《中国古代政治制度的形成与发展》一课中的西周宗法制内容时,学生对嫡长子继承制的概念不能很好地理解,于是我通过古代一位官员死后,他的爵位和财产如何继承的案例,要求学生给以评判。学生对此十分有兴趣,纷纷发表自己的观点,使原本枯燥难懂的内容变得有趣又易懂。在讲授《欧洲文化的形成》一课关于古希腊文化时,联系当前奥运的举行,古今奥运会的起源、奥运会的奖牌、火炬的来历和传递等内容,激发学生学习历史的兴趣,也使学生对古希腊有一个大概的认识。在教授选择性必修一《中国古代的户籍制度与社会治理》一课时,结合当前的人口普查进行讲述,由于学生刚刚完成人口统计,一下子拉近了历史与现实的距离,学生增加了学习兴趣,在讲授《现代科技进步与人类社会发展》一课,利用视频展示当前不断进步的科技成就,学生一下子就提起了兴趣。

通过以上方法,在培养学生学习历史的兴趣同时,我发掘蕴含于历史知识本身的情感,通过情感目标设计,可以使单一的认知心理活动变为知情统一的全面的心理活动,同时又促进师生情感交流和培养。有了情感,知识就有了生命,学生就会感到其中的魅力和价值,对于自己感到有魅力和价值的东西,学生怎能不感兴趣、怎能不孜孜以求呢?当学生把积极情感投入历史学习中时,就会很自然带着浓厚的学习兴趣、信心和勇气主动投入自主学习活动中去,从而提升学生学科素养。

2.培养学生正确的读书方法是培养学生自主学习能力的基础

传统的教学模式是以讲授、灌输为主,学生接受式学习,学生对教师的依赖性强,作为潜能存在的学生的独立性、自主性、自觉性,不但得不到尊重和发展,而且被销蚀得越来越少。实际上任何正常人都能够自主、独立地学习,因而在教学中,我相信每一个学生,给学生学习的时间、空间。但学生常说:书看了很多遍,就是记不住,翻开课本会,合上课本就忘了,慢慢地失去学习历史兴趣。针对这个现象,我常常讲读书方法是十分重要的。好的读书方法能使学习事半功倍,为了使学生养

成良好的阅读习惯,具体做法如下:

(1)集中注意力阅读。读书目的是理解书的精神实质,记住书的主要内容。要做到这些,就必须集中注意力,特别是在深入思考书中所讲内容的深刻含义时,集中注意力是理解、记忆和提高读书效果的前提条件。

(2)循序渐进,熟读而精思,循序渐进是读书治学的一条客观规律,应该遵守,不能违背。但多数学生在阅读历史教材内容时,往往贪多求快,结果费时多,收获小。因而我总强调:读书一忌快,二忌多,三忌腻,要循序渐进,熟读精思。如:阅读"古希腊罗马的政治制度"内容时,为让学生深入理解古希腊罗马政治制度的特点,让学生认真阅读教材,在依据课本所述内容,再列出古希腊罗马政治制度可以形成对比的点,列出对比项,相互对比着进行分析,从而更加有利于学生对于课本的领会。如学习"西方资本主义政治制度的产生与发展"内容时,对于美国政治制度的理解,首先让学生认真阅读课文,之后让学生根据课文内容,列出关于美国政治制度的主要关键词,学生较容易掌握美国政治制度的精髓。

(3)多思善问,培养"问题"意识,当代青年科学家卡尔·波普尔说:"科学始于问题"。科学的发现,就是寻找科学发展中存在的问题。学、问、思、疑是学习知识、掌握技能、有所创新的重要环节,多思善疑是治学的核心。读书就是要边读边想多问一些"是什么?""为什么?""还有什么?""合乎规律吗?"等。明朝学者陈献章说得好:"前辈谓学贵知疑,小疑则小进,大疑则大进。疑者,觉悟之机也。一番觉悟,一番长进。"只有读书时多思考、多疑、多问,才能促进学习的深入和提高。最初学生变化读书思考,我采取课前布置预习题,让学生带着问题预习教材内容,例如在讲《当代中国的外交》一课中"开创独立自主的和平外交"内容时,将其设计如下几个问题:新中国展开外交的背景如何?旧中国奉行什么样的外交政策?我国为什么能奉行独立自主的外交政策?在这一政策指导下,建国初期取得了哪些外交成就?在讲述《当代中国的民族政策》一课时,设计了这样下几个问题:我国的民族政策是什么?中国为什么要实行民族区域自治制度?民族区域自治制度的发展与完善?实行民族区域自治制度的意义?让学生带着问题阅读教材,由浅入深、层层递进地剖析,学生从中得到的是思维的启迪、视野的开阔,从而有效地发展了创新思维。后来我鼓励学生编写预先提纲,学生看书时也逐渐发现了问题。如在预习《中国古代的法治与教化》的时候,学生在课下预习做出预习提纲,在预习的过程中学生发现中国古代法律与儒学结合越来越紧密,在课上的时候,提出此问题,大家共同探讨。在阅读教材时,学生能够发现问题,进而寻求答案,突破传统思维定式,提出自己独到见解,可以让学生对问题有更深入的理解。总之,学生读书既是知识由少到多的过程,也是分析理解的加工过程。

(4)编好知识网,画好知识树。学知识要不断积累,积少成多,那就善于结知识网,结知识网就是要使知识具有系统性、条理性、多而不乱,这样也就使课本由厚到薄,从而学生掌握教材内容的实质,弄清什么是书中的主要问题以及各个问题间的联系,就能抓住全书的基本线索。这样并不是学的知识少了,而是把知识消化了。因而由薄到厚,在由厚到薄的过程是每一个学习成功者的都必须经历的过程。正像宋代学者朱熹所说:"举下而反三,闻一而知十,及学者用功之深,穷理之熟,然后能融会贯通,以至于此。"

3.培养学生独立思考和敢于发表自己见解的习惯是培养学生自主学习能力的核心

独立思考是运用思维方法去探索事物的本质和发展规律并进行知识创新。学生在阅读时,必须坚持认真思考深入理解记忆,将学到的东西变成自己知识的血和肉,已形成自己的知识结构。坚持独立思考,培养学生自主学习能力是非常重要的。为此,课堂教学中我首先鼓励学生独立思考,发表自己的见解,不怕学生暴露问题,不轻易否定学生在开动脑筋深思熟虑的基础上所获得的"答案",不把课本上的结论强制性地压给学生,允许学生对不同的历史问题有自己独特的见解。总之,要给学生以充分的自学时间、质疑时间、读书时间和练习时间。其次,在尊重学生的多种探究认识结论的基础上,还应当要注意引导他们反复推敲出尽可能完美的答案。例如我在讲授《中国历代变法和改革》一课时,有的学生通过搜索资料发现商鞅变法制定的刑法十分苛刻,在一定程度上加重了广大人民所受的剥削与压迫,特别是连坐法的推行,给广大人民带来了巨大的痛苦,这与课本当中所描述的商鞅变法是进步的,合乎历史潮流的,给予商鞅很高的评价是不同的,那么到底哪个评价更为准确,课堂上学生们展开讨论,纷纷就自己的观点进行辩论。这一过程中,每一个学生都能自始至终、情绪高昂地参与教学,绞尽脑汁思考出答案。对于同学们讨论,我适时进行点拨,让学生明确评价历史问题的方法,学生自然得出问题的答案。当然,对于有些问题,学生的观点并不一定都正确,对错误的观点婉转

向该生提出他的观点中存在的错因，同时通过课上其他同学交流，由参与交流的同学辩论，最后引起该生本人的深入思考，在心服口服的前提下得出正确结论。这样长期以来课堂上就有学生自觉站出来发表自己的见解，投入到自主学习中去，从而提升学生学科素养。

4.转变教学方式,在合作学习中培养学生自主学习能力

学生自主学习能力的培养要从教师教学方式的转变开始。这要求教师，运用教学策略，让学生的创造性思维活跃起来，使学生成为历史学习的真正主人，一句话，就是要学生自己学习历史，而不是让他们等待老师来灌输历史。以往传统的教学方式基本上是教师牵着学生走，学生围绕教师转。这是一种"以教定学"，让学生被动配合单向适应教师"教"的教学方式。长此以往，学生只习惯于被动学习，学习的主动性便会逐渐地丧失。显然，这种单纯以教师的"讲"为中心，由教师包办代替学生"学"的方式，是不利于学生的潜能开发和身心发展的。这种教学方式是不能培养出具有创造精神和实践能力的人才来的。为此，教师在平时的课堂教学中就要注意让学生养成自主、探究合作式的学习习惯。

合作式学习中的"合作"决不能单纯地为了合作而进行形式上的合作，而要赋予合作以一定的思想内涵，要赋予学生思考交流的环境空间与方法。首先，要深入挖掘课程资源，储备探究信息，没有课前的准备，学生就没法在课堂上交流，探讨也就成了无源之水。其次，要注意实施方法，让学生学会探究，在合作探究中通过划分学习小组，有利于学生取长补短，共同提高。在分组时要注意把不同素质的学生均匀搭配，要把擅长交流的同学与不擅长交流同学放在一起，把思维活跃进与思维不活跃的同学放在一起，以便使学生能够相互帮助，相互促进，共同发展。在此过程中，给予每一位学生同等参与教学活动的机会，鼓励他们在与教师和同学们的平等交往中，充分展示自己的个性与才能。

结合我校小组合作学习的做法，我们形成的教学模式的具体做法就是课堂上，学生根据教师发的导学案，首先展示预习成果，其次对预习中出现的共同难点问题，学生进行合作探究学习，在学生探究的过程中教师应积极地参与其中，并给予必要的指导，教师通过参与学生的学习活动，能及时地、动态地把握学生的学习信息，为确定和调整自己的教学方案提供可靠的依据。之后，教师要根据学生的学习实际，适时调整教学方案，主要帮助学生分析和解答经过探究还不能解决的疑难

问题,纠正学生的一些错误理解和认识,适当补充一些新的教学内容或学生需要的、感兴趣的知识等。在这一过程中,教师要尽力地引导学生进行自我再分析、再讨论、再归纳,使学生逐步登上最后一个台阶,得出正确的结论,最终自我解决问题。例如我在讲授《从食物采集到食物生产》的时候,提前给学生布置好预习任务,学生在课下做好预习,在课堂上学生展示预习成果,我根据学生的反馈信息对学生存在重点、难点问题进行讲解,课堂上我发现学生对"不同地区的食物生产与社会生活"这一内容,通过阅读课文,可以独立解决,而对于生产力与生产关系这一原理在课本知识的应用上并不能很好理解。为此,我补充材料,使学生了解生产力与生产关系概念,生产力与生产关系两者之间的关系,在让学生探讨这一原理在课本知识的应用,在探讨过程,小组成员相互配合,对这一问题有更深入的理解。这样,学生就成了学习活动的主体,培养了自主学习能力,提升了学生的历史学科素养。

5.加强学生锻炼,增加学生动手机会,在实践中培养学生自主学习能力

历史学科的特色,在于它活动空间广,活动方式多,活动内容丰富。为激励学生积极参与、主动学习,就要不断创造机会,增加学生锻炼机会。结合乡土历史资源开展研究性学习无疑是其有效的途径。

所谓乡土历史资源,即存在于当地的历史资源,主要包括当地的历史人物、家庭家谱、遗迹遗址、人文景观、民间文化、宗教信仰、风俗习惯等,具有形象、生动、直观的特点。结合乡土历史资源开展研究性学习,既有利于激发学生爱乡爱国热情,又能拓展课程资源,增加知识的广度和深度,还能让学生在解决本地区历史问题中应用知识,可谓一举多得。

如蓟州是一个国家级历史文化名城,历史底蕴深厚,为我们在教学中开展研究性学习提供了丰富的资源。我在利用蓟州历史文化开展研究性学习活动主要有以下做法:

(1)开展社会实践调查。让学生自由组成研究小组,确定主题开展社会调查,应用历史知识得出研究结论,撰写调查报告。如"关于不同时期历史通俗读物的教化影响状况的调查与研究""关于蓟州历史文化游线路设计的调查与研究""关于蓟州地方史普及程度的调查与研究"等。

(2)历史图片展览。如《图说蓟州——蓟州历史文化展览》,学生通过对大量资

料的分析、筛选,最后确定分"历史沿革""古迹""传说""溶洞""饮食""庙会""民俗"等六大类介绍蓟州悠久的历史文化,较为全面。

(3)家史家谱研究。开展关于地区姓氏发展历史的研究,可以折射历史发展进程。如"蓟州'王'姓寻根之旅的历史访谈与调查"等。

(4)传统与民俗文化研究。如开展了关于"吊炉烧饼""少林会""庙会""古建筑""蓟州方言"等领域的研究与尝试。

(二)学生提高自身自主学习历史能力的方法

1.学生要树立自主学习历史的意识

学生是学习的主体,学生的自主学习意识是非常重要的,这是实施新课程的关键所在,对学生自身的终身学习也是至关重要的基本能力。德国教育家第斯多惠说过"教学的艺术,不在于传授本领而在于激励、唤醒、鼓舞"。从学习者自我意识的发展来看,高中阶段,学习者的自我意识的空前发展,对自我的监控和调节能力增强,这就为学生进行自主学习打下基础。学习是自己的事情,作为高中生一定要树立自主学习的意识,能够自愿、自觉、自主的学习。学生应主动参与课堂学习,提升学科素养。

2.学生提高自主阅读能力

阅读是培养学习能力的载体。苏联教育理论家苏霍姆林斯基说:"学生的智能发展,则取决于良好的阅读能力"。"阅读不是把一本书或一篇文章能单纯地读完为目的,而是指读者对所阅读的文本有进行理解并能够内化为自己的知识的能力。"为培养自身的这种能力,在平时的阅读中,可以采用多种方式:①概括段意。也就是说阅读课本内容时,概括课本各段讲述的主要内容,以便更好理解教材。②在教师的引导下,带着问题阅读教材,在学习选择性必修一《中国古代的户籍制度与社会治理》一课时,教师的预习问题主要围绕"古代户籍制度的内容,古代户籍制度的作用;古代户籍制度的特点;这些特点的原因"等设置,学生可以带着问题充分预习。③对比式的阅读。如:阅读"中国古代的官员选拔与管理"内容时,为深入理解中国古代的官员选拔与管理方式的不同,可以在认真阅读教材的基础上,依据课本所述内容,找出中国古代的官员选拔与管理对比的点,列出对比项,相互对比着进行分析,从而更加有利于学生对于课本的领会。通过多种阅读方法可以促进学生的自学阅读能力养成,突出学生的自主性,提升学科素养。

3.学生提高自主分析问题能力

随着新课程改革的不断深入,高考形式的改革,当前的历史学习越来越注重学生对于历史问题分析能力的考查,因此,学生分析问题能力的提高是势在必行的。这就要求学生在平时的历史学习中,有意识的加强对分析问题能力的培养。为此,在学习过程中,学生要做到:①培养问题意识。在课堂上,在自主预习的基础上,独立思考教师提出的问题,对于自己解决不了的问题,要敢于提出问题。教师要尊敬学生、启发学生内在的主动性,引导学生隐藏的独特性,放手让学生表现自己的独立性。②把握分析问题的方法。对于选择题,注重时间、空间等限制条件的应用,历史材料问答题的解题主要分四个步骤,第一是审设问,第二是读材料,第三是扣教材,第四是规范解答。其中,理解史料、提取史料关键信息的能力是材料题的重要一环。提取史料信息首先全面阅读情景材料,除正文外,引言及出处也要关注。具体段落,分段划层写层意(段落结构常为总分分、分分总、分总分型),注意标点符号的利用(特别是句号、分号、省略号);注意关联词的表达,依据材料划分层次、缩句提取有效信息法。③在交流中提高自己分析问题能力。不同的学生在认识方法上存在着差异,因此他们有不同的认识方式和解决方法,为提高自己分析问题能力,在课堂及课下要加强和同学间的合作交流,了解到不同的同学对一个问题的不同看法,进而从不同的角度、不同的途径来思考和解决问题,强化对解题策略的理解和渗透,提高学生分析和解决问题能力。

4.提高学生搜集运用资料的能力

当前处于大数据时代,大数据也称巨量资料,它带来的是多而繁的信息资料,面对这些海量信息,如何进行正确筛选,从而发现对自己有用的信息,学生是茫然的。因此,教师主要的任务是指导学生如何选取有用的材料、如何辨别所选材料的真伪和价值、如何阅读理解材料以提高历史认知水平、如何用精准的语言来阐释历史事件等。首先,鼓励学生借助多种方式积极搜集、选取史料。学生独立的搜集资料、探究资料是学生自己发现问题的途径。学生只有经过独立思考,提出自己的问题,才能说明充分调动了学生学习的主动性。因此,从搜集资料出发,可以更好地培养学生的历史辨析能力、创新能力和实践能力,增强学生的自主学习能力,进

而培养学生的历史学科素养。例如在讲述《开辟新航路》一课时。针对新航路开辟所产生的结果则有不同的认识。有的对于新航路开辟的结果,是极度赞誉的,而有的则持否定的态度。那么应如何正确评价,教师可以补充材料进行说明。其次,教会学生查找、辨析史料的方法。如,要充分利用各种文献资料的书目、索引,利用网络查找和检索史料,根据史料的价值分类把各种资料进行分类归纳和整理,依据所学知识判断所选史料的准确性和客观性等。在潜移默化中培养学生的历史思维能力和自主探究意识。第三,依据学生呈现出的不同能力和知识水平,推送不同类型、不同层次的史料来进行练习,让不同的学生在不同的层次上经过努力探究,都能够有所提升。例如,我在讲授《西方的文官制度》一课时,对西方文官制度的建立过程,让基础差一些的同学根据材料进行归纳,增强其信心,对于文官制度出现的背景,则让中等的学生依据材料进行整理,对于西方文官制度的特点和影响,则让理解力较强的学生依据材料进行分析,通过不同史料的运用,调动全体学生的学习的自主性、积极性,从而培养学生的学科素养。

5.提高学生听记能力

提高学生的听记能力,就要求学生上课的时候要善于听课,并且能够根据课上老师所讲内容,进行概括、记录,并能整理笔记。听课听什么?听老师讲述自己在在预习中所存在的不懂的内容,听重点和难点。对于重点和难点知识,老师一般在课堂上反复强调,对于这些内容学生一定要着重把握。听老师补充的新观点,听老师讲解的解题思路,以便举一反三,触类旁通。课堂笔记的内容,记重难点,记上课时对老师所讲的内容有疑问的地方,记老师的板书。老师的课堂板书就是课堂学习内容的纲目,有助于学生理解、掌握、复习新课内容和知识体系。由于课堂上时间比较紧迫,老师所讲的一些内容当时可能漏记,下课后要及时对笔记进行整理、归纳、补充,这样既可以提高听课效率,还是一种很好的课后复习方式,使我们的复习更有针对性,从而收到事半功倍的效果。

三、结语

在当前教育改革的大环境下,自主学习作为一种学习方式,在学习历史这门学科是不可或缺的。尤其当前高中历史教学的主要任务就是提高学生的历史学科素养,自主学习能力作为核心素养的一个重要部分显得尤其重要。而历史教学,有利于培养学生独立思考、解决问题的能力,能够帮助学生树立正确的人生观和价值观。为此,我们要不断转变传统教学理念,更新老套的教学方法,紧跟时代步伐,真正把学生作为主体,激发他们的学习动机,充分发挥学生的积极性、主动性,不断增强学生探究、学习的能力,使其享受创造的乐趣,获得成功的喜悦,真正成为学习的主人,进一步提升提高学生自主学习的能力,从而更好地培养学生学科核心素养。

参考文献

[1]陈志刚.学科素养含义辨析[J].历史教学(上半月刊),2016(07):27.

[2]陈志刚,陈彦均.历史学科素养内容结构构建的方向[J].历史教学(上半月刊),2016(10):9.

[3]中国大百科全书编委会.中国大百科全书.教育卷[M].北京:中国大百科全书出版社.1992.

[4]刘云.提升学生自主学习能力 发展历史学科核心素养[J].中学历史教学参考,2019(20):54-55.

[5]郭文娟,刘洁玲.核心素养框架构建:自主学习能力的视角[J].全球教育展望,2017,46(03):16-28.

[6]任玉东.自主学习——提升学生核心素养的重要途径[J].黑龙江教育学院学报,2019,38(06):67-69.

[7]王琳.聚焦核心素养 培养学生自主学习能力[J].牡丹江教育学院学报,2018(05):77-78.

学生主动参与，让历史课堂更加灵动与精彩

——"任务驱动、学案导学"教学模式下，高中历史教学中培养学生主动性的实践研究

天津市第九十五中学　贾明慧

摘　要: 如何让学生从内心产生对历史知识的渴求，已成为摆在每个教师面前的首要问题。只有充分调动学生学习的主动性，才能展现历史学科的人文魅力，是学生对历史产生浓厚的兴趣，达到满意的学习效果。"任务驱动、学案导学"教学模式要求教师转变观念，引导教学从"育分"走向"育人"。在每一个教学任务中学生都能够发表自己的意见，使学生真正地融入课堂中去，激发学生的学习兴趣，进而提高学生的学习主动性。本文结合作者在高中历史课堂教学中应用"任务驱动、学案导学"教学模式，从四个方面论述如何培养学生的学习主动性。把学习的主动权交给学生。使教学过程始终对学生有一种吸引力，吸引学生积极地投入到学习中去，主动地获取知识。历史课堂也因学生的主动参与而更加灵动和精彩。

关键词: 任务驱动　学案导学　高中历史　主动性

一、问题的提出

中国特色社会主义进入新时代，为我国发展指明了新的历史方位。发展"中国特色社会主义文化"，要求学生"树立正确的历史观、国家观、民族观、文化观"，理解中国特色社会主义文化，能够在跨文化交流中"讲好中国故事""坚守中华文化立场"。

《国务院办公厅关于新时代推进普通高中育人方式改革的指导意见》中指出："积极探索基于情境、问题导向的互动式、启发式、探究式、体验式等课堂教学，注重加强课题研究、项目设计、研究性学习等跨学科综合性教学，认真开展验证性实验和探究性实验教学。"

《普通高中历史课程标准(2017年版2020年修订)》中指出："我国普通高中教育是在义务教育基础上进一步提高国民素质，面向大众的基础教育任务，是促进学生全面而有个性的发展，为学生适应社会生活，高等教育和职业发展做准备，为学生终身发展奠基奠定基础，普通高中的培养目标是进一步提升学生综合素质，着力发展核心素养，使学生具有理想信念和社会责任感，具有科学文化素养和终身学习能力，具有自主发展能力和沟通合作能力。"

在目前教学中，有一些很普遍的现象：学生喜欢历史，但不喜欢上历史课。大部分学生对历史学习缺乏兴趣，有的甚至是为了考试而学习，学习历史态度冷漠、动力缺乏。也有些学生对于不会的问题，不能主动请教老师，造成教师不能很好地掌握学生学习的真正效果；课堂上对于探究讨论的问题，不能积极参与，往往附和别人的意见和看法，没有自己的建议，讨论效果较低。同时，有些学生了解历史知识来源面较窄，认识历史人物和历史事件时往往带有较大的片面性，没有自己的独到见解。究其原因大致有内驱力不足，缺乏兴趣，课堂教学环境不适，教师的教学方式，尤其是教的方法有欠缺。在学生的学习过程中，教师起到的是一个指导作用。研究学生的学习方法，让学生养成良好的学习习惯，能提高教师的教学效率。

学校在新一轮课改革中，立足于本校实情，大胆创新，深入贯彻新课改理念，

秉承"让每个学生都有进步,为学生终身发展奠基"的办学理念,开展了一系列的以学生为主体的课堂教学探索实践,教学研究的内容都以"主体教育"为核心,激发学生的学习兴趣,减轻学生课业负担,让学生真正成为课堂的主人,促进学生全面和谐发展。在多年的教学探索和经验积累的基础上,确立了自己的教学模式"任务驱动 学案导学"。

"任务驱动、学案导学"是要求老师从传统的"以教为主"转变为"以学为主"。通过教师的教学方式的变革,带动学生的学习方式的变革,引导学生自主、合作、探究学习,让学生真正成为课堂学习的主人。

二、本课题国内外相关研究现状述评

"任务驱动"教学法是20世纪50年代传入中国的一种传统的教学方法,从刚开始被运用于英语教学中到后来在计算机教学中的运用,再到在中学各科教学中的广泛运用,时至今日,这种方法在高中历史课堂中的运用已经成为一个重要的研究课题。

在中国知网高级检索中,以"任务驱动""学案导学"为主题并含有"高中历史"的硕士论文和期刊数目,不在少数,根据对文章的研究,发现任务驱动法、学案导学法在高中历史课程中应用,已日趋广泛,有越来越多的一线教师致力于此类研究,这使得任务驱动、学案导学的理论支撑更加全面,使用效果逐渐完善,在普通高中历史课程标准的指导下,高中历史课程的实施开始探索更多的方法,实现培养核心素养的目标,"任务驱动、学案导学"教学模式的灵魂强调的就是培养学生的创新精神,激发学生想象和实践的能力,具有自主发展能力和沟通合作能力,真正促进素质教育的实现。

任务驱动、学案导学教学模式的含义是以富有趣味性且能激发学生学习动机的情景为基础,紧密结合教学内容,使学生完成任务的过程中获得知识和技能的一种教育教学方法,它以任务为明线,以培养学生知识与能力为暗线,以教师为主导,以学生为主体的基本特征。将传承知识为主的传统教学转变为以解决问题、完成任务为主的多维互动式的教学。这样符合人类认知规律,注重以学生为主体,将知识建构到已有的知识体系中,学生在和谐平等民主的气氛中互相交流自己的看法,大胆质疑,各抒己见,在培养学生的专业能力的同时,也能提高学生的通用能力。

三、研究的目标与内容

(一)研究目标

本课题依据最近发展区理论和因材施教原则,通过"任务驱动,学案导学"教学模式,在课堂上以"学案"为载体让学生,"自主探究、主动发展、合作互动",让各层次的学生在课上都有收获,真正成为课堂的主人。通过不断提高自主地学、想、问、议的意识和能力,不断有所发现、有所创见、有所超越,提高创新能力,使学生自主、快乐地学习,发挥主动性和探索创新的能力,提高学生综合素质,为终身发展奠定良好基础。

(二)研究内容

(1)运用"任务驱动,学案导学"教学模式学习,高中历史课堂教学中培养学生学习主动性的方法。

(2)在"学案"引领下,重视学生参与教学的全过程(课前、课中、课后),尤其课中参与这一环节我们应当着重发展"师—组""生—生""组—组"这三种交往关系,以实现交往的全面性。以激起学生的情感参与,得到情感体验,达到预设的教学目标。

(3)教学评价中,让学生积极主动参与评价,实现培养学习主动性。

四、课题研究的措施

(一)高起点

学校领导一直高度关注该课题的进程,"任务驱动、学案导学"课堂教学模式,"十二五"期间就进行着初步形成学校主要的教学模式,校领导深入教学一线,参与备课、听课、评课、课题研究等,为保证效果,课题组量化了听评课的具体要求,写出听评课记录,授课教师写出教学设计和反思,对提出存在问题和改进建议及时落实,在全校上下形成浓厚的课题研究氛围。与此同时,我们还聘请了康万栋教授来学校指导课题研究工作,引领着我校的课题实验向纵深发展。

(二)重细节

根据"任务驱动、学案导学"课堂教学模式由卓越工作室实验骨干教师采取一带一或一带多的培训方式,由一名骨干教师(即师傅)负责一个或两个年级学科组的指导工作。"实验骨干教师"的责权利很明确:一学年内指导两名以上教师(徒弟),一学期至少听徒弟的20节课,课后及时进行面对面交流和评价。为及时掌控课题研究新动向,摸准课堂问题脉搏,我们还实行工作室例会制度,即课题组成员会议。每月第一周的周二或四下午第四节课为例会时间,汇总一月来出现的新问题,汇报一月来跟踪听课的具体情况,研讨具体的应对措施,同时还要安排下月课题研究的具体工作。同时细化"任务驱动、学案导学"课堂模式评价标准,对全体教师进行课题研究的成果做出公正客观的评价,根据学校现有教育发展程度、学生生源情况、教师教育水平等实际,在课题组、教研组、备课组充分讨论的基础上,形成了课堂观察量表和课堂评价标准。每年的听、评课进行积累,作为年底教育教学成果奖考核的一部分,另外对优秀"对子星"进行评比。

(三)有创新

组织学生走出课堂,亲身体验历史活动。"纸上得来终觉浅,绝知此事要躬行。"

许多学生都觉得历史事件很遥远,感悟不深刻。经常有意识地组织学生参加社会实践活动,让他们动手、动脚、动脑亲自体验生活,在实践中去体验、去感悟、去磨炼、去获取知识信息,并积累、丰富实践经验。比如,我在教学中亲自带领学生参观当地历史古迹和革命教育基地。如位于津南区的时代印记纪念馆、"一二·九"运动纪念馆、周邓纪念馆、平津战役纪念馆、霍元甲故居等等。通过这些活动,培养学生自主、自立的精神和实践能力,培养学生的人文精神和正确的文化观、历史观。

(四)敢为先

说教材画知识结构图。每学期开学前一周,学校组织全校教师通读教材、画所教学科的思维导图,每个教师把教材了然于胸,做到厚积薄教。实验教师认真研究本学段的教材而不仅是所教年级教材,在吃透教材的基础上,设计出本学科每册教材的知识结构图,首先引导学生学习整本书的知识结构,从整体上把握教材。

五、高中历史教学中培养学生主动性的培育策略

(一)把课堂还给学生,创设求知的心向环境

思维的诱发总是在特定的情境下产生的。苏联著名教育学家斯托利亚尔认为:"知识当它靠积极的思维得来,而不是凭记忆得来的时候,才是真正的知识。""任务驱动、学案导学"课堂教学模式下课堂教学具备自主性、民主性、开放性、发展性、创新性的基本特征。即在轻松、民主、平等的教学氛围中,教师运用灵活多样的教学策略和教学方法,以学生为中心,使学生自愿地、主动地、积极地介入教学的各个环节,师生一起完善教学活动。我们依据教学内容,常常通过设置疑问、创设情境,激发学生质疑兴趣,引起学生对老师提的问题高度注意,投入积极探索之中,使学生成为自觉主动学习的主体。

如在学习第 13 课《从明朝建立到清朝入关》时，通过一份历史档案引入新课，引发学生学习兴趣，教材对明朝建立到清朝入关做了十分条理和正确的叙述，但要使学生真正理解这些结论仍有困难。因此依据学生求知心向，我们的学生欠缺看书，甚至不会看书，让他们看书，就是把字看一遍，讲了什么、是什么关系还是一问三不知，所以需要老师们帮助他们看书。所以老师以学案为抓手，以问题引领，帮助学生看书。创设如下问题情景，激发学生自主参与。

问：看书第 13 课《从明朝建立到清朝入关》第 72 页，归纳明朝政治制度的变化有哪些？

教师引导学生用自己所学的知识对教材的观点进行再思维，或加以印证，或探究创新，既深化、巩固了学生对这些历史结论的理解和记忆，又使学生获得了学习历史的基本方法。

(二)建立融洽、民主的师生关系,因材施教

学生是学习活动的主体,学生的主动性体现在多"想"上面,它是发展性的思维活动,教师把问题通过前置学案提出后,学生有充分的思维时间和空间,让他们有更多的体验、感悟、实践的机会,学生通过自己思考和资料收集积极参与教学活动,教师引在前讲在后、学生想在前听在后的方法,不仅能锻炼学生独立思考、资料收集、整理的能力,还是学生在分享学习成果时,更自信,也有利于教师有针对性的发现问题。

如在教学第 13 课《从明朝建立到清朝入关》处理二、三子目时,把二、三子目放在一起处理,设计了问题"看书二、三子目内容概括明朝经略边疆的举措有哪些？"运用对比"郑和下西洋和新航路开辟有哪些不同呢？""明朝处理内陆边疆和海疆的政策与结果"和相关地图、史料等,既给学生直观感受,又唤起学生对旧知识的回忆,最后教师小结。这样给学生思维时空,充分展示知识产生的思维过程,使学生参与落到实处。既培养了学生阅读、分析史料的能力,又培养了学生的创造性思维能力,学生的自主学习能力也不断提高。

在教学中我们尝试以下方法来提高学生的学习主动性。

1.让学生主动提出问题

课堂上学生是学习的主体,要给学生营造适合的问题情境,让学生主动地发

现问题、提出问题。学生自己有了学习目标,更积极主动地投入学习。

以第6课《全球航路的开辟》一课为例。在介绍完"新航路开辟"的相关知识后,设置了时空转化环节,学案中设计:

问题1:新航路开辟前半个世纪,中国的航海家就对海洋进行了探索,他是谁?来看一组中西对比,大家可以发现些什么?(学生提出观点,寻找证据)

问题2:为什么梁启超先生说,哥伦布以后,有无量数之哥伦布……而我则郑和以后,竟无第二之郑和。再来看一组中西对比,中西方对待海洋的态度有何不同?这种不同的态度,带来了怎样不同的后果?(教师引导)

在教师指导下发现问题、解决问题,能够让学生体验到学习历史的快乐,并逐步学会用独立的见解来思考和判断问题,培养学生的创新精神。爱因斯坦说过:"提出一个问题往往比解决一个问题更重要"。这样既强化了对教材内容的理解,使本课内容得以升华,又使学生真正做到理论与实践相联系,从而使学科素养得以提升。

2.让学生自己选择学习材料

学生是学习的主体,学生的主动性应体现在多"想"上,即发展性的思维活动。教师提出问题后,要给学生充足的思考时间和空间,使学生充分体验、感悟和实践,不让学生的参与活动走过场,而是采取教师引领在前、讲解在后、学生思考在前,聆听在后的方法。

在讲解新航路开辟相关内容时,教师可以中引入教材以外的相关内容,从而更好地激发学生的学习兴趣。在生活当中也有很多的相关影视资料,学生群体对这些资料相对来说有着较高的兴趣。教师可以将其作为教学的侧重点,通过资料的引入,来开展新课程的教学工作。这样能够有效地将历史知识变得形象化、生动化,能够有效地开拓学生视野,更好的激发学生的家国情怀。

(三)尊重学生的个体差异,强调课堂合作探究

课堂教学中学生的参与程度,主要取决于中下学生的参与程度,在一个班里,学生内在潜能、学业水平和自主参与程度不尽相同,但都有可能学到这种或那种本领,取得某些成绩。教师应保护学习困难的学生的学习积极性,关注他们是否会从历史角度思考问题,按照不同的教学环节,注意学习信息反馈,并给予他们积极

而善意的帮助,增加他们参与的次数和程度,使每一个学生在历史学习中都获得一种学习成功的体验和满足,增添对自己才智认可的愉悦感和投入学习的热情。但也允许学生在认识自主学习乐趣中多次反复,多次完成。

如在具体的教学过程中,经常针对不同年级、层次的学生设计一些难、中、易的问题,引导每一个学生积极思维、参与。这样,使每一个学生都有适合自己水平的历史问题情景,都能参与到学习过程中去。

古人云:"授人之鱼,不如教人以渔。"合作学习是满足学生的心理需求,发挥学生潜能,使学生经历动手操作、动脑思考的探究活动。主要体现在,课上教师根据学生的特点,把学生分成若干个学习小组,促进生生之间的学习交流,调动学生学习的主动性。针对教师学案中提出的问题,以及学生问题清单中的疑难问题,进行研讨交流,采取的形式可以是生生、师生互动,结成对子,共荣共进、互助共赢,实现"兵教兵"的教学策略。这个环节意在全员参与,消灭"干坐生"。以第16课《两次鸦片战争》为例,学案设计中,问题3:关于鸦片战争有几种不同的提法:中国普遍称之为"鸦片战争";英国一般称它为"通商战争"。两者有何区别?为什么会有这种不同? 关注学生兴趣、思维、情感、行为习惯的生成。学案中通过资料介绍,通过对两种历史观点的分析和比较,让学生认识历史,培养学生的历史解释能力,从而进一步认识鸦片战争的非正义性。交流中,鼓励学生积极发言,勇于直抒自己的观点,教师则适时点拨启发学生应用所学的知识去分析、解决问题。在讨论过程中恰当设置疑点,提出问题或有意偷换概念,把学生的思维引向深入,拓展其思维,丰富想象力,以求问题更加妥善圆满地解决。在讨论结束之前,留一段时间让学生对问题进行归纳总结,教师在其间只起着点拨的作用。所以,课堂上适当的小组讨论,合作探究性学习对于激发学生的学习兴趣,培养他们的合作精神和良好的思维品质,都具有十分重要的意义。

(四)理解生命理念,进行激励性评价

教育家叶澜指出,人的生命是教育的基石,生命是教育学思考的原点。教育是直面人的生命、通过人的生命、为了人的生命质量的提高而进行的社会活动,是以人为本的社会中最体现生命关怀的一种事业。通过历史教学进行生命教育,是高中历史教学贯彻人文素养的基础。

"任务驱动、学案导学"教学活动,它以学案为载体,面向全体学生,充分尊重了学生的主体地位。平等地关注和尊重每一个学生,让学生体验到平等、民主、尊重、信任、友善、理解、宽容与关爱,有利于他们形成积极进取的人生态度。

曾经有位教师在他的反思中写道"教师一言、学生一生",教师的一句激励性的话、一个肯定的手势,一个默许的微笑都可以将平等、亲切、信任等信息传递给学生,让学生感受到你对他倾注的满腔的热情和爱心。俗语说:"水不激不跃、人不激不奋。"正确而充分的激励能使一个人自身的潜力发挥达到80%—90%,每个人都有被肯定的渴望。善待学生的答错、写错情况,使教学过程成为一个源源不断的激励过程。在教学中,多给学生一些成功体验。如课堂回答问题时,及时的肯定与鼓励,在教师的引导下,学到知识,受到教育熏陶感染。让学生在积极参与中体验成功带来的喜悦,增强自信心。切忌过分指责,要帮助学生分析失败的原因,让他们看到自己的进步和希望,从而保持浓厚的学习兴趣,使学生想继续努力的学习。学生在这种"体验"中了解历史,自觉、主动地,有选择地"乐从",进而提高学习主动性,并内化升华为人文精神。

总之,在提升学生历史辨识、感知、实践等能力中实时激励学生,以此树立正确的价值观,历史观,高效培养学科素养,提升历史综合素质,更好的展现高中历史课堂教学的独特魅力。

六、课题研究的效果

(一)成效

2019年11月到现在,经过近两年的研究实践,我们不仅探索出了"任务驱动、学案导学"教学模式下,高中历史教学中培养学生主动性的有效策略,同时也取得了一定的成效。

1.提高了历史教师的自身素养

(1)促进了教师教育理念的转变

教育理念是教学行为的灵魂,教师拥有正确、有效的教学理念是保障课堂教

学行为有效性实施的先决条件。课题的实施有力地促进了教师的专业化成长,有效地促进了教师教育理念的转变。优化课堂结构,教师们能够体会到合作的快乐,在交流中不知不觉地提高了教学水平,提高了工作效率,提高了课堂教学效率,提升了教师自身和学生的综合素养。

首先,促进了教师观念的转变,树立了"以人为本"的思想。在实验中,通过学习,实践,互相研讨,教师提高了认识,确立起正确的学生观,人才观和质量观。在教学设计、学案设计中,能以学生为中心,重视调动学生的学习动机,发挥学生的主体作用。其次,提高了教师业务水平。教学实践促使教师学习理论,探索规律,总结自己的实践经验,努力创新,从而使教师自己的素质在实验中得到了提高。

(2)促进了课堂教学方式的转变

一次次的观察与实践使教师的教学方法更加灵活,提高了课堂效率。课堂教学行为发生了明显变化。现在我们上课时,讲得少了,学生动手动脑的机会多了;用教材教的多了,教教材的少了;以"学案"为载体,引导学生探究思考的方式、还学生主动权的现象多了,满堂灌、以教师为中心的现象少了;在教学设计中,以学生为中心,关注学生的学习兴趣、注重教给学生学习方法,重视调动学生主动参与学习,促进学生主体作用的发挥。在研究过程中,也很好地提高了教师的业务水平,课题组教师写的有关课题的论文、教学案例多篇获得国家级、市、区级奖励。课题研究中有理论、有实践,促使教师自己的素质在实验中得到了提高。

2.提高了学生学习的主动性、积极性

学生在任务的驱动下,自主完成一个个教学任务以获得知识和技能,切实增强高中课堂教学的实效性。在教学过程中,学生积极参与到课堂教学中,通过各种活动设置,提高了学生各方面的素质,特别是能力,得到了发展。我们认为,学生的学习主动性是提高学习效率,提高学生学习质量的首要条件。一旦学生积极性被释放出来,在学习过程中注重培养学生的能力,那么,提高学习质量是必然的结果。

我们在 2020 年 12 月,对高中三个年级的实验学生进行了随机问卷调查。被调查学生分布在高中 22 个班级。在回收的 945 份问卷中, 学生学业成绩优秀占 24.7%,中上占 32.1%,中占 37.0%,下占 6.2%。男生比例为 46.9%,女生为 53.1%。问卷所反映的情况应有一定的普遍性。

统计结果如下

(1)主动参与课堂学习的学生占59.1%;

能主动参与课堂学习的学生占40.9%;

合计100%。

(2)认为所在班级的课堂教学活动能调动学生的学习积极性的占70%;

认为有时所在班级的课堂教学活动能调动学生的学习积极性的占25.9%;

合计95.9%。

(3)认为班级上的同学在上课表现活跃、主动的占90.1%;

认为班级上的同学在上课时表现不积极的占2%。

从统计来看,"任务驱动、学案导学"课堂教学模式在调动学生的学习主动性方面是相当成功的。通过问卷和开座谈会了解,学生主动参与课堂教学的原因有三:

①良好的师生关系。教师亲切、和蔼的态度,与学生平等交流,使学生感到与教师有共同语言,像朋友一样。

②"导学案"有供学生课前参与的指导材料也有课中、课后的反馈材料。提纲之于课堂教学的问题,其实也就是"蓝图"(教学目标重难点)向"施工"(课中参与)展示出来的问题。"导学案"的设计以在学生的"最近发展区"上着力提供必要的策略为原则。根据学生的认识规律,将知识点进行分析、组合、设计成不同层次的问题,使学生形成明确的学习思路,是培养学生主动性的载体和保证。

③创设学生主动参与学习的氛围,举办讨论、演讲、社会实践等教学活动,让学生主动参与到教学过程中,让学生成为课堂的"主角"。一些学生说:"我们经常暗暗找资料学习,要难倒老师。"不少学生说:"真想多上几节课。"学生在周记中写道:"原来我对历史课的理解,只局限枯燥年代、地名、没有血肉的过去,但通过两个学期的学习,使我彻底改变了这种看法,不管是辩论会的形式,还是有声有色的情景再现,我都很喜欢。""如果你认为我们的历史课是那样的枯燥乏味的话,那就大错特错。因为老师的课并不是'老师教学生听'的死板套路,而是让我们乐意接受并且是主动接受的灵活的课堂教学。"

(二)反思

"任务驱动、学案导学"课堂教学首先应当是具有民主、平等、和谐的人文气息。新课程倡导的自主学习、合作学习、探究性学习、都是以学生的积极参与为前提,学生是否积极参与,参与的深度与广度如何,直接影响着课堂教学的效果。"没有学生的主动参与,就没有成功的课堂教学"。所以教师应转换角色,放下担子,成为学生学习中的首席,以"学习共同体"的身份,与学生平等地交流和探讨,让学生提出自己独特的见解,甚至奇特的想法,鼓励学生大胆说出自己的想法,有理有据,教师要注意倾听,鼓励学生,营造一种"心理自由和安全"的课堂教学氛围,让学生的心智和心灵能自由自在地放飞。

营造轻松、自然的外部环境,是学生主动学习的前提条件。教师作为课堂教学的主导,应追求教学艺术。在现代化的教育理论指引下,用恰当的语言,亲切的态度,以及用心的课前准备,与学生共同营造和谐的课堂气氛。创设问题情境,让学生敢想、敢说。学生主动性的发展主要取决于"外部世界对个人才能的实际发展所起的推动作用"。没有外部世界以人的主体性发展的要求和提供丰富的物质条件,人的主动性发展将是一句空话。在生本理念下,我们更应该强调学生的主体意识,把一切学习的权利交还给学生。

七、结语

美国教育哲学家布鲁巴克认为最精湛的教学艺术遵循的最高准则,就是让学生自己提出问题,自觉学习。一旦学生对所学知识产生了浓厚的兴趣,就会从被动学习转为主动参与,孔子说"知之者不如好之者,好之者不如乐之者",让学生愉快的有效的学习,关键在于激发学生的学习兴趣,让学生学有动力。

学生是教学活动的中心,教师、教材和一切教学手段都应为学生的学服务,利用学案导学,致力于学生的学习活动,创造一个良好的学习环境、学习过程和培养一个良好的"学习共同体",从而正确地发挥教师在教育体制和教育对象之间的中介作用,这样我们的课堂才会更加灵动与精彩,才能把培养和发展学生学习的主动性落到实处。

教育是一个缓慢而优雅的过程,学生学习主动性的提升需要循序渐进,本课题研究时间较短,还应在今后的教学中继续提升。

参考文献

[1]李红.浅谈任务驱动型框架下高中历史任务单模式制定[J].教育界,2018(06):41-42.

[2]严丽.任务驱动型教学法在高中历史课堂中的实验研究[J].新课程学习(下),2015(01):22-23.

[3]郑开涛.任务驱动教学模式的探索[J].当代教育论坛(学科教育研究),2008(08):115-117.

[4]赵洁红.引导学生主动学习——任务驱动教学模式[J].中国电力教育,2007(03):63-65.

[5]侯海云,李兴保.任务驱动教学理念新解[J].中国现代教育装备,2007(02):98-100.

[6]叶小兵.老师的提问[J].历史教学,2005(11):74-75.

[7]叶小兵.论中学历史教学模式[J].课程·教材·教法,2004(07):53-57.

[8]钟柏昌."任务驱动"教学中的误区及浅析[J].中小学信息技术教育,2003(10):31-32.

[9]孔宪遂.试论建构主义理论对教学的启示[J].清华大学教育研究,2002(S1):128-133.

[10]杨晓鹂.一种值得提倡的教学法——"任务驱动"[J].课程教材教学研究.中教研究,2002(01):44-45.

[11]魏茜.问题式学案导学法在高中历史课堂教学中的应用研究[J].中学课程辅导(教师通讯),2018(01):79.

[12] 施方良.课堂教学的原理、策略与研究[M].上海:华东师范大学出版社,2009.

[13]高变英."学案导学"教学模式的构建与实践[D].济南:山东师范大学,2006.

[14]李晋刚,张翔升.高中生认知风格与学科优势的相关研究[J].湖南工业职业技术学院学报,2010,10(04):139-140+146.

[15]潘姗姗.基于建构主义教学模式下的新型学案编制[J].华章,2011(02):175.

[16]庞维国.90年代以来国外自主学习研究的若干进展[J].心理学动态,2000(04):12-16.

基于问题设计的学生主体性研究

天津市宁河区芦台第二中学　王连玲

摘　要：教育要坚持以人为本，以学生发展为本，在历史教学中基于问题设计角度探讨学生的主体作用。本文从两个方面阐述，一是发挥教师引领作用，教师质疑、学生回答；二是鼓励学生主动发问，培养其问题意识。

关键词：问题设计　学生主体　问题意识

中国特色社会主义建设进入新时代，指明了我国发展新的历史方位。相应地，中学历史教育教学也进入新时代，并要为新时代中国特色社会主义建设贡献力量和智慧。《国务院办公厅关于新时代推进普通高中育人方式改革的指导意见》中指出："积极探索基于情境、问题导向的互动式、启发式、探究式、体验式等课堂教学，注重加强课题研究、项目设计、研究性学习等跨学科综合性教学，认真开展验证性实验和探究性实验教学。"国家教育部颁布的《基础教育课程改革纲要（试行）》其基本精神是"教育要坚持以人为本，以学生发展为本"。由此可见，发挥学生在中学历史教学中的主体作用已然成为新时代人才培养和促进学生全面、自主而有个性发展的必然要求。但历史浩如烟海，一节课45分钟，教师应该讲什么、怎么讲、讲到什么程度，学生应该学什么、怎么学、学到什么程度，怎样选取最经典的材料来补齐学生的短板，这些问题摆在我的面前。广东东莞中学高级教师毛经文提出教学设计的"六个一"，即确定一个十分明确而且符合人类文明追求的核心目标；采取一种学生感兴趣的教学手段和教学方法；选取一项必备历史知识点讲深讲透；设计一对引起学生思维碰撞且让学生难以抉择的矛盾；留下一个让学生愿意继续探索与思考的问题；呈现1—3段学生不熟悉的史料(史料偏重历史细节)。下面仅以其中几个方面为例阐述说明在历史教学中基于问题设计角度探索学生的主体作用这个观点。

一、确定明确而且符合人类文明追求的核心目标

设计一节历史课的核心目标是否明确而且符合人类文明追求，必须首先坚持依据课程标准，因为课程标准是教材编写、教学、评估和考试命题的依据，是国家管理和评价课程的基础；其次要看目标是否与实际的教学内容、学生的认知水平和心理特征相符合，是否具有可操作性；最后要看目标是否能够落实到位，在教学中实现真正意义的有效教学。例如，统编版《两宋的政治和军事》一课我将教学目标设计为表1：

表1 《两宋的政治和军事》教学目标

时空观念	通达时空观念掌握960年北宋建立,1069年王安石开始变法,1127年金灭北宋,南宋开始,金与南宋形成对峙局面
史料实证	运用史料实证探究宋初专制集权的加强,王安石变法和南宋的偏安
历史解释	明确历史解释研思宋朝强化专制集权,社会经济的发展,南宋偏安的局面维持较长时间
唯物史观	立足唯物史观认知两宋的政治和军事的变革产生的历史影响
家国情怀	渗透家国情怀感悟两宋时期科举制的完善与官僚体制的发展,各民族之间政治、经济、文化呈现出互相交融的趋势

又如：统编教材《辛亥革命》一课我设计的教学目标为表2：

表2 《辛亥革命》教学目标

时空观念	通过对资产阶级民主革命的兴起的学习，学会从时空角度驾驭重大历史事件发生的背景，培养学生的时空观念和史料史证素养。
时空观念	通过对资产阶级民主革命的兴起的学习，学会从时空角度驾驭重大历史事件发生的背景，培养学生的时空观念和史料史证素养
史料实证	通过对资产阶级民主革命的兴起的学习，学会从时空角度驾驭重大历史事件发生的背景，培养学生的时空观念和史料史证素养
历史解释	通过对新政、三民主义、预备立宪等概念的学习，培养学生历史解释的能力 通过《中华民国临时约法》内容的分析理解，《中华民国临时约法》的性质和历史意义，理解资产阶级革命派在反封建斗争中所起的重要作用，培养学生历史解释能力
唯物史观	通过对武昌起义与中华民国的建立的学习，理解辛亥革命的必然性和偶然性，认识资产阶级革命派的革命性和局限性，了解革命果实落入袁世凯手里的原因，学会从不同角度认识和评价历史事件，培养唯物史观 通过对"辛亥革命的历史意义"的学习，正确认识辛亥革命的成与败，培养运用历史唯物主义和辩证唯物主义分析历史问题的能力
家国情怀	体悟革命志士们"鞠躬尽瘁死而后已"的革命精神，立志成为"弘扬辛亥精神，振兴中华复兴"的民族脊梁

  教学目标是一节课的题眼，直接决定了课堂教学设计的方向。无论教学目标以何种形式出现，它的目的都是服务于教学、服务于课堂、服务于学生的。

二、采取学生感兴趣的教学手段和教学方法

  有这样一句戏称："网络时代，教师不好混了！"对于有的学生来说，老师上课，相当于电视直播。学生看手机，那是转台；学生打瞌睡，属于直接关机。学生上课睡觉是老师的错，这个错不是过错的错，也不是要追究责任的错，而是传播方式的错位。教师传播方式的错位，最大的症结是"输入法"的问题，你用五笔，他是拼音，学生并不拒绝你的内容，但你却输不进去。我们现在面临的高中生已

经是 00 后,他们具有以下特点:知识广博,思想活跃;求实精神,厌恶教条主义;参与意识强,追求自我实现;求新意识强烈,厌倦传统的教育;关注社会难点和热点问题……面时这样的学生,如果教师在课堂上还用传统的教学方法,显然已经不能满足他们的需求,有时甚至会遭到嫌弃。其实,在新的教育理念指导之下,课堂教学早已发生了翻天覆地的变化,教师由原来的"表演者"变为"唤醒者""引领者",学生由原来被动接受知识的"奴隶"变为课堂的"主人"。在课堂教学中如何发挥教师的引领作用,如何充分调动学生的积极性、主动性,这是一个亘古常新的话题,很多学者进行了长期的研究探索。而仅就课堂提问这一常规的教学方法进行探讨,在新的时代课堂提问也被赋予了新的时代内容,下面便简单介绍几种。

(一)基于历史情境的课堂提问

历史情境的创设,便是让学生更好地融入课堂、融入角色、融入历史的方法,让学生真正进入当时的历史情境中与历史人物同呼吸、共命运,方能更好地培养学生的能力。

在教授《辛亥革命》一课时,教师选用了大革命中一些重要历史人物,从解读他们当时的历史行为入手,如:请学生分别朗诵黄兴写给邓泽如、梅陪臣、孙中山等人的绝命书片段,并引导学生进行小组讨论,合作探究出黄兴写信时的思想感情。设计目的:作为起义的组织者、领导者,黄兴抱着从容赴义之心,写下了多篇绝命书,教师引导学生开展读信活动。通过朗读来揣摩黄兴透露在字里行间中的英勇与愤慨。学生把自己换位为黄兴,在换位思考中更能体会到辛亥革命前仁人志士慷慨赴义的磅礴之情。历史情境的创设能为原本枯燥的知识内容赋予鲜活的生命,将学生带入历史情境,家国情怀的呈现也变得更具张力,也会更好地培养学生的历史解释与历史分析能力。

让学生走出去,感受"身边的历史",使其身临其境,开动脑筋,想象真实的历史活动,体会特定历史条件下人物的心境,思考事件发生的前因后果,这些都是教师在课堂上永远都无法创设出的情境。如在讲述"新民主主义革命"这段历史时,教师提前布置学习任务,让学生围绕问题运用社会调查方式探访于方舟故居。在探访前,教师根据实际划分学习小组、选出小组长,分配给每组不同的探究问题,选择调查的对象和范围,确定调查的方法和过程,带着问题去探究有利于更好地

解决问题和生成新的问题。

活动目标:(1)了解于方舟故居遗址。(2)增强学生人文素养,实地解决问题的能力,语言沟通及合作学习能力。(3)通过参观于方舟故居,感受烈士炽热的爱国情怀,懂得今天和平生活的来之不易,振兴中华!

活动准备:(1)在保障安全前提下获得学校和家长的支持;参观遗址前指导学生搜集整理有关于方舟烈士的详细资料,并提出探究问题,在探访时寻找答案。(2)根据提出的问题分成几个探究小组,在参观过程中分别负责拍照、访谈、记录等。(3)参观后写出活动心得,可附带相关图片,课上展示探究成果,学习小组之间就探访内容交流看法得出结论。(4)教师以小组为单位,对学生活动全程做点评。

学生通过查阅书刊资料、网上资源、观看影视音像作品等方式搜集有关于方舟烈士的生平资料,前往故居遗址实地调查探究历史。通过讲解员讲解、观看历史图片、烈士生前的遗物等,增强学生的历史责任感、家乡自豪感,树立正确的价值观和学习观。"一叶方舟弦诵百年,忆往昔峥嵘岁月稠",于方舟的生命永远定格在了 27 岁,他当年为什么要义无反顾地投身革命,也许正如他的名字——"方舟",愿做"渡人之舟"——"努力壮尔神,努力执尔柁,战胜眼前魔,何愁沧海阔"。也许如李大钊所说:"人生的目的在于发展自己的生命,可是也有为发展生命必须牺牲生命的时候,高尚的生活常在壮烈的牺牲中。"历史遗址遗迹是学生可以触摸、可以亲历的教学素材,组织学生参观不在于历史遗迹、遗物能直接提供多少直观的知识,而是要将学生的思维引入当时的历史情境中,拉近课程内容与学生学习历史的距离,在历史学习中形成丰富的历史认识。在课堂教学中学生结合调查进行汇报,形式多样,可以是手抄报、图片展、专题展、即时报道等。各组以不同的形式、不同视角汇报促进学生之间的思维碰撞,拓展学生思考问题、分析问题的角度和方向,提高历史发散性思维能力。同时,在调查活动中,学生会自主发现问题、分析问题,他们解决问题的能力得到锻炼,教学效果大大高于教师课堂教学。

(二)基于历史戏剧角色扮演的课堂提问

学生编排历史戏剧是对课本内容进行实际运用与把控的过程,这要求他们把历史知识内化,结合已有的理解创造出新的历史艺术。学生通过合理改编台词,设计情节和设计动作等,不仅能深化理解相应知识点,锻炼分工与合作的能力,更能在表演中深入历史人物的内心,投入并把控好感情。

案例:排演林觉民与妻子诀别的历史剧。林觉民出身望族名门,有着优越的物质条件,本可以继续享受世俗生活,但却选择为革命、为国家赴死,在起义前夕写下《与妻书》,成为百年来人们传颂的佳话。活动设计:布置学生分组,根据林觉民《与妻书》的内容编排林觉民写信时的情节与妻子收到书信后的情节。思考:林觉民为什么甘愿赴死?设计目的:广州起义前夕,林觉民内心饱含顶天立地的家国情怀,而用最深情的文字向爱妻陈意映写下了绝笔书,林觉民写此文时"泪珠与笔墨齐下,不能书竟,而欲搁笔。"学生通过搜集相关的历史资料,透过与妻书而探寻到其背后的故事,再加上合理的想象,对林觉民写信与陈意映看信后的情节进行艺术加工。学生在活动中深入林觉民的内心,体会革命烈士的忠贞与骨血里流淌着的铮铮爱国之心。"为天下人谋永福"的"林觉民"们,概当以慷,何以解国难,唯有"勇于就死","率性就死","百死而不辞","林觉民"们的前仆后继谱就了另一部中国近代史,那是一部觉醒史、抗争史、不屈史、充满民族荣耀的证明史。历史戏剧的排演,能让学生把丰富的情感带到自己身上并融入其中,达到超越时空界限而与历史人物"神交"的效果。

(三)基于历史史料的课堂提问

基于史料的教学是历史课堂教学的一种基本方式,引导学生开展史料阅读,并设计有一定深度的问题,同时组织学生合作探究,这一教学过程有助于培育学生史料实证和历史解释学科核心素养。但是如何获取史料?由于年代比较久远,史料只是历史事件的某一方面的反应,并不能完整地揭示历史本貌。要想从史料中获取有用的信息得到准确的结论,需要具备较强的史料分析能力。史料分析能力可以分为史料的鉴别、演绎、归纳等部分。鉴别是指能够判断史料所期待的内容是否正确;演绎是指能够通过史料的分析推断相似历史事件的进程、结果等;归纳是指能够从众多的史料中得到相对比较准确的结论来。史料分析能力对于高中生来说具有两方面的重要意义:(1)为学习历史提供基础。史料分析能力是高中历史课程标准所要求培养的重要能力之一,高考试题中的材料

分析题考察学生的史料分析能力,学生只有掌握了史料分析能力,才有可能对历史现象、规律等形成自己的理解。(2)为持续发展提供条件,学习历史的核心能力是史料分析能力,学生未来要在历史学习上取得成就需要拥有较强的史料分析能力,因而在高中阶段教师需要采用有效的教学策略,培养学生的史料分析能力。

面对有限的课堂教学,只能选取经典史料,即关键史料,有价值的、典型的重要史料。史料从著书立说来源的角度大体可以分为两种:一种是原始经典的基本史料,如毛泽东思想发展中各时期的著作《中国社会各阶级的分析》《湖南农民运动考察报告》《论持久战》《新民主主义论》。另一种是后人对历史现象、历史事件、历史概念等评论性史料。如"16—17 世纪的中国,新的经济形态还十分微弱、脆嫩,明清时期的早期启蒙思想家们……提不出新的社会方案,而只能用扩大相权、限制君权、提倡学校议政等办法来修补封建专制制度……18 世纪欧洲启蒙思想家则拿出了资产阶级国家蓝图。"(张岱年、方克立《中国文化概论》)

在课堂教学中教师首先应充分利用教科书中的史料,教科书是中学历史教学的重要资源,由相关历史教育专家编撰而成,已经进行了鉴别和多次论证,具有较高权威性。教师可以先将教科书中的史料呈现出来,让学生尝试自主分析、概括,并得出初步的结论,然后再对照教科书中的结论,比较自己对史料分析的不足或者错误,进而形成初步的史料分析能力。其次引入教科书外的史料时,也尽量是经典史料。教科书中虽然提供了许多史料,但是用这些史料来培养学生的史料分析能力显然是不足的。在教学前教师预先分析教学内容,根据教学内容收集和选择相关史料 再对这些史料进行适当处理,以利于教学中应用。再次适当借助试卷中的习题,实践史料分析的基本过程。考试是测量学生学习情况的重要手段,教学中应充分发挥试题的优势与作用。

如在讲授《中华民国临时约法》时,可以充分利用课本中的表述对学生进行提问,让学生概括《中华民国临时约法》内容,并思考它借鉴了哪些国家的哪些宪法精神。虽然课本中已提供了相关的史料,但鉴于学生对世界史知识的储备不足,所以教师有必要为学生提供更加翔实的史实和新的历史研究成果,如补充美国 1787 年宪法等相关的历史史实,美国 1787 年宪法确立"三权分立"原则:国会、总统和最高法院分别掌握立法权、行政权和司法权，彼此制衡。通过学生的合作探究及教师的点拨，学生得出结论：《中华民国临时约法》借鉴了英、法、美等国的主权在民、自由平等、三权分立、责任内阁等思想。

又如《秦统一多民族封建国家的建立》一课，郡县制的推行是本课重难点，秦统一后地方机构的设置上，教师选取了如下材料，秦初并天下，丞相王绾等言："燕、齐、荆地远，不置王无以镇之，请立诸子。"始皇下其议于群臣，群臣皆以为便。廷尉李斯曰："周文、武所封子弟同姓甚众，然后属疏远，相攻击如仇雠，诸侯更相诛伐周，天子弗能禁止。今海内赖陛下神灵一统，皆为郡县。诸子功臣以公赋税重赏赐之，甚足易制。天下无异意，则安宁之术也。置诸侯不便。"始皇曰："天下共苦战斗不休，以有侯王。赖宗庙，天下初定，又复立国，是树兵也，而求其宁息，岂不难哉！廷尉议是。"分天下为三十六郡，郡置守、尉、监。（《史记·秦始皇本纪》）

设问：秦统一初年关于怎样治理地方经历了一场争议，双方争议的焦点是什么？各自的理由又是什么？郡县制的推行积极作用是什么？设计意图：这是一段在教学中经常被使用的史料，可以说是理解秦初分封制和郡县制争论的经典史料。秦朝初年在地方上实行分封和郡县制的争论及各自观点原因的阐释非常明确，是理解郡县制实施背景以及汉初对郡县制存在质疑而实行郡国并行制的重要史料。通过对经典材料逐层分析，深度理解其内涵。丞相王绾主张分封制，理由是燕、齐、楚等离咸阳远，不设置王无法对其构成威慑。"始皇下其议"说明重大事情需要朝议。"群臣皆以为便"，大臣们都赞成分封制，反映了分封制有很多支持者。能够帮助学生理解始皇三十四年关于分封制与郡县制的再争论，以及汉初实行郡国并行制的原因。重点是对李斯立论的分析，主张实行郡县制。他的分析既有对历史的回顾，指出分封制的弊端是同姓甚众，后属疏远，又有对现实的思虑，还有安置诸子功臣，协调统治集团内部关系的筹谋与措施，即以"公赋税重赏赐之"，可以担任官僚获得俸禄。李斯对郡县制的分析立论严谨，与秦始皇的观点基本吻合。秦始皇采纳郡县制，把郡县制推广到全国。

(四)基于信息技术手段的课堂提问

丁立教授曾在专题讲座"信息技术与学科深度融合"中举例，利用信息技术，

一个八岁孩童熟练的背诵出了化学元素周期表,展现了"天才"的一面。丁教授还演示了没有绘画功底的人利用信息技术将作图、声乐完美融合,让我们感受了网络时代的"无所不能"。以计算机和互联网为代表的当代信息技术,正以惊人的速度改变着人们的生存方式和学习方式,计算机辅助教学的推广给传统历史教学注入了新的内容。所谓信息技术与学科整合,就是通过学科课程,把信息技术与学科教育教学有机地结合起来,将技术作为一种工具,提高教学效率,改变传统的教学模式。信息技术下,教师可以利用电脑编写教案、试卷、制作演示文稿等。教师在制作演示文稿时,可自己制作,也可以用电子文献和网络资源上的课件,包括图片、影视剪辑,制作富有个性的文字、声音、图画视频俱全的多媒体电子教案。这样可以将教师从单一低效率的重复性劳动中解放出来,使其从事一些创造性劳动。

信息技术下,通过智能内容筛选和个性定制,学生可获得独一无二的学习经历。如《辛亥革命》一课,教师提出课前问题:辛亥革命发生的历史背景、条件、经过、意义分别是什么?并给予指引,通过相关网络资源查找问题答案,提交结构化的回复。课堂实施前,信息技术已经对学生的结构化回答进行数据分析,通过深度挖掘对学生进行分类,课中将学生进行实际分组,在同一教学环境下实施层次化的群组教学,并对学生的回答进行整理,呈现学习成果,提取共性回答的关键字、词等呈现在大屏幕,组组分析、群体分析,达到历史解释核心素养的习得效果。

三、对必备历史知识点讲深讲透

教育部制定的《普通高中历史课程标准(2017 年版)》中对历史解释有这样的表述:"历史解释是指以史料为依据,以历史理解为基础。对历史事物进行理性分析和客观评判的态度、能力与方法。"历史教学其实就是历史解释的过程。

如笔者在讲授《中外历史纲要(上)》《两次鸦片战争》一课时,发现课本高度概括,将两次鸦片战争以及鸦片战争后引发的思想界的影响糅合在一课中,课程容量大,如何在一课时的情况下完成本课内容,而且不能敷衍了事,需要教师课前进行精心备课,抓住重难点。第一目"19世纪中期的世界与中国"无疑成了本课的关键,所以将本目内容讲深讲透至关重要,而课堂提问在此又发挥了不可替代的作用。针对学生在初中掌握的情况,学生对本课的了解只是梗概,课本给的内容又过于抽象,所以笔者的设计如下:针对鸦片战争前中英双方在经济政治上的力量进行对比分析。

教师引导学生阅读教材90页第一段内容,概述工业革命后英国成为世界工厂,需要世界范围内的原材料和世界市场,因而需要进行殖民扩张。在多媒体课件中展示英国国土面积、现在中国陕西省和全国的面积(英国:面积为24.36万平方千米;陕西:总面积20.56万平方千米,中国的国土面积960万平方千米),并进行对比。同时抛出问题:英国为什么急于侵略中国?为什么中英这场战争不可避免?学生通过直观的数字比较,了解到英国国小地狭,原材料和市场都不足以支持英国工业的持续高速增长,中国地大物博,人口众多,而且是小农经济占主导的国家,对于急需原材料和世界市场的英国来说,中国是英国的理想场所,所以中英这场战争不可避免。综上,教师如果直接抛出问题,学生可能无从下手,课堂难免出现尴尬的局面。而笔者则利用巧妙的材料化解了这一难题,让问题设置不再高深可怕,学生回答也有迹可循,从容不迫。然后板书中英经济发展概况,如图1:

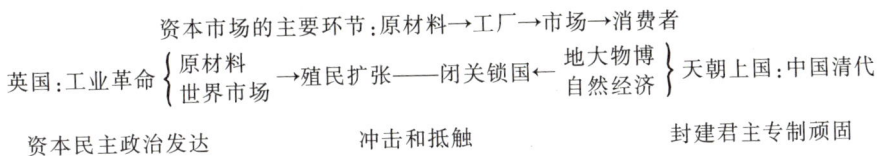

资本市场的主要环节:原材料→工厂→市场→消费者

英国:工业革命 { 原材料 世界市场 } →殖民扩张——闭关锁国← { 地大物博 自然经济 } 天朝上国:中国清代

资本民主政治发达　　　　　冲击和抵触　　　　　封建君主专制顽固

图1　板书中英经济发展概况

教材高度理论化、概括化,所以需要我们脱去理论这层面纱,将历史细化。如"船坚炮利",对中英舰船进行了对比:鸦片战争时,英国海军战舰仍主要依靠帆力,舰队中只有少量小型蒸汽船。但这并没有妨碍英国海军成为海上霸主。最初参战的皇家舰队共包括军舰16艘、运输舰28艘、武装汽船4艘、载炮540门,总兵力约12 000人。英军战船船体结实,用铜皮包裹,因此防护性能好,抗沉性强,这也是称其"船坚"的缘由所在。此外,此时的英国皇家海军,已经是横行四大洋的霸主,积累了最为丰富的海战经验,指挥官和舰员都训练有素,具有

极高的战术素养。他们的舰队更适宜在远海或大洋上机动作战。图为隶属于英国海军部的"麦尔威厘"号风帆战列舰的模型。该战列舰安装了多达74门舷侧火炮,火力很强。鸦片战争前清廷最大的战船规格如下:排水量不到250吨长11丈余,宽2丈余,桅高2—27米;置前膛炮10门,乘员不到100人;船体为松杉木质制造,方型布帆。而无论哪一种船型都是行动迟缓,火炮射程近又不准,完全谈不上有什么战斗力。而且"英国在1588年击败西班牙无敌舰队后,逐渐成为新兴的海上强权,控制了主要的海上贸易航线,并开始不断扩张海外殖民地。之后,英国在17—18世纪的英荷战争中打败了'海上马车夫'荷兰,又于18世纪中叶的七年战争中打败了法国,并夺取了两国的大片殖民地,确立了海上霸主的地位。""1662年,郑成功驱逐荷兰殖民者,收复台湾。1683年,清军渡海远征,郑氏后裔战败投降,1684年,清朝在台湾设府,隶属福建省。"问题设计:中国已经有将近200年没有打海战了,而且清政府原来的敌人基本上都是陆上的,面对海上来的、船坚炮利的英军,清政府能应付得了吗?答案当然是否定的。通过比较,学生直观感受英国的船坚炮利,为当时的中国而忧虑不已,为清政府的愚昧、闭目塞听而愤慨,为那些有识之士初步提出了向西方学习以求自强的主张而激动不已。教师继续追问:在沉痛的历史教训面前,中国的海洋意识开始觉醒,但当时中国的海洋意识和现代的海权意识一样吗,为什么?答案也是否定的。因为在中国的历史上,农耕文明在中国长期占据主导,民族海洋意识淡薄,"重陆轻海"思想顽固。在沉痛的历史教训面前,中国的海洋意识虽然开始觉醒,但这种海洋意识仍度局限于海防传统模式。即使认识到"防海之害而收其利",晚清时期对海洋国土资源以及海上交通贸易的国际竞争仍然处于懵懂状态,对海权的认识既达不到"制海权决定一个国家国运兴衰的高度",也无力把对海权的认识付诸实践。新中国成立后,一直致力于提高在海洋问题上的话语权。党和国家进行建设海洋强国的战略部署,这对维护国家主权、安全、发展利益,对实现全面建成小康社会目标,进而实现中华民族伟大复兴,都具有重大而深远的意义,表明加快建设海洋强国已成为新时代中国特色社会主义事业的重要组成部分。将历史与时事热点相结合,有利于增强学生的历史责任感和担当意识。

四、留下一个让学生愿意继续探索与思考的问题

特级教师魏勇《用思想点燃历史》一书中曾记录一段他讲授《美国南北战争》的内容：直到现在，一些美国南方人仍然把那场战争看作北方侵略南方，其中的争议就在于南方是否有权通过投票的方式脱离联邦而不受制裁。

学生3：南方是美国领土的一部分，分裂祖国的行为应该受到制裁。

老师：大家同意这个看法吗？生（齐答）：同意。师：既然如此，那么当初美国从英国统治下分离出去为什么又是正义的呢？对英国来说，北方13个州也是英国领土的一部分。

学生4：情况不同，因为美国当时受到了英国的殖民压迫，所以反抗是正义的。师：南方也认为林肯当选总统会压制奴隶制的发展，对南方来说不也是一种压迫吗？

学生5：老师你是狡辩，奴隶制是反动的，当然应该压制，这和英国当初压制北方的性质完全不同。（掌声）

老师：这个回合同学们赢了。但是既然废除奴隶制天经地义，为什么林肯把维护统一而不是废除奴隶制看作最高目标？

学生6：因为国家统一高于一切。师：如果真像林肯在就职演说中所说的，为了维护国家统一可以牺牲奴隶的自由，你们觉得正义吗？

学生7：我觉得不正义，至少对黑人来说是如此。

生8：我觉得正义，因为国家分裂了，南方黑人被解放的可能性更小。如果同意在一起，逐渐解放黑人奴隶的可能性还大一些。

学生9：我也觉得为了维护国家统一可以牺牲奴隶的自由，毕竟白人是多数，黑人是少数，少数人应该服从多数人。

学生7（非常激动）：如果多数人欺负少数人，那你们还觉得是正义的吗？

学生10：黑人被欺负当然不正义，但是如果国家分裂就更不正义，所以退

而求其次,我赞成林肯的主张——为了国家的统一,可以暂时不解放黑人奴隶。

老师:对不起,打断一下你们的争论。你们的争论涉及了一个深刻的话题:主权和人权谁更优先? 对这个问题的不同回答,导致了我们对林肯做法的不同评价。我们可以进一步提一个问题:既然林肯对奴隶制已经做出妥协,那么为什么南方还是选择了分裂? ……魏勇老师的授课方式如苏格拉底——"精神上的助产士"。他不是把某种思想生硬的灌输到学生的头脑里,而是在与学生讨论、辩论的过程中,通过比喻、启发等手段,用发问与回答的形式,循循善诱,激发学生们的兴趣,引导他们自己去思考,逐步深入,层层驳倒错误意见,最后走向某种确定的知识。即便到最后,魏勇老师仍留下一个让学生愿意继续探索与思考的问题。

历史教育,近一点讲,服务于高考,培养学生的历史素养;远一点讲,培养历史学习的方法和能力。历史教育的本质,不是记住浩瀚如烟的史实,而是汲取前人的智慧服务于学习者的人生。如在讲到《中华文明的起源与早期国家》"从部落到国家"一目时,书中写道"禹死后其子启继位,世袭制代替了禅让制",但启是如何继位的,课文中并没有明说。教师可引导学生阅读两则材料,即课本"学思之窗"中材料:《史记·夏本纪》写道:"益(禹晚年培植的接班人)让帝禹之子启。"《战国策·燕策一》记载:"启与支党攻益,而夺之天下,是禹名传天下于益,其实令启自取之。"问题设计:关于启的继位,两则材料分别是如何描述的? 为什么会出现不同的说法? 学生通过阅读材料很快便能找益"让"位于启和"启自取之"两种不同的描述。那么关于启继位的方式为什么会出现不同的说法,到底哪个是真的,哪个是假的? 学生心中会产生诸多疑问。历史大多是后人的撰述,不可避免地带有主观色彩,如何从主观性的史料中找出客观的史实,教科书提供了很好的范例。抛出两种不同表述,让学生质疑,唤醒学生批判性思维品质,培养学生正确的思想导向和价值判断。教师适时引导,关于启继位的不同说法,目前还不能确定孰是孰非,但有一点可以明确,即从公天下的禅让制到家天下的世袭制转变过程并非一帆风顺。根据《史记·夏本纪》的记载,禹先举荐培养了皋陶,因皋陶早卒,禹又举荐益作为接班人,说明禅让制在禹的时代仍有很大影响,他还不敢明目张胆的将位置传给启。《战国策》以及《史记》中关于启和益、有扈氏的冲突也具有很高的可信度,说明这一转变并非理想化的风平浪静。对以上两则材料的解析,可以帮助学生增加对历史记载复杂性、多样性的理解,培养学生辩证分析史料的能力,发挥历史学科的育人功能。在历史教学中,教师对此类材料的展示说明,学生会逐渐养成史料求证意识。今后的历史学习中,学生对历史史料,尤其网络上的一些言论不会偏听偏信,而是愿意用更多的材料去验证其真伪。

前面所提均为教师引领质疑,学生回答的方式,学生更多的还是处于被动的状态。如何让学生主动发问,形成问题意识,已经成为高中历史课堂中很关键的问题。因为问题意识作为一种积极的心理状态对学生学习进步是非常重要的,它能驱使学生积极思维,不断找出问题和解决问题。陆九渊说:"为学患无疑,疑则有进,小疑则小进,大疑则大进。"但是大量研究表明,随着年龄增长,学生的问题意识却在不断下降。事实上,学生问题意识的缺失在很大程度上是老师"惯"出来的,教师课堂教学方式陈旧,学生形成"老师讲、自己记(笔记)、课后背"的学习思维和学习方式。课堂上没机会提,不愿意提,甚至也不想提出什么问题,即便愿意提出问题,也只是占极少数的学习成绩优秀的学生,而大部分学生处于一种"沉默"的状态。心理学表明,青少年学生是有很强的主动表现欲的,因此,在高中历史教学中培养学生的问题意识已刻不容缓。

那么如何培养学生的问题意识呢?首要策略是"生不动,师不动——把问题'逼'出来"。学生不提出问题,不主动学习,老师就不讲,一定要敢于花时间把学生的问题"逼"出来。一旦有了好的开头,坚持一段时间,学生就会逐渐产生问题意识。但在实际教学中,这种方法可能会出现困难,会造成课堂"冷场",更有甚者完不成教学任务,所以需要调整策略,即"铺好路,开好局——把问题'引'出来"。历史学科史料内容丰富多彩,具有人文性强的特点,能给教师的教学提供丰富多样的资源,而教师恰好能用这些素材创设多样化的情境,让学生走近历史,走进历史。而学生一旦走进历史产生强烈的学习兴趣后,自然就会产生一些疑问:历史怎么会是这样子?为什么会这样?再次,"卖个关子,露个破绽——让问题'露'出来,把问题'挑'起来"。教师在课上有时不必过于博学,滴水不漏,要适当给学生留一些思考的空间和时间。如教师在课堂上可以装装糊涂、卖个破绽、故意留点疑问、设点障碍和误区引起学生的质疑,让学生思考,有时甚至可以有意在学生之间挑起认识上的矛盾和争论,这些会给学生问题意识的产生带

来意想不到的效果。

作为一线教师偶尔也会遇到一些意想不到的问答,尤其在设置一些讨论性问题或开放性问题时,即使课前教师已经做好了预案,模拟了一个甚至多个教学框架,有时也可能会措手不及。叶小兵教授曾经谈过一节中学历史公开课的随感,这位教师的做法值得我们借鉴。案例教学内容是战国七雄,课上提到了赵括"纸上谈兵"的典故,教师让学生对赵括这一历史人物进行评价。即使在"纸上谈兵"的贬义色彩释义下,仍有学生表示,赵括在长平之战中冒死突围为国捐躯,实为义举,由此认为此人很了不起。显而易见,这个回答是教师意料之外的。但是这位教师借此回答引导学生讨论,鼓励学生多角度思考,并告诉学生有一份史料说一份话。这位教师利用学生的意外回答,合理引导教学走向,既发散了学生思维,又培养了学生史料实证素养。

苏格拉底说过:"教育不是灌输,而是点燃火焰。"教学过程不是知识的倾灌而是知识的传递,这种知识的传递不是单向的,主要是教师与学生通过语言交流的形式处于双向主动交流的流变状态之中的。对于教师而言,学生产生问题是教学产生效果的一种表现,说明学生已经对教学内容产生了兴趣,教师应该感到高兴才是,所以教师应该保护学生的这种兴趣,并设法鼓励引导。对于课堂上学生非可预料的问答教师宜疏不宜堵,学会放下自己的权威身份。教师在听完学生的回答后,可以先对其勇于表达自己观点的行为表示赞许,树立班级正面典型,鼓励学生积极主动地参与教学活动,然后从历史学科的实证性角度规范学生的表达,培养学生史料实证意识,对于学生正确的符合学科内容的表达,教师应当悦纳。对于历史这样时政性很强的学科,教师绝对不能给予学生一个错误或者一个模棱两可的答案。高中生的心理发育逐渐成熟,他们有自己的主观意见,如果没有得到及时的沟通,学生偏执的主观意见可能形成错误观点,将对学生的发展造成不利的影响。

培养学生的问题意识并非一朝一夕的事情,在课堂教学改革不断深入的大背景下,只要秉承新课程"以学生为主体"的教学理念,为学生营造宽松民主的课堂氛围,创设适当的问题情境,引导得法,那么学生的问题意识就会越来越强烈,这样离我们收获的日子也就不远了。

历史课堂教学中发挥学生的主体地位一直是常提常新的话题，我们一直在努力，从未停歇！泰戈尔曾说过："尽管走下去，不必逗留着，去采集鲜花来保存，因为在这一路上，花自然会继续开放。"

参考文献

[1]泰戈尔.飞鸟集[M].郑振铎，译.上海：上海译文出版社，1992.

[2]于有西，赵亚夫.中学历史教学法(第4版)[M].北京：高等教育出版社，2017.

[3]戴维斯.教学方法手册[M].严慧仙，译.杭州：浙江大学出版社，2006.

高中历史教学中以情境教学激发学生学习兴趣之尝试

天津市军粮城中学　牛淑红

摘　要：新课程下强调，学生的知识不是单纯通过教师的传授得到的，而是学生在一定的情境中在教师的引导下，积极主动的学习，强调学生是学习的主体。要使课堂鲜活起来，使学生主动参与，积极探索，就需要教师在教学中运用情境教学法即创设教学情境以便于学生理解掌握，从而收到较好的教学效果。本文从借助媒体再现情境、利用音乐渲染情境、扮演角色体会情境、设置问题引入情境等四个方面介绍了在情境教学中怎样创设教学情境。

这种通过创设教学情境实施课堂教学的情境教学能产生较好的教学效果：首先能激发学生的兴趣，促进学生学习知识的迁移；其次能陶冶学生的情感、净化学生的心灵；再次能锻炼学生的创造性思维、培养学生的探究能力。

关键词：历史　情境　情景教学　学习兴趣

一、为什么要在高中历史教学中实施情境教学

在传统历史课堂教学中,教学内容远离学生的生活实际,学生不感兴趣,虽然方便了教学,但却大大限制了学生创造性思维的发展。课程标准中指出:学习历史是一个从感知历史到不断积累历史知识,进而不断加深对历史和现实的理解过程;同时也是主动参与、学会学习的过程。同时新课程下强调,学生的知识不是单纯通过教师的传授得到的,而是学生在一定的情境中在教师的引导下,积极主动的学习,强调学生是学习的主体。这就要求学生要学会学习,其实质就是要使学习成为学生的自主探索与发现,成为学生的亲身实践活动,而不是被动地接受知识。要使课堂鲜活起来,灵动起来,使学生主动参与,积极探索,教师需要在教学中运用情境教学法即创设教学情境来激发学生的学习兴趣,使学生更好地理解掌握,从而收到较好的教学效果。

历史教学中的情境教学,是指在教学过程中为了达到既定的教学目的,从教学需要出发,引入、制造或创设与教学内容相适应的具体场景或氛围,引起学生的情感体验,帮助学生迅速而正确理解教学内容,促进他们的全面和谐发展,其核心在于激发学生的情感。情境教学中的课堂教学情境是实现学生主体地位的关键环节。课堂教学情境中的情境化策略有助于克服被动式、灌输式的教学弊病;情境化是决定教学成功与否的重中之重;情境化教学有利于激发学生的兴趣,促动学生的求知欲。为了实现情境化,就要着意情境创设,所谓情境创设,就是教师根据教材的内容和学生的心理特点,创造一个环境,一个场合,一种气氛,使学生能很快进入探究学习的情境中,从情境中来,到知识中去,让学生在情境中感受历史学习的乐趣,领悟人生的哲理。教师以情境创设为手段,以知识的建构为目标,创设适合于学生学习的教学环境,借此开发学生创新的潜能,培养学生探究的能力,使学生动起来,使课堂教学活起来。

二、在情境教学中怎样创设教学情境

(一)借助媒体再现情境

这里的媒体主要是指利用多媒体计算机再现特定的画面与场景,借此达到渲染情境,激发情感的目的。教师借助图画、可以使历史知识相关内容具体化、形象化,运用得当,能收到"一图穷千言"的效果。而视频场景是课堂教学中渲染情境,创造氛围的一种重要手段,能够真正调动学生的听觉、视觉等器官,在各种联觉的通感中,收到教学的最佳效果。例如:高中历史必修 3 第三单元第 8 课《古代中国的发明和发现》中第一目内容是"四大发明",我播放了"2008 年北京奥运会"开幕式的部分画面和场景的视频资料,这段视频中涉及了造纸术、火药、印刷术及指南针四大发明的内容,大部分同学对这段视频比较陌生,但是他们听说过"2008 年北京奥运会"开幕式在当时得到了世人称赞,这段视频激发了学生们对当年开幕式的赞叹和骄傲,这段视频中的四大发明恰好激起了他们对古代中国科学技术的兴趣与探究热情。整堂课都是在一种自豪与振奋的氛围中进行的,教学效果非常好。

(二)利用音乐渲染情境

音乐的语言是微妙的,也是强烈的,给人以丰富的美感,往往使人心驰神往,它以特有的旋律、节奏,塑造出音乐形象,把听者带到特有的意境中。用音乐渲染情境,并不局限于播放现成的乐曲、歌曲,教师自己的弹奏、轻唱以及学生表演哼唱都是行之有效的办法。关键是选取的乐曲与教材的基调上、意境上以及情境的发展上要对应、协调。例如:高中《中外历史纲要(上)》第 5 课《三国两晋南北朝的政权更迭与民族交融》中,上课初始我便通过屏幕播放电视剧《三国演义》主题曲《滚滚长江东逝水》,用时 2 分钟,设趣导入,将学生带入历史情境中,以这首歌曲带入到电视剧《三国演义》,问同学们可曾看过这部电视剧?学生答:没看过。接着我讲道:这部电视剧反映了中国古代历史上一段特殊时期(东汉末年到西晋初年)

的历史风云,这节课我们便来走近这段历史。学生们在歌曲中感受到了这段历史的纷繁与厚重,急切想了解这段历史,积极投入到新课的学习中。又例如:高中历史必修 3 第八单元第 24 课《音乐与影视艺术》中我播放贝多芬的《命运交响曲》,学生们在听音乐的过程中体会历经无数痛苦与磨难的贝多芬不屈地与命运抗争、用欢乐笑对人生的态度;播放《蓝色的多瑙河》学生们感受浪漫主义音乐的优美、轻快;播放《天鹅湖》学生们感受柴可夫斯基作品的强烈的艺术感染力。这样将历史课中枯燥的历史知识通过音乐渲染的情景传达给学生们,学生们积极接受了知识并感受到了历史课的乐趣。

(三)扮演角色体会情境

课堂教学过程中,让学生按一定的要求扮演历史人物的角色,可以让过去了的历史情境真切地再现在学生面前。这样既激发了学生的学习兴趣,又很自然地加深了学生内心体验。例如:高中历史必修 1 第二单元第 2 课《抗日战争》中有一目内容为"日军的滔天罪行"。为了让学生们对日军的罪行有更深刻的体会与感悟,我设计了由学生扮演角色的一个小场景即"历史法庭"。

案名:控告侵华日军在中国土地上烧杀淫掠

原告(学生甲、乙):中国人民

被告(学生丙):侵华日军

陪审团(学生丁、戊、己):国际知名大法官

原告陈词:(学生甲)陪审团,在日本帝国主义发动侵华战争期间,日本军队强占我国土地,烧毁我居民房屋,大量屠杀我和平居民和放下武器的军人;日本侵略军还违反国际法,公然在我国土地上进行细菌战和生化武器实验。

(学生乙)他们对中国人民犯下的最严重罪行有:屠杀我南京和平居民 30 万人;杀害我河北省丰润县潘家峪全村男女老少 1230 人;731 部队在我国东北用活人进行细菌武器实验等。

(学生甲、乙)为了维护人类的文明和正义,我们要求法庭对日本侵略者给予最严厉的惩罚。(我们的发言完毕)

被告辩护:(学生丙)我们没有在南京屠杀过和平居民,南京当时人口不足 30 万人,何以谈得上有 30 万人被屠杀呢?真是无稽之谈。"满洲"第七三一部队也未

用中国人进行细菌武器实验,这一点证据都没有。

原告驳斥:(学生甲)陪审团,被告混淆视听,企图抹杀自己在历史上的罪恶,那是不可能的。关于侵华日军所犯下的滔天罪行,可以说是铁证如山。下面请允许我提供证据。(放幻灯片日军在华期间烧杀抢掠的图片,被告低下了头)

陪审团三名成员互相交换了意见。

最后陪审团结案:(学生丁)我们根据原告和被告双方陈述,再根据我们的多方调查,本庭认为,侵华日军在中国土地上烧杀淫掠的罪名成立。根据多项国际法,本庭宣布:判处对中国人民施行暴行的侵华日军死刑。

通过这样的一种情景学生们既了解了日军侵华期间所犯的滔天罪行,又感受到了那时中国人民所遭受的痛苦,因而他们心中充满了愤怒、耻辱,此时教师进行恰当的引领,"后世不忘,前世之师",我们要吸取历史的教训,要避免历史的重演,中国要不断地发展壮大,而我们每一个中国人都有义不容辞的责任。

(四)设置问题引入情境

在教学内容和学生求知心理之间设障立疑,让学生处于"愤""悱"的状态,将其引入一种与问题有关的情境。教师创设情境的重要原则是激情引趣,即通过情境激发学生的情感,引起学生对知识、对科学、对人生的兴趣。问题情境是最常见和应用较广泛的一种情境,是启迪学生思维激发兴趣的重要途径。问题情境的创设,激发了学生的探求欲望。教师则要抓住时机,依据问题情境所提供的各种线索,引导学生多角度、多方位地对情境内容进行分析、比较、综合,学生不断地完成"同化"和"顺应",建构新的认知结构。例如:高中历史必修 2 第六单元第 2 课《罗斯福新政》中我设置了这样一个问题:"罗斯福新政实施后,报纸上连篇咒骂罗斯福是'敲富人竹杠'和'天天吃烤百万富翁',甚至前总统胡佛还指责罗斯福是个共产主义者,假如你是当时的一位议员,你会向国会提出什么议案或发表什么意见?"学生们进入这样一种情境,无论是提议案或发表意见,都必须要把这课内容学通、学懂、学透,即罗斯福新政实施的背景、实施的内容、实施的结果、实施的作用和意义等。这样教师不必再强行灌输这些知识,学生们会进行自主学习和探究学习,教师只需进行适当而准确的引领即可。学生们发言时非常积极踊跃。之后再抛出问题:"罗斯福新政对当代资本主义产生什么影响?"拓展学生们的思维。用实际问题创设问题情境,能让学生有一种身临其境的感觉。把历史与学生原有的生活经验密切联系起来,使他们感到"历史就在身边""生活中到处有历史",培养学生用历史的眼光、历史的头脑去观察生活,观察身边的事物,学会用历史思维思考问题。

三、情境教学下的效果如何

教学情境是一种特殊的教学环境,是教师为了发展学生的心理机能,为了发掘学生潜能,通过调动"情商"来增强教学效果,而有目的创设的教学环境。建构主义学习理论认为:学习是学生主动的建构活动,学习应与一定的情境相联系。在实际情境下进行学习,可以使学生利用原有的知识和经验同化当前要学习的新知识,这样获取的知识,不但便于保存,而且容易迁移到新的问题情境中去。创设教学情境,不仅可以使学生容易掌握历史知识和技能,而且可以"以境生情",可以使学生更好地体验历史学习内容中的情感,使原来枯燥、抽象的历史知识变得生动、形象、富有情趣。几年的教学实践证明,良好的教学情境的创设,可以为学生提供良好的学习环境,可以激发个体的情感,点燃思考的火花,使学生的学习状态变得积极投入,让学生在获取知识的过程中,获得积极的情感体验。因而,这种通过创设教学情境实施课堂教学的情境教学能产生较好的教学效果,能促进学生在学习中学习知识的迁移,能陶冶学生的情感、净化学生的心灵,能锻炼学生的创造性思维、培养学生的探究能力。

综上所述,我认为作为历史课堂的设计者,我们应该积极采用情境教学,创设良好的教学情境,让历史课堂变得生动,让学生学习变得主动,达到事半功倍的教学效果,从而推动新课改下的高中历史教学不断前进。

案例1:人教版必修一第四单元第13课 辛亥革命

一、教学目标

1.知识与能力

带领学生学习辛亥革命的相关史实。培养学生结合史实分析问题的能力,通过视频等相关资料获取有效信息的能力,锻炼学生归纳概括的能力。(培养学生时空观、历史解释、史料实证等核心素养。)

2.过程与方法

教师引导学生积极参与到课堂中,进行自主学习、探究学习与合作学习,获取知识,获取信息,解决问题,使学生学会结合史实分析问题的方法,并引导学生锻炼归纳概括的能力,培养学生合作意识。(培养学生唯物史观的核心素养。)

3.情感、态度与价值观

通过学习辛亥革命进行中的复杂性和艰巨性,使学生认识到革命成果来之不易,应珍惜现在的良好环境与条件,勤奋学习。(培养学生家国情怀。)

二、学生学情分析

学生在初中接触过本段内容,对辛亥革命有所了解,但是并不是非常理解。又由于本校高一年级学生基础知识相对薄弱,学习能力相对较弱,故对辛亥革命的背景、失败、影响等相关内容进行深层次理解会存在较大困难。

三、教学重难点分析及解决措施

1.重点与难点

重点:辛亥革命爆发原因、《中华民国临时约法》、评价辛亥革命。

难点:三民主义、袁世凯篡权、辛亥革命的局限性。

2.解决措施

重点解决措施采取学生自主学习、探究学习的方式初步了解,教师通过材料、视频等辅助手段帮助学生加强理解。

难点解决措施是通过史料探究和图示法理解三民主义,通过教师介绍了解袁世凯就任临时大总统,通过史料分析辛亥革命的局限性。

四、教学准备

制作课件、搜集教学资源、做好白板演示。

五、教学设计

教学环节及时间	活动目标	教学内容	活动设计	媒体应用及分析
一维:导入——2分钟	激发学生兴趣这节课就让我们一起走近孙中山、走近辛亥革命。导入新课	问同学们是否认识照片上人物(学生回答)。同学们一定都认识,照片上的人物共同点都是名人,不仅是历史名人,更重要的他们是伟人。他们是20世纪站在时代前列的三位伟人,他们为中国做出了巨大的贡献,分别带领中国人民醒过来、站起来、富起来,使中国发生了三次历史性的巨变。其中引领20世纪初中国发生第一次巨变的就是孙中山先生,其最大的贡献是领导了辛亥革命	大屏幕播放照片一组照片分别为孙中山、毛泽东、邓小平问答形式导入新课	多媒体设备电子白板播放PPT课件
二维:第一次设问——1分钟	引发学生质疑		屏幕出示探究题	多媒体设备电子白板播放PPT课件
三维:第一次自主学习——6分钟	体现学生主体地位	1.革命背景教师给出探究题:请同学们结合教材思考20世纪初中国社会具备哪些发生革命的必然性因素和可能性因素学生:学生看书思考,体现自主学习、探究学习学生发言		
四维:精讲——4分钟	教师答疑解惑		插播相关视频资料(背景中涉及三民主义通过图示法辅助理解)	多媒体设备电子白板播放视频PPT课件

续表

教学环节及时间	活动目标	教学内容	活动设计	媒体应用及分析
		教师予以引导指正（此处是探究辛亥革命爆发的必然性与可能性，学生们通过探究体会重大事件发生前其背景的复杂性及综合性）。教师：指出辛亥革命首先在武昌爆发有其一定原因，请同学们阅读相关内容进行了解	以一段视频介绍其概况，使同学们在观看中获取有效信息	多媒体设备电子白板播放视频PPT课件
		2.革命爆发教师：了解了革命前的背景体会到"山雨欲来风满楼"，终于武昌起义爆发了。学生：观看视频，感受当时的情景并识记时间	大屏幕播放"中华民国建立概况"的视频	
二维：第二次设问——1分钟三维：第二次自主学习——5分钟四维：精讲——5分钟	引发学生质疑体现学生主体地位教师答疑解惑	3.革命高潮教师：革命形势迅速发展，恰逢此时孙中山海外归来，一展宏图，辛亥革命的高潮到来了教师：给出南京临时政府主要部门的组成成员名单，引导学生得出结论即南京临时政府是一个以资产阶级革命派为主的政府学生：观看视频，获取有效信息教师给出探究题：结合材料《中华民国临时约法》内容分析约法体现了哪些民主精神	（对袁世凯进行介绍）	多媒体设备电子白板播放PPT课件

续表

教学环节及时间	活动目标	教学内容	活动设计	媒体应用及分析
二维：第三次设问——1分钟	引发学生质疑	学生：阅读史料解决问题体现史料研读的方法与探究学习 学生发言，阐述观点 教师：点评学生发言并予以总结。带领学生分析《临时约法》内容		多媒体设备电子白板播放 PPT课件
三维：第三次自主学习——6分钟	体现学生主体地位	4.革命结束 教师：正当孙中山踌躇满志之时，形势发生了逆转，一位一直觊觎着权力，窥视着政权的人物出现了，他就是袁世凯，袁世凯窃取革命果实终结了辛亥革命	（此处适时呈现相关材料帮助学生理解辛亥革命的局限性）	（教师给出一幅示意图）
四维：精讲——5分钟	教师答疑解惑		大屏幕播放 A 国家主权属于国民全体	多媒体设备电子白板播放 PPT课件
五维：练习——5分钟	巩固知识	设问：1912 年 1—2 月期间，中国国内存在哪几股势力？他们之间的关系如何，请用图示的方式展示出来	B 国内各民族一律平等 C 规定实行责任内阁制 D 国民有人身、言论等自由	
作业	（此处意在引导学生总结辛亥革命的经验教训及失败原因进行情感教育）	教师：袁袁烈烈开始，匆匆茫茫结束，辛亥革命被袁世凯终结了，但是我们不能无视其丰功伟绩 讨论题：经过辛亥革命后，中国发生了哪些变化？是否是巨变	A 结束了中国两千多年的封建制度 B 使人民获得了一些民主和自由的权利 C 使资产阶级民主共和的观念深入人心	多媒体设备电子白板播放 PPT课件

教学环节及时间	活动目标	教学内容	活动设计	媒体应用及分析
小结——4分钟	回顾所学、理清逻辑关系	学生：讨论活动体现合作学习。 请学生代表发言。(学生发言中涉及辛亥革命的局限性) 教师：点评学生发言并引导出辛亥革命在中国民主进程中树立了丰碑。这就是辛亥革命的历史意义 1.1912年颁布的《中华民国临时约法》中，最能体现"政权机构中权力分配、制约、平衡"这一原则的内容是(C) 2.下列关于辛亥革命历史意义的叙述，不正确的是(A) 作业： 思考题：通过本节课所学，课下搜集相关资料，总结辛亥革命留下了哪些经验教训，又体现了哪些可贵的精神 革命前、革命中、革命后	D 为民族资本主义进一步发展创造了条件 呈现结构体系	利用黑板完成板书

板书提纲：

(一)革命的背景(必然性、可能性)——山雨欲来风满楼

1.必然性

2.可能性

(二)革命的爆发(武昌起义)——激情燃烧震天地

1.武昌起义

2.各省独立

(三)革命的高潮(民国建立)——热忱满腔谋大业

1.中华民国南京临时政府

2.《中华民国临时约法》

(四)革命的结束(果实被窃)——民主进程树丰碑

1.袁世凯窃取革命果实

2.辛亥革命的历史意义

教学效果及反思：

本节课着力于引领学生对历史大事件的学习、认知、理解,教学设计中着重激发学生的兴趣,创设学习情境,发挥学生的主体作用,总体效果较好。不足之处:课堂实践与预设有一定差距,一是未能完全放手让学生自主学习,总有语言引领;二是时间安排未能按照预设情况落实,出现前松后紧现象;三是课堂练习题数量较少。

案例2:人教版必修三第六单元 第17课 毛泽东思想

一、教材分析

本课教材从毛泽东思想形成与发展的历程,毛泽东思想的内容、特点、影响等角度对毛泽东思想进行阐述。毛泽东思想的形成与发展表明,这是马克思主义与中国革命实际相结合的第一次历史性飞跃的理论成果,是中国化的马克思主义,是中国共产党的指导思想,是中华民族的宝贵精神财富,其形成与发展就是中国革命和建设的历程。

二、学情分析

学生为天津市南开中学高二年级选修历史学科的学生，学生综合素养较高，基础知识较好，学习能力较强。前面已经学习过第五单元"近代中国的思想解放潮流"，对"中国向西方学习的过程"已经清楚，对"马克思主义的传入与传播"有初步了解，为"马克思主义在中国的发展"这一单元的学习做了铺垫。

三、教学目标

1.知识与能力

使学生能够了解毛泽东思想诞生的背景；能够叙述毛泽东思想的形成和发展过程；能够说出体现毛泽东思想的相关著作和文章、说出毛泽东思想的内容；能够理解毛泽东思想的特点、科学内涵和历史地位。

2.过程与方法

通过问题探究、表格归纳等方法梳理知识结构，理清知识脉络。选取相关图片、史料呈现有效的历史信息，学会正确运用史料的方法；运用"时代孕育思想、思想指导实践"的方法指导学生学习史实。

3.情感态度与价值观

学生通过学习能够认识到毛泽东思想是马克思主义的运用和发展，是中国化的马克思主义，是中国革命胜利的理论武器，感悟以毛泽东为代表的中国共产党人为了中国民族的解放、社会的进步和人民的幸福而不断探索、不懈努力奋斗的精神和勇气。

四、学习目标

1.了解毛泽东思想诞生的背景、内容

2.识记毛泽东思想形成过程中的时间、背景、著述、内容和作用

3.理解毛泽东思想的特点和科学内涵

4.认识毛泽东思想对近现代中国产生的深远影响，从而理解历史地位

五、教学重难点

1.教学重点：毛泽东思想的形成经过

解决措施:以"时代孕育思想,思想指导实践"为学习方法,引领学生通过问题探究,表格归纳,何种时代背景下孕育了毛泽东的何种思想,从而建立知识结构,理清毛泽东思想的形成过程。

2.教学重点:毛泽东思想的内容

解决措施:提供学生自主学习的教材内容,学生互相之间交流从而识记相关内容。

3.教学难点:毛泽东思想的科学内涵

突破措施:教师引导学生挖掘教材内容,结合史实说明毛泽东思想运用了马克思主义的基本原理,结合史实说明毛泽东思想是被实践证明了的关于中国革命和建设的正确的理论原则和经验总结,分析出毛泽东思想的科学内涵。

4.教学难点:毛泽东思想的历史地位

突破措施:通过引用邓小平同志、习近平同志对毛泽东思想的评价来理解毛泽东思想的历史地位。

六、教学策略

(1)创设情境、激趣导入。通过校园照片、国庆图片等贴近学生生活的场景,拉近与学生的距离,激发学生的学习兴趣。

(2)设置问题、自主学习。学习历史总要明白"是什么?""为什么?""怎么样?"设置"为什么即背景""怎么样即过程"等问题,促使学生带着问题"毛泽东思想是怎么形成的?"进行自主学习,解决能力范围的问题,建立知识结构。

(3)提供示例、指导学习。学习不仅是学知识,还要学会学习的方法,给学生提供学习历史知识的方法—表格归纳法,"毛泽东思想形成过程的表格"有助于学生理清知识脉络,减少易混点、易错点。

(4)呈现史料、辅助教学。历史学习离不开史料佐证,呈现丰富的图片、文字、地图等史料辅助教学,有助于还原历史场景,帮助学生理解"为什么在每一阶段毛泽东提出了不同的思想主张,写出了不同的理论著述",加深对重点知识的印象。

(5)运用文本、推动教学。教材是历史学习的重要素材,不能舍本逐末,弃教材于不顾,教师借助教材文本推动教学,有助于降低学生学习难度。

(6)习题检测、巩固提高。学习目标的达成情况借助于显性的习题检测是较为

直接的方式。

　　信息技术应用:采用多媒体教学手段,制作含有丰富的图片、表格、史料、微课的课件。

七、教学过程

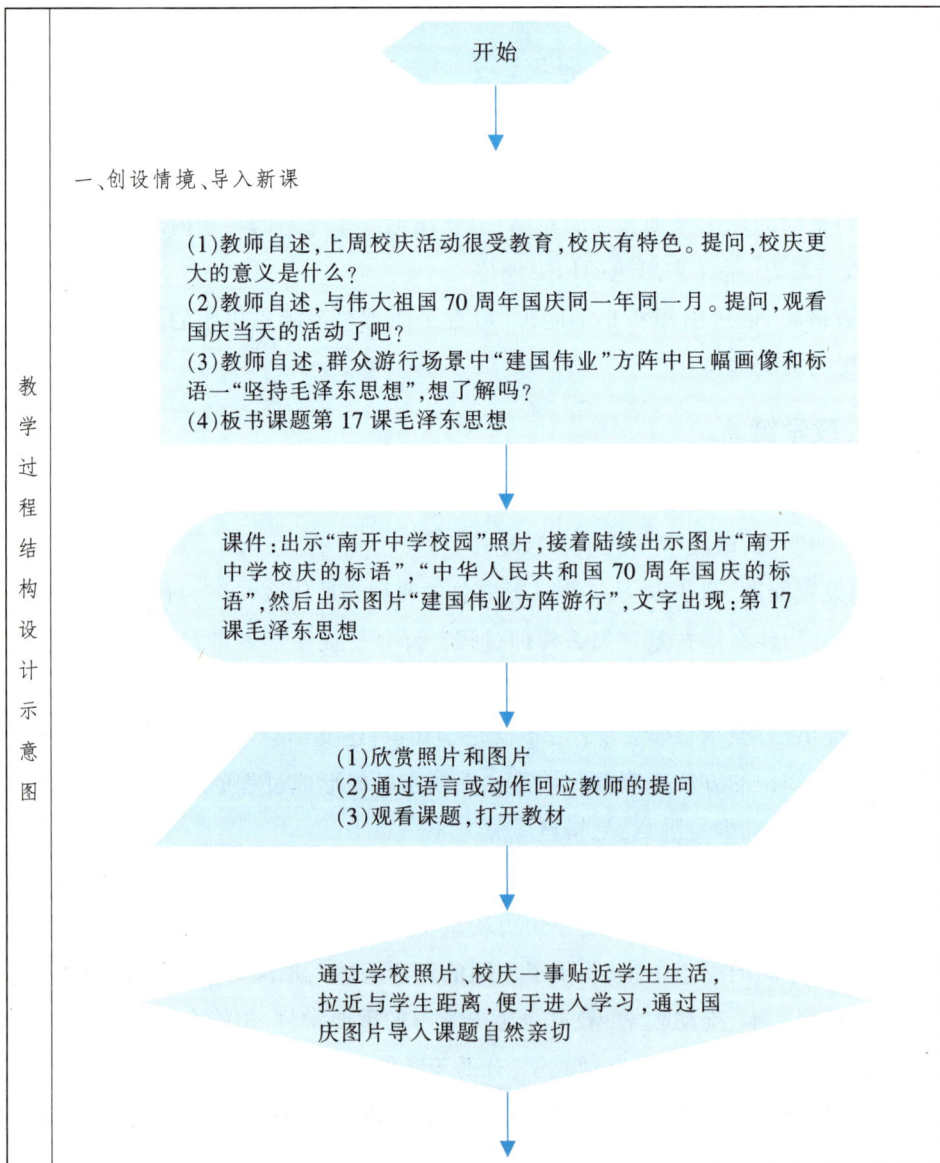

教学过程结构设计示意图

开始

一、创设情境、导入新课

(1)教师自述,上周校庆活动很受教育,校庆有特色。提问,校庆更大的意义是什么?
(2)教师自述,与伟大祖国70周年国庆同一年同一月。提问,观看国庆当天的活动了吧?
(3)教师自述,群众游行场景中"建国伟业"方阵中巨幅画像和标语—"坚持毛泽东思想",想了解吗?
(4)板书课题第17课毛泽东思想

课件:出示"南开中学校园"照片,接着陆续出示图片"南开中学校庆的标语","中华人民共和国70周年国庆的标语",然后出示图片"建国伟业方阵游行",文字出现:第17课毛泽东思想

(1)欣赏照片和图片
(2)通过语言或动作回应教师的提问
(3)观看课题,打开教材

通过学校照片、校庆一事贴近学生生活,拉近与学生距离,便于进入学习,通过国庆图片导入课题自然亲切

二、提出问题、学习新课

(1)教师自述,先来了解青年毛泽东的思想经历,逐渐转变为马克思主义者

(2)教师提问,成为马克思主义者的毛泽东所处的当时时代和社会是什么状况？回顾已学知识回答

(3)教师自述,这些都是"毛泽东思想诞生的背景",正所谓"时代孕育思想 思想指导实践",我们在后面的学习中体会这一论断

(4)教师提问,"当时的时代呼唤一种新的理论产生,那么毛泽东思想是如何形成与发展的呢？"

(5)同学们自主学习教材第82页第二段、第三段,第83页第一段、第二段,列表归纳毛泽东思想的形成经过

(6)教师巡视,辅导学生学习

课件:出示"一、毛泽东思想诞生的背景"下列四个方面内容
　　　出示"二、毛泽东思想的形成与发展之毛泽东思想的形成"
　　　出示"毛泽东思想形成的归纳表格"

(1)回答教师提问"当时社会状况和重要历史事件"

(2)观看课件"毛泽东思想诞生的背景"

(3)思考教师提问,观看课件"毛泽东思想形成的归纳表格",打开教材自主学习相关内容,完成列表

此环节在于帮助学生回顾已有知识与本课知识做好衔接,此环节为本课重点,给学生足够的时间进行自主学习、合作学习,落实重点内容,同时提供自主表格归纳法的学习方法

(1)教师自述,同学们经过自主阅读教材,结合已有知识完成了表格的归纳,通过小组内交流讨论,完善了表格内容,下面请同学们作相关展示
(2)教师提问,"毛泽东思想萌芽阶段的时间、背景、著述、内容、作用"
(3)教师提问,"毛泽东思想初形阶段的时间、背景、著述、内容、作用"
(4)教师提问,"毛泽东思想确立阶段的时间、背景、著述、内容、作用"
(5)教师评价同学们的完成情况,呈现每一时期的图片、史料和史实,帮助学生加深对本目内容的理解

课件:出示"毛泽东思想形成的归纳表格"的完整版
　　出示"每一阶段的相关图片、著述原文的史料、外延的史实",
　　伴随课件进行讲解,播放微课
　　出示"二、毛泽东思想的形成与发展之毛泽东思想的发展"
　　出示"毛泽东思想形成的归纳表格"

(1)回答教师的三次提问"毛泽东思想每一阶段的时间、背景、著述、内容、作用"
(2)观看课件"毛泽东思想形成的归纳表格"的完整版
(3)看、听"每一阶段的相关图片、著述原文的史料、外延的史实",教师的讲解,微课
(4)观看课件"二、毛泽东思想的形成与发展之毛泽东思想的发展",继续进行学。

通过此环节落实本课重点内容的学习学生建立清晰的知识结构,帮助学生加深对"毛泽东思想来龙去脉"的理解

(1)教师自述,同学们经过自主阅读教材,结合已有知识完成了表格的归纳,通过小组内交流讨论,完善了表格内容,下面请同学们作相关展示。
(2)教师提问,"毛泽东思想发展阶段的时间、背景、著述、内容、作用"。
(3)教师评价同学们的完成情况,稍作补充
(4)教师提问,"毛泽东思想包含哪些内容呢?"
(5)请同学们阅读教材第84页最后一段文字

课件:出示"毛泽东思想形成的归纳表格"的完整版
出示"毛泽东思想的内容结构图"

(1)回答教师的提问"毛泽东思想发展阶段的时间、背景、著述、内容、作用"
(2)观看课件"毛泽东思想形成的归纳表格"的完整版
(3)阅读教材第84页最后一段文字
(4)观看课件"毛泽东思想的内容结构图"在教材上圈划补充

通过此环节继续落实本课重点内容的学习,学生建立清晰的知识结构,帮助学生加深对"毛泽东思想来龙去脉"的理解

(1)教师讲解:"同学们一起看教材第82页第二段、第三段文字中找出运用'马克思主义普遍原理'字句,第83页第一段文字找出'结合国情'字句"分析得出"毛泽东思想的特点"
(2)教师对"毛泽东思想特点中的第三点作特别说明,即毛泽东思想活的灵魂"
(3)教师通过分析特点进而引导学生进一步梳理出"毛泽东思想的科学内涵"

续表

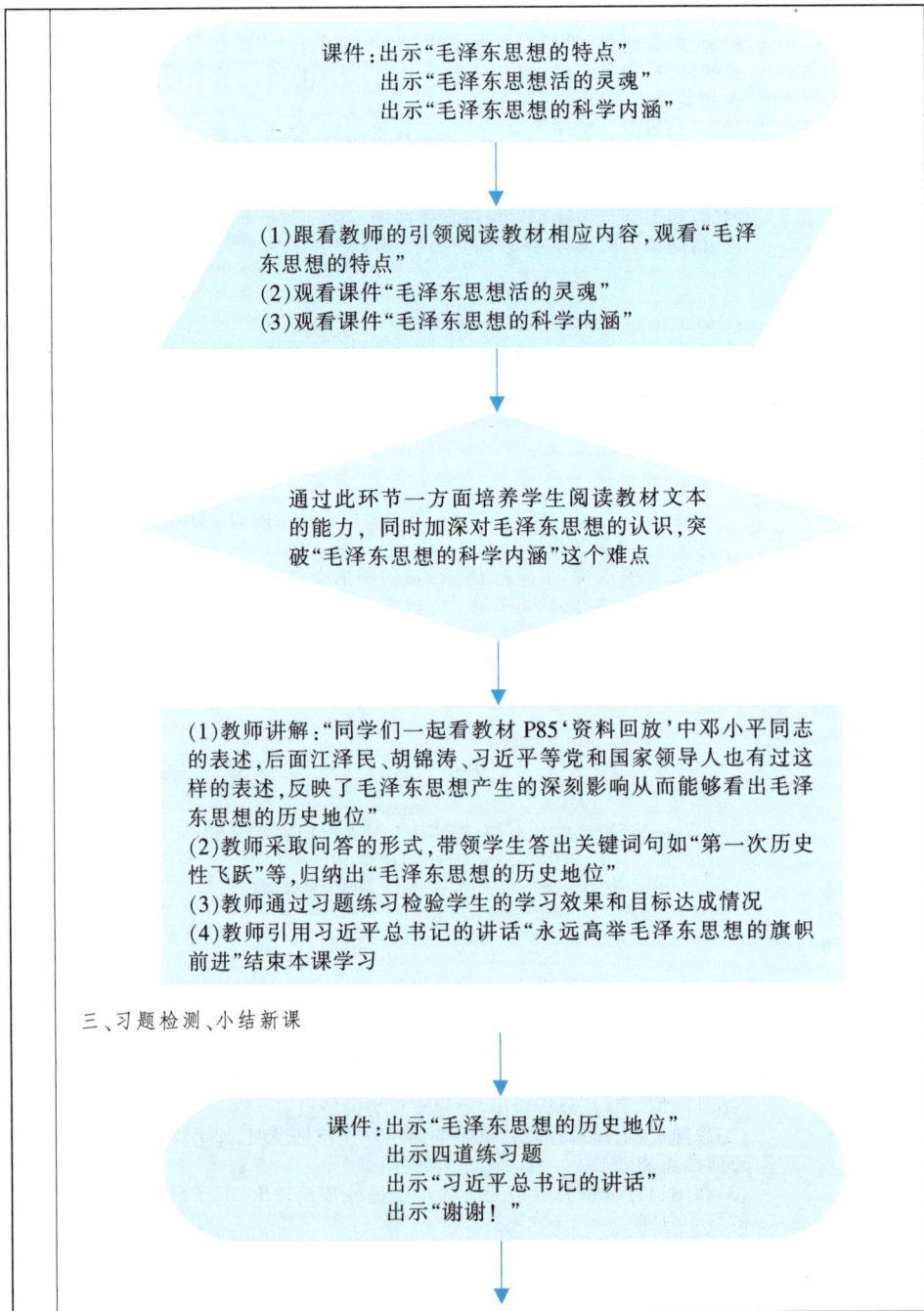

课件:出示"毛泽东思想的特点"
出示"毛泽东思想活的灵魂"
出示"毛泽东思想的科学内涵"

(1)跟看教师的引领阅读教材相应内容,观看"毛泽东思想的特点"
(2)观看课件"毛泽东思想活的灵魂"
(3)观看课件"毛泽东思想的科学内涵"

通过此环节一方面培养学生阅读教材文本的能力,同时加深对毛泽东思想的认识,突破"毛泽东思想的科学内涵"这个难点

(1)教师讲解:"同学们一起看教材 P85'资料回放'中邓小平同志的表述,后面江泽民、胡锦涛、习近平等党和国家领导人也有过这样的表述,反映了毛泽东思想产生的深刻影响从而能够看出毛泽东思想的历史地位"
(2)教师采取问答的形式,带领学生答出关键词句如"第一次历史性飞跃"等,归纳出"毛泽东思想的历史地位"
(3)教师通过习题练习检验学生的学习效果和目标达成情况
(4)教师引用习近平总书记的讲话"永远高举毛泽东思想的旗帜前进"结束本课学习

三、习题检测、小结新课

课件:出示"毛泽东思想的历史地位"
出示四道练习题
出示"习近平总书记的讲话"
出示"谢谢!"

(1)阅读教材相应内容,回答教师启发性的提问,归纳出"毛泽东思想的历史地位"
(2)完成课件上的习题,快速作答
(3)观看课件"习近平总书记的讲话"

通过此环节一方面解决本课难点"毛泽东思想的历史地位",一方面进行目标达成的检测。结束本课

一、毛泽东思想诞生的背景

二、毛泽东思想的形成与发展

三、毛泽东思想的内容

四、毛泽东思想的特点

五、毛泽东思想的科学内涵

六、毛泽东思想的历史地位

板书设计

将"形成""发展""内容""特点""内涵"置于五角星的五个角的部位,寓意"毛泽东思想"如红五星照耀着中国前进的路。

毛泽东思想

案例3：人教版必修一第七单元 第23课 新中国初期的外交

一、教学目标

(1)通过复习独立自主的外交方针,和平共处五项原则,日内瓦会议,万隆会议等史实培养学生时空观念的核心素养。

(2)结合中国近代史和建国初期的国际环境,理解我国外交政策的制定,培养学生历史理解与历史解释的核心素养。

(3)探究新中国独立自主外交与旧中国屈辱外交的根本区别,和平共处五项原则在处理国际关系方面的意义,周恩来总理在万隆会议上提出"求同存异"方针所起的作用,培养学生历史解释的核心素养与家国情怀。

二、学情分析

授课学生是天津市普通高中高三年级的学生,学生基础知识不扎实,学习能力较弱,思维不活跃,个性鲜明,参与意识不强,独立思考的能力较弱,但是较高一、高二时期综合素养有一定提升,有少量历史知识储备,历史思维能力有一定提高。

三、教学重难点分析及解决措施

重点:独立自主的和平外交政策和基本方针;和平共处五项原则的提出与本单元下一课"开创外交新局面"的联系。

难点:建国初期复杂的国际国内形势对制定外交方针的影响。

解决措施:通过情景再现、材料呈现、自主学习、归纳分析。

四、教学准备

PPT 课件的制作。

五、教学过程

教学环节及时间	活动目标	教学内容	活动设计	媒体应用及分析
一维: 导入—— 2分钟	激发学生兴趣	呈现外交时事,以此引出现代中国的外交始自于新中国成立之日,自成立之日起中国便奉行了和平的对外政策,由此导入课题《现代中国对外关系》	多媒体呈现"2021年3月7日中国外交部部长王毅以"五个最"概述2020年的中国外交工作——最精彩的是元首外交、最坚定的是捍卫国家利益、投入精力最大的是抗疫外交、最牵挂的是海外同胞的安危、最关注的是把握全球治理的方向。"文字呈现四张有关旧中国外交的照片,分别反映《南京条约》《马关条约》《二十一条》《中美友好通商航海条约》签订的情况	多媒体设备电子白板播放 PPT课件
二维: 第一次设问——1分钟	引发学生质疑	"新中国成立了,中国人民从此站起来了,那我们还要实行这样的外交吗?"		多媒体设备电子白板播放 PPT课件
		我们要对清政府与北洋政府的屈辱求和外交政策说"不",也对近代西方列强的武力外交说"不",与这种屈辱求和、武力推行的外交政策相反,我们的外交总则是	屏幕出示探究题	

教学环节及时间	活动目标	教学内容	活动设计	媒体应用及分析
		独立自主的和平外交。那么，在这种外交原则的指引下，我们又采取了哪些方针、取得了哪些成就呢？	引导学生回顾旧中国屈辱的外交历史，通过设问促使学生质疑，进而进行学习	给出一副当时美苏对峙的世界格局图，再结合两则有关"冷战"的材料
三维：第一次自主学习——6分钟	探究温习知识点 体现学生主体地位	（一）新中国初期的外交政策 1. 独立自主的和平外交方针 制定依据：国际形势 国家性质 国家利益 2. 基本方针——三大外交方针的提出 引导学生体验当时的国际国内情境；在明确我们国家的社会主义性质后，提问"面对这样的国际环境，我们应该实行怎样的政策？"顺势进入"另起炉灶""打扫干净屋子再请客""一边倒"三大方针的内容、意义和影响，这是本课的重点 在这里，特别注意引导学生结合当时的历史环境来进行具体分析。此处安排	（二战后世界局势发生了深刻的变化） （新成立的新民主主义国家） （百废待兴、基础薄弱）	在 PPT 中用表格的形式，引导学生分析、讨论、检测，以加深学生的理解

续表

教学环节及时间	活动目标	教学内容	活动设计	媒体应用及分析
四维： 精讲—— 4分钟 二维： 第二次设问——1分钟 三维： 第二次自主学习——5分钟	 引起过渡 引发学生质疑 体现学生主体地位 培养学生相应核心素养	"另起炉灶"解决的是对外战略问题，"打扫干净屋子再请客"和"一边倒"解决的是对外交往中的战术问题 　　在"一边倒"的方针之下，我们取得了骄人的外交成就，同学们回顾有哪些成就？ （二）新中国初期的外交活动和成就	 此处安排学生进行自主复习，落实三大方针的含义、作用 插播相关视频资料	在PPT中用表格的形式展示，以加深学生的理解 通过PPT图片与文字材料，介绍"和平共处五项原则"的提出背景、形成过程与主要内容
四维： 精讲—— 5分钟	教师答疑解惑	1.第一次建交高潮 　　冲破美国外交孤立，新中国成立后一年同苏联等17个国家建立外交关系 　　最突出的是中苏友好关系的确立，1950年签订《中苏友好同盟互助条约》 　　2.和平共处五项原则的提出 　　初衷：发展同邻国及新兴民族独立国家的友好关系。	强调："另起炉灶""打扫干净屋子再请客""一边倒"三大方针各有侧重 由学生自主复习，复习后叙述外交成就	多媒体设备电子白板播放 PPT课件
二维： 第三次设问——1分钟	引发学生质疑	过程：①提出：1953年12月，周恩来接见印度代表团时首次提出 　　②内容：即"互相尊重领土主权、互不侵犯、互		

续表

教学环节及时间	活动目标	教学内容	活动设计	媒体应用及分析
三维： 第三次自主学习 ——6分钟	体现学生主体地位	不干涉内政、平等互惠、和平共处"。 意义：成为解决国与国之间问题的基本准则 3.步入世界舞台 日内瓦会议——背景：为和平解决朝鲜和印度支那问题 成果：1954年，中国提出合理建议，推动会议达成了《关于恢复印度支那和平的日内瓦公约》 万隆会议——背景：后亚洲、非洲民族解放运动运动高涨 成果：1955年，中国提出"求同存异"的方针，促进会议取得成功。 这两次会议是50年代中期中国在和平共处五项原则的指引下走上了世界外交舞台所取得的巨大成就。在讲述日内瓦会议时，在讲述万隆会议的时候，通过材料着重介绍"求同存异"方针提出的背景，让学生感悟周恩来的政治眼界（从亚非国家的共同历史与现实处境中寻求	引领学生回顾熟悉"和平共处五项原则"的相关史实，最后总结分析"和平共处五项原则"的影响 标志着新中国外交的成熟，影响深远 意义：提高了新中国的国际声誉 意义：加强了中国与亚非各国的联系，推动了"万隆精神"的形成 前者是新中国第一次以大国身份参加的重要国际回忆，后者是第一次没有殖民主义国家参加的亚非国际会议	PPT展示"周恩来率中国代表团步入会场"的照片

续表

教学环节及时间	活动目标	教学内容	活动设计	媒体应用及分析
二维： 第四次设问——1分钟 三维： 第三次自主学习——3分钟 四维： 精讲——5分钟	引发学生质疑 体现学生主体地位 教师答疑解惑 关注考点	各国共鸣）、语言魅力（简洁、到位而有力）与外交智慧（抛弃狭隘的社会制度与意识形态差异之争论，站在共同利益的高度上看问题，"求同存异"与与会国代表之见"异"忘"同"相区别，言人所未言，发人所未发），最后归纳"万隆精神"的内容 因为是复习课，适度提高课时进度和课时效率 （三）开创外交新局面 1. 恢复在联合国的合法席位 （1）原因：20世纪70年代中国国际地位提高，发展中国家要求恢复中国在联合国的合法席法 （2）表现：1971年10月，第26届联大恢复中国在联合国的合法席位 意义：有利于中国在国际事务中发挥更大的作用	让学生从"周恩来率中国代表团步入会场"的照片中提取信息，感悟周恩来的外交风采与人格魅力 屏幕呈现中国在联合国的合法席位应用"恢复"一词，而不能说中国"加入"联合国。因为新中国成立后，按照国际法，应由中华人民共和国中央人民政府取代台湾国民党集团，享有在联合国的一切权益	多媒体设备电子白板播放 **PPT课件**

教学环节及时间	活动目标	教学内容	活动设计	媒体应用及分析
	关注考点	2.中美关系正常化 (1)背景： ①中国国际地位的提高，美国孤立中国政策的失败 ②美国与苏联争霸需要与中国改善关系 ③中苏关系恶化，中美关系改善符合两国的国家利益 (2)进程： ①美国乒乓球队访华打开了中美两国人民友好交往的大门 ②1971年7月，基辛格秘密访华，宣布美国总统尼克松将访问中国 ③1972年2月，尼克松访华，中美发表《中美联合公报》，两国关系结束对抗，走向正常化 ④1979年，两国正式建立外交关系	中美关系的演变：敌视对抗、关系断绝→抓住契机、逐渐缓和→关系正常化、正式建交	
	关注考点 巩固知识	为什么说中美关系的缓和是双方共同的要求？ 1.中国综合国力和国际地位的提高，表明二战后美国对新中国采取的遏制战略的失败，使美国不得不重新考虑对华政策	中美关系的演变：敌视对抗、关系断绝→抓住契机、逐渐缓和→关系正常化、正式建交 在经济方面，美国谋求打破中美	

教学环节及时间	活动目标	教学内容	活动设计	媒体应用及分析
五维： 练习—— 1分钟 小结—— 4分钟	回顾所学、理清逻辑关系	2. 国际关系:20世纪70年代初，美国在美苏争霸中处于劣势，而且苏联也直接威胁着中国的安全，美国企图利用中苏矛盾，在亚洲收缩力量，集中对抗苏联，而中国也需要缓和同美国的关系，集中力量对付苏联的威胁，因而双方逐渐走近 3.中日关系的改善 (1)背景:中美关系的改善直接促进了中日关系的改善 (2)经过:1972年日本首相田中角荣访华，与中国建立外交关系 归纳为1(一个总则)、3(三项方针)、5(五项原则)、2(两次会议)	关系的僵局,利用中国的广阔市场，以摆脱经济危机的困扰,中国也想恢复同美国的正常关系,加强同西方世界的交往。正是两国的共同需要,所以在改善关系方面,美国较主动,中国积极响应 4.中国也考虑到改善中美关系对解决台湾问题,实现祖国统一有重要作用 呈现结构体系	利用黑板完成板书

| 板书提纲 | 1   3   5   2

独立自主的和平外交　　和平共处五项原则　日内瓦会议和万隆会议

另起炉灶、打扫干净屋子再请客、一边倒

开创外交新局面：
1.恢复在联合国合法席位
2.中美关系改善
3.中日关系改善 |

教学效果及反思：

本节课着力于引领学生对历史大事件的复习、理解、拓展，教学设计中着重激发学生的兴趣，发挥学生的主体作用，总体效果较好。不足之处：课堂实践与预设有一定差距，一是未能完全放手让学生自主复习，存在过多语言引领；二是时间安排未能按照预设情况落实，出现前松后紧现象；三是课堂练习题未完成。

进一步发挥学生主体作用驱动下
高中历史课堂活动设计与评价的探究

天津市第三中学　王秀荣

摘　要：普通高中历史课程作为基础教育课程的重要组成部分，其课堂教学模式急需从"以讲为主"的"教师主导"向"教师主导，学生主体"转变，通过在"高中历史课堂活动中体现学生主体地位"课题的实践研究中，开展丰富、创新、高效的课堂教学活动，设计多元、积极、客观的评价方式，充分调动学生学习历史的主动性与参与性，使学生从中体悟自主学习的收获，从而在潜移默化中提升其历史学科核心素养。

关键词：学生主体作用　历史课活动设计　教学评价

学生在教育教学中的主体性，首先表现在他具有独立的主体意识，有明确的学习目标和自觉积极的学习态度，能够在教师的启发指导下独立感知教材、理解教材，把学科课程内容变成自己的精神财富，并能够运用于实践；其次，学生能对学习活动进行自我支配、自我调节和控制，充分发挥自身潜能，主动去认识、学习和接受教育影响，积极向教师质疑、请教、相互研讨，从而达到自己所预期的学习目标，这点在学生的自主学习活动中表现尤为突出。

一、高中历史课堂活动对培养学生自主性的重要意义

《普通高中历史课程标准(2017年版)》中课程内容部分(必修课程和选择性必修课程)都给出了教学活动设计示例,统编高中历史教材中也相应地突出了探究活动课,以便于围绕历史学科核心素养开展教学。不论是专门的探究活动课还是常规历史课堂上的活动设计,都不同于传统的课堂教学模式,它遵循"以活动促发展"的现代教育理念,以课堂为基本阵地,以学生的主体活动为基本特征,让学生自主活动、自主思考、自主探究、自主实践,引导学生在历史活动中体验,在历史活动中发展。

2019年秋季开始新的历史统编教材已正式在天津市开始使用。统编版教材采用通史的形式编纂,以时间为线索,先阐述某一朝代的重大历史事件,再分别讲述这一朝代的政治、经济与文化,这种编写方式,有利于学生从时间顺序上掌握历史时间,帮助学生构筑历史观念。相比于之前的历史教材,统编教材的内容增多,而学生需要了解的历史知识也在增多,这就对高中历史教师与学生提出了更高的要求。

随着教育理念与教育方法的不断革新,新课改推行的深入,高中历史课堂的改革已取得了一些成果,一线的历史教师通过实践,探索出了一些灵活多样且切实可行的方法,如电脑、投影、视频、歌曲以及平板教学等,在一定程度上能够调动学生学习历史的积极性。然而,从整体上讲,大部分的高中历史教师在教学模式上依旧没有发生实质性的改变,陈旧的"以讲为主"的"教师主导"的模式已不足以应对高中历史教学的现状,因此,我们必须要更新教育理念,从整体上把握历史教学过程的本质规律,提高课堂教学的有效性,让不同的学生根据自身的特点掌握多样化的学习方式,实现向自主、探索、合作的学习方式的转变,使学生真正成为学习的主人,让学生成为高中历史活动课主体。培养学生独立思考、独立解决问题的能力,激发学生的创造性思维,提高高中历史课堂的教学质量与教学效果,使历史学科的立德树人的教育功能在高中教育体系中充分发挥。

为了进一步确保新课改理念的贯彻,将教育教学改革的理论与实际教学相联系,必须坚持有效地开展高中历史课堂活动的教学,使其达到既满足活动课程以学生为主体的活动目的,同时又起到辅助常规课教学的作用,帮助教师在实际教学中更有效地开展高中历史课堂活动,更彻底贯彻新课改提倡的体现学生主体地位的教学理念,从而促进教师和学生的共同进步。

二、高中历史课堂活动的主要类型和形式

"高中历史课堂活动"可以是一节独立完整的活动课。比如新的统编教材,每本书后都安排了一节活动课,《中外历史纲要》的上册最后就有一节《家国情怀与统一多民族国家的演进》,下册最后有一节《放眼世界,推动构建人类命运共同体》。这类基于教材的活动课,教师要尽可能组织学生参照教材和教学参考书的要求,在课堂上加以实施。除了教材中的活动课,教师也可以根据教学需要自行设计活动课。比如在学习《中外历史纲要》的下册第四单元第8课《西欧的思想解放运动》时,设计主题为《探寻资本主义制度确立的思想文化渊源》的活动课。因为本课内容所涉史事多、时间跨度大、空间范围广。首先让学生分组研读有关文艺复兴、宗教改革、启蒙运动的资料,围绕"新兴资产阶级的诉求"筛选出史料信息。然后通过编制图表、撰写小论文、制作演示文稿等活动,呈现文艺复兴、宗教改革、启蒙运动与资本主义制度确立的联系。最后各组展示活动成果,师生共同完成对学习情况的评价。此类活动课因为占用完整的一课时,需要老师提前进行充分的设计,并对教材内容进行科学而大胆的整合,以保证教学内容在课堂活动的引领下如期完成。

"高中历史课堂活动"也可以是常规课堂中穿插的一些以学生为主体的教学活动。教师组织一节完整的活动课要做多方面的准备,不可能经常开展,但在常规教学中渗透活动课的理念,适当穿插一两个小活动,则是完全可行的。为此我们认为,课堂活动环节的设计是历史活动课在常规教学中的延伸,以改变常规课堂教学的结构,形成常规教学课与活动课相辅相成的新的课型——常规教学活动课。正是基于这样的思考和认识,我在常规教学中以课堂活动为突破口,大胆进行研

究和尝试。充分利用统编历史教材每节课后的"探究与拓展"栏目。问题探究,结合每课内容设置一思考题,启发学生进一步思考,思考方向一般是比较重大的问题。学习拓展,意在要求学生拓展思考。一般是与课文有紧密联系,在课文里未能展开的话题。这两个栏目力图让学生通过相关材料分析和思考,综合锻炼、提高历史核心素养。教师可以充分利用教材提供的探究问题和拓展内容在教学过程中进行课堂活动设计。

根据高中历史教学的内容和目标,高中历史课堂活动(课)的开展形式多种多样,常见的主要包括如下四类。

(一)组织基于历史问题的讨论会或辩论会

在不同的知识内容学习中,结合具体的课程教学目标,教师可以合理进行安排与选择。对于那些很值得学生去思考、分析与探究的历史问题,教师不妨组织一些学生展开讨论或者辩论活动。教师可以结合教学内容选定一个讨论或者辩论主题,让学生自主产生一些自己想要表达或者阐述的观点与方向,然后组织学生间不同的观点进行交流碰撞,让大家在问题讨论或者辩论的背景下,加深对于具体探讨问题的理解认识。这样的教学活动设计可以极大地加深学生对于探讨问题的理解认识,学生往往可以从多样化的观点中感受到问题的深刻性与复杂性,学生理解历史的视角也不再会仅仅局限于一个方向,教学的目标也随之达成。历史主题的讨论会或者辩论会既需要辩手紧扣题意、针锋相对、力陈己见,又需要大家都参与到活动中来,发挥各自的作用,培养团结合作的精神。如《关于世界经济全球化的讨论》《科举制度的利与弊》等,都是可以发展成讨论主题或者辩论主题的教学内容。教师可以合理设计活动课的展开模式,通过多样化的教学活动的融入,显著提升学生参与到历史问题讨论中的积极性,让学生可以形成更加深入的对于历史知识的理解与体会。

(二)鼓励学生自主编排历史情景剧或舞台剧

对于情节丰富或者故事完整的历史知识点,尤其是一些学生很感兴趣的教学题材,教师可以鼓励学生收集资料进行演讲,或者自主编排成历史情景剧或者舞台剧,然后分小组展示。为了有更好的呈现,学生不仅需要充分理解课本内容,还需要做更多相关的功课,要能够对于各自扮演的人物有更深入的理解,也要更全面地认识这一段历史背景。这是对于学生自主学习能力的一种激发与培养,会让学生积极挖掘历史背景和历史素材,丰富自身对于这一历史知识的理解认知。

如在学习《中华民族的抗日战争和人民解放战争》一单元时,我鼓励学生自编自导自演《"老兵"的故事》。全班同学分成若干组,每组负责一位老兵的资料整理与表演,由小组长具体负责。引导学生通过文献查找、书籍阅读、人物探访等方式寻找战争时期的"老兵",了解和研究他们的事迹,并尝试从历史当事者的角度看历史。通过个案研究,将历史的宏大叙事与个人亲身经历联系起来,理解在历史大背景下普通人的所思所想和所作所为,并从普通士兵的身上感悟革命先辈的精神。也可将新中国成立后的"老兵"作为研究对象,了解他们在保卫祖国、建设祖国、抗灾救灾等活动中的经历及贡献,学习革命先辈为国家、为中华民族复兴而奋斗的精神。通过这一活动,使学生进一步感悟"不忘初心,牢记使命"的重要意义。为了更好地呈现自己的表演,学生学习的主动性很强,对历史人物和历史背景的研究剖析也非常深入,比教师单纯进行分析讲解达到的教学效果要理想很多。

(三)指导学生自制历史调查问卷或进行调查访谈

对于一些比较实用,在生活中有广泛体现的历史知识内容,教师在组织历史活动课时,活动的内容和方式可以有相应调整。可以在学完特定内容后,组织学生进行历史调查问卷或者访谈问卷的制作,结合课本中的知识内容自行设计调查或者访谈的问题,然后在自己的生活半径选取合适的人物进行访谈与调查。这是一个非常典型的将理论知识加以实践应用的方法,基于这样的背景,学生会直观感受到课本上学到的那些内容在生活中的实际体现与应用。不仅如此,学生的综合学习能力在和他人进行沟通交流、制作问卷、回收问卷与分析汇总的全部过程,都得到了十分充分的锻炼,同时这也是培养与强化学生对历史课程学习兴趣的一种方式。

如学完《中外历史纲要》的上册第十单元第 29 课《改革开放以来的巨大成就》之后,设计《20 世纪 80 年代以来社区居民生活变迁》为核心内容的调查问卷。教师介绍活动主题及其内容范围、社会调查的方式方法、活动成果及其评价要求等,对学生开展社会调查进行方法上的指导。学生可自愿组成调查小组,围绕家庭收入、衣食住行、医疗卫生、文化教育、通信手段等多方面的调查主题,确定具体目

标,制订调查计划,选定调查对象,编写调查问卷或访谈提纲。然后利用课余时间,开展社会调查活动,并围绕选定的调查主题搜集相关资料。之后对社会调查的数据、访谈记录以及相关资料进行整理和分析,在小组共同讨论的基础上,形成本组对居民生活变迁的调查报告文本,并创作调查研究结果汇报的演示文稿。最后运用现代信息技术,在全班展示各组的调查研究成果,学生之间进行交流,师生共同对各组的调查研究活动进行评价。

本活动使学生在历史课堂学习的基础上,通过社会调查、访问身边朋友或亲人去了解家乡在改革开放前后情况的变化,如交通的变化、人们服饰的变化、居住条件的变化、人们收入的变化、旅游业的发展等,对身边的历史变化进行多方面了解,切身感受改革开放使人民生活水平不断提高,增强建设中国特色社会主义的信念。学生在调查的过程中学到了很多课本中没有的内容,对于社会的发展与演进有了更直观的感受。通过调查问卷的拟订、实际调查活动的操作、调查数据的整理与分析、调查报告的撰写等,提高运用这一方法的技能。通过社会调查,提高接触社会、与他人沟通的能力;通过小组活动,提高合作与交流的能力。这样的活动课不仅是对于学生学习主动性和问题探究能力的训练,也会加强学生对于历史进程的感受,是一种很好的课程教学的强化方式。

(四)引导学生制作、讲解历史课件或网页,布置历史展览,撰写历史论文等

加强对学生的引导,比如学习《中外历史纲要》的下册第一单元第1课《文明的产生与早期发展》之后以《考察中国历史上的外来农作物》为主题引导学生进行探究,并将研习成果通过恰当方式加以展示。教师可先概括介绍人类历史上物种交流不断扩大的情况。学生根据自己的兴趣,选择某种外来农作物(如胡萝卜、马铃薯、甘薯、玉米、西红柿、西瓜、南瓜、辣椒等)作为研究对象,搜集整理材料,考察其来源及引入中国的情况。在文献研究的基础上,梳理外来农作物传入中国后对粮食生产、民众生活、生态环境等方面的影响,进而探讨物种交流与社会生活的关系。运用信息技术制作课件或网页,在班上展示自己的研究成果,学生还可以将成果汇集整理,撰写成小论文或者进行更大范围的展览。

本活动的设计旨在通过对某一外来农作物传入中国情况的探讨,培养学生自

主选择研究对象并进行史料实证的能力。传入中国的外来农作物很多,学生选择何种农作物作为研究对象,既要根据自己的兴趣,更要根据所掌握的史料情况而定。对于一些外来农作物传入的时间及对传入地的影响,学界有不同的认识。学生应对自己所搜集的资料进行辨析,并能运用史料作为证据来论证自己的观点。

三、高中历史课堂活动(课)的设计原则

不论是一整节的活动课还是常规课上的一些活动环节,都需要教师提前构思和设计,既要结合教学目标整合内容,确立明确的活动主题和目的,更要考虑处于主体地位的学生的学习兴趣、知识能力水平和生活经验,还要选择学生喜闻乐见的活动形式,使其从中得到发展,另外还有对老师个人的掌控能力等要求,具体需要遵循以下几个原则。

操作性原则。历史课堂活动(课)离不开学生内在的思维活动,又必须呈现为外显的行为活动,使学生始终处于"活动"状态。这种外显的行为活动实际上是一定能够操作的实践活动,不能操作的实践活动则不是真正意义上的"活动"。

同步性原则。历史课堂活动(课)一般在一节课的时间内,与常规教学的进度和教学内容基本一致,故具有同步性的特征。这一特点,使历史课堂活动(课)比较便于结合教学实际操作实施,能经常性地运用于课堂教学之中。

自主性原则。历史课堂活动(课)必须以学生为活动的主体,作为活动主体的学生可以在教师的指导下,自主制定活动计划、确定活动形式、选择活动伙伴、组织活动开展、参与活动过程、呈现和评价活动成果等。这是历史课堂活动(课)的最显著特征,最充分体现了"以学生为主体"的新教学理念。

创新性原则。历史课堂活动(课)应创设由学生"构建而非复制"的活动情境,尽量安排一些学生能够自由参与探究和创新活动的空间与内容,赋予学生创新的责任,激发学生创新的欲望。即便是学法的运用,也要在创新的情境中进行。

互动性原则。历史课堂活动(课)的活动主要是生生间的交流合作活动,同时也是师生间的交流合作活动。在这个过程中,学生与学生、教师与学生分享彼此的思考、经验和知识,交流彼此的情感、体验与观念,从而达成共识、共享、共进,实现

教学相长。

四、教师在课堂活动中主导作用的体现

我们的历史课堂活动课遵循了"以活动促发展"的现代教育理念,具有开放性、自主性、创新性和互动性的特点。以上所列举的是几种常见形式,但不管哪种形式的课堂活动(课),课堂教学时间是有限的,教师要恰当地安排时间,才能够既保证学生在开展教学活动时有充足的自主探究时间,又可以提高课堂效率。如果探究性活动过多,学生的自主探究时间被压缩,甚至有的教师刚提出问题就要学生作答,没有留给学生足够的探究时间,这就不能真正达到探究的目的。在中学历史课上开展恰当而有效的探究性活动,目的就在于转变学生的学习方式,使学生能够化被动为主动,积极参与学习活动,发现问题并解决问题,使学生能够勤于思考、乐于学习,真正为兴趣而学。

首先,老师要把握好题目的选择。指导学生选题要兼顾选题的价值和学生的兴趣及其熟悉程度,既便于学生结合本地实际调查搜集资料,又要让学生有发挥创见的余地。内容选择要适应学生的年龄特征、知识水平和生活经验,目标确定要适应运用历史知识、历史眼光分析历史与现实问题的需要和发挥历史教育社会功能的需要,促进学生的发展。通过活动开展,不仅要巩固、深化所学的知识,而且为了完成活动所制定的目标,使学生把"想"和"做"结合起来,通过实践和体验,使学生的特长、知识和创造力不断得到展示,感受到主体作用的发挥。

其次,注意活动方法的指导。如搜集和鉴别资料的方法,学生通过多种途径搜集资料,一些资料不加考证就拿来运用,老师要指导学生运用唯物史观认真鉴别搜集的资料,去伪存真,做到论从史出。还有撰写历史论文的方法、梳理归纳的方法、举办展览会的方法等。有些活动课相对较单一,有些活动课则需要多种方法的结合。这些都需要老师合理有效的指导,避免学生目的不明,方法不当,只重活动,探究不足。要避免只为单纯完成活动,要让学生探究有所得,活动有创新,渗透唯物史观等学科核心素养。

再次,要加强对活动过程的监控。活动要充分保证学生合作、交流与探究,无论选择何种形式,都要根据具体的内容和目标,着眼于历史与现实的联系,激发尽量多的学生参与活动的兴趣和愿望。教师要随时监控活动开展情况,及时进行恰到好处的点拨,还得给学生留有思考空间。信息反馈要及时,指导形式要灵活多样,既有面向全体集中讲授共性问题,又有针对个别学生的个性化指导。

最后要重视活动的总结和延伸。教学活动结束,老师要对活动进行总结,肯定学生富有创新性的探究活动方式和形成的创新性历史认识。通过褒奖学生的优点和长处,使学生增强自信心,更有活动积极性。同时要善于发现活动中存在的问题,及时记录,不断积累经验。探究活动还可以有课后延伸的环节,大多是形成学生的活动认识,要求学生通过总结归纳,逐渐形成正确的史观,必要时还可借助多媒体技术制作成演示文稿进行更进一步的交流。

这些以活动引领的教学设计,正符合了新课改"以学生为主体,倡导探究、交流性学习"的思路,着重凸显了学生在课堂中的主体地位,打破了以往教师"一言堂"的授课模式,让课堂更加活跃、有效。但是,在有限的教学时间内安排这些教学活动(课),对教师的课堂调控能力要求很高,如何使课堂"活而不乱",是课堂高效、可控的首要因素,这就需要老师恰当使用"教学评价"这一工具。

五、教学评价在高中历史课堂活动(课)中的重要意义

教学评价历来是教育问题的集中反映,日益复杂的社会变革对学生发展和教育评价不断提出新的挑战。评价变革最为关键的是转变对评价理念与评价功能本质内涵的认识,以及在实践中探索新的资源与工具,发展对评价的理解,将评价整合于探究与教学中。在当前的学生核心素养体系框架下,历史活动课的设计、实施和评价更着力于发展学生的综合素质,聚焦于学会学习与问题解决等自主发展维度、关注社会现实以及综合运用学科知识进行探究等方面的意识能力,我们已有的、熟悉的学科课程评价方式已经难以适应历史活动课的要求。

历史课堂活动(课)评价的依据应来源于学生在活动中的亲身体验、悉心观

察、感悟与思考等,这就要求学生自觉投入活动过程、调动积极的智力和情感因素、分享和思考活动过程中的问题、主动审视自己的行为和表现。历史课堂活动(课)的评价必须重视学生在学习过程中的自我评价和自我改进,使评价成为学生学会实践与反思,成为发现自我、欣赏别人的过程,形成"反思性评价"。有效的评价应该有助于学生的反思和调控自己的学习过程,从而促进个人综合能力的不断发展。而教师从学生自身作品的记录、自我评价中,把握每个学生学习的状况,从中发现需要指导的问题,改进指导方法,改善教学。

高效课堂理念倡导"立足过程,促进发展",这既是课堂教学活动评价体系的变革,更是评价理念、评价方法以及评价手段的变革。教师要深刻认识到新评价机制的重要性,关注学生在高效课堂学习活动中表现出来的行为和态度,从而帮助学生认识自我、提高自我、肯定自我。只有建立起有效的课堂活动评价体系,才能充分调动学生的积极能动性,提高学生的学习兴趣,进而提高学习效率。将评价作为一种指引,引导学生在创新实践、合作交流、批判性思维、关爱意识等领域不断进步。

六、高中历史课堂活动(课)教学评价的设计原则

为了提高课堂活动(课)的教学质量,提升学生的历史学科核心素养,必须有意识地从以下方面入手建立科学的课堂活动评价体系,真正做到有章可依,有规可循。

目标性原则。教学评价的设计要以教学目标为依据,在教学之后,学习者在认知、情感和技能等方面是否产生了如教学目标所期待的变化,这是要通过教学评价来回答的,离开了明确具体的教学目标就无法进行教学评价。设计教学评价时必须关联教学目标与评价方式,通过多样化的评价方式和工具,促进学习目标的实现。

导向性原则。活动课的评价要通过评价方案的设定及权重的分配明确活动课的教学要求,掌握活动课的教学规律和教学方法,避免盲目性和随意性。把评价和指导结合起来,要对可能的评价结果进行认真分析,从不同角度探讨因果关系,确认产生的原因,设计具有启发性的应对方案,以帮助被评价者明确努力方向。

激励性原则。活动课的评价要具有激励性,将其放在发展学生能力、提高民族素质的高度来认识。优点要全面总结,充分肯定,不足更要善意指出。让师生都能通过课堂活动明辨得失,同时又能受到鼓励,乐教乐学。

客观性原则。活动课的教学评价要尊重事实,采取实事求是的态度,做到统一尺度,宽严一致。从测量的标准和方法到评价者所持的态度,特别是最终结果的评定,都应符合客观实际,不能主观臆断或掺入个人情感。

全面性原则。课堂活动(课)教学评价要对教学活动的各个方面做多角度、全方位的评价,不能以点代面,以偏概全。既要对教师教学活动进行评价,又要对学生的活动情况进行评价;既要对教学过程进行评价,又要对活动的内容、活动的准备和活动的结果进行评价。信息技术环境下更强调形成性评价,对学生在活动过程中的态度、兴趣、参与程度以及所形成的作品等进行评估。

操作性原则。教学评价应该具有多样化、便于操作的特点,实现评价的主体、内容、方式、对象和标准的多元化和评价过程的动态化。评价指标要最大限度的量化,评价项目要简单易行,有利于评价者进行实际操作。

七、高中历史课堂活动(课)的实践成果

在学习相关的国家教育教学文件,进一步研究历史活动课的相关理论基础上,通过对四所普通高中在读学生和历史教师展开问卷调查,并对调查结果进行科学的分析研究,探讨现存问题背后的原因,我更深入了解了高中历史活动课在学校日常开展的真实现状。综合以上因素,我对高中历史活动课的设计和评价提出自己的建议。围绕如何改进历史课堂活动(课)教学评价,形成以评价学生综合素质为目标的发展性评价体系这一问题,我带领本校的高中历史教师进行了一系列的实践和尝试。从活动主题的选择、活动目标的确定、活动过程的实施和活动评价的设计等方面进行分工合作,形成了比较成熟的认知和高效的操作。教师在引

导学生开展课堂活动的过程中，有必要与学生一起制定每一阶段的评价标准,学生可以据此开展探究活动,并对自己和小组其他成员进行合理的评价。

(一)分阶段制定量化评价标准

课堂活动(课)一般分为四个阶段:活动准备(制定计划)—活动实施—成果展示—课后反思,针对这四个阶段,我们制定了具体的量化评价标准。

1.准备阶段的评价标准

准备阶段是设计课堂活动一个不可忽视的环节,准备工作是否充分、问题考虑是否周全、计划是否合理,关系到探究活动过程能否顺利实施,以及能否取得预期效果。这一阶段学生的主要任务是:讨论并确定活动课题、拟定活动计划(包括任务分工、制定活动步骤、活动方法、活动条件、经费来源、预期成果、表达形式等)。对课堂活动的评价应集中于实践的过程而非结果,因此从第一个环节开始,就要对学生的行为表现做出客观、公正的评价,在肯定与否定之中,给学生一个正确的导向。这一阶段的评价主要立足于学生在课题讨论和计划制定时是否积极,对分配的任务是否积极主动承担,如表1。

表1 课堂活动准备阶段量化评价标准

活动课题		
评价标准 (10分)	1.积极参与课题讨论,积极主动承担任务,对活动计划的制定能提出非常有价值的策略	9—10分
	2.比较积极参与课题讨论,乐意承担分配的任务,对活动计划的制定能提出有参考价值的建议	7—8分
	3.课题讨论、制定活动计划方面都能参与,但不积极,能承担一定的任务	5—6分
	4.不怎么参与课题讨论和制定活动计划,能承担一定任务,但非常勉强	4分及以下

2.活动实施阶段的评价标准

这一阶段是课堂活动课的核心阶段,也是对课堂活动课实施发展性评价的重要阶段。这一阶段主要评价学生对活动任务的实施情况,信息收集积累以及运用信息资料解决问题的情况。尽管每个小组所负责的任务不同,所采取的方法、活动步骤也有所不同,最后的表现形式各异,但评价的大致方向是一致的,所以可以设计通用的评价标准,当然也可以根据不同类型的活动,在细节上进行调整。这一阶段又可以分为三个小阶段: 查找资料—整理资料—成果形成。

(1)查找资料阶段。查找资料是进行课堂活动中非常关键的一个阶段,资料是否真实、全面,决定了探究成果本身的价值大小。任何一项研究,都需经过大量的资料收集过程。该过程以小组成员分头行动为主,根据各自的任务分别查找相关资料,因此对这一阶段评价主要立足于小组成员收集资料的参与程度,所收集资料数量的多少,资料所提供信息的准确性和真实性,如表2。

表2　课堂活动查找资料阶段量化评价标准

活动课题		
评价标准 (15分)	1.去图书馆、互联网收集资料,或访谈、调查,或现场考察等,在规定时间内收集的资料全面、真实、准确	13—15分
	2.能进行较多的资料收集工作,在规定时间内收集的资料较多且真实	10—12分
	3.收集资料工作不积极,在规定时间内能提供少部分的真实资料	7—9分
	4.很少或没进行资料收集工作,规定时间内提供极少数相关资料	6分及以下

(2)整理资料阶段。在此阶段,每个课题组的成员任务包括: 根据课题对所收集的资料进行讨论、取舍、再补充收集、再取舍等,为下一步的成果形成打好基础,对这一阶段的评价主要立足于成员参与程度和配合程度,如表3。

表3　课堂活动整理资料阶段评价标准

活动课题		
评价标准 (15分)	1.认真参与讨论,整理资料,能及时发现现有资料的不足,并能积极主动查找补充资料	13—15分
	2.在资料整理方面比较认真,能积极配合小组成员参加资料的补充查找过程	10—12分
	3.在整理资料和查找补充资料上都会参与,能与小组成员配合,但不够主动	7—9分
	4.不太愿意参与整理资料和查找补充资料的过程,缺乏与小组成员的配合精神	6分及以下

(3)成果形成阶段。本阶段是将所收集的资料整理成预期的成果和作品,如历史短剧、历史论文、调查报告、历史展览、历史网业或课件等形式。这一阶段是收获的阶段,成果能否以一种较好的形式表现,对最后的成果展示效果有极为重要的意义。此阶段,虽由某一位成员主负责,但小组其他成员不可以置身事外,他们也需要对成果的形式出谋划策,对每一细节都提出修改和完善建议,以利于成果以最佳形式表现。因此这一阶段的评价也应立足于成员间的参与和配合的程度,如表4。

表4 活动成果形成阶段量化评价标准

活动课题		
评价标准 (15分)	1.积极主动参与最后的成果整理工作,大胆提出有价值的建议,与小组成员配合融洽	13—15分
	2.最后的成果整理工作比较主动,能提出自己的建议,并能与小组成员配合	10—12分
	3.最后的成果整理工作参与性不太强,但有一定参与	7—9分
	4.对最后的成果整理工作漠不关心,认为是负责人的事	6分及以下

3.成果展示阶段的评价标准

成果展示阶段是每个小组一起分享一段时间以来探究活动课成果的快乐时期。该阶段,每组将自己的探究成果以最佳形式展现,全体学生参与到评价中来。这一阶段的评价主要立足于成果的质量(是否切题、资料的收集和运用、观点是否客观等角度)、表达的质量、成果表现形式和小组协作程度,如表5。

表5 活动成果展示阶段量化评价标准

活动课题		每项得分	总分
	评价标准(A:5分 B:4分 C:3分 D:2分及以下)	每项得分	总分
历史质量 (15分)	1.是否出色展开主题,解释题目和分析资料(5分)		
	2.提供的资料、信息是否全面、客观、准确(5分)		
	3.作品是否公正地讨论了多种观点和看法,并提出本组对该问题的不同观点和解释,结构完整(5分)		
表达质量 (10分)	1.结构是否严谨、层次分明、条理清晰(5分)		
	2.是否用语精炼流畅、声音语速适中,仪态好(5分)		

续表

活动课题			
成果表现形式 (5分)	评价标准(A:5分 B:4分 C:3分 D:2分及以下)	每项得分	总分
	表现形式是否新颖、独特、有创意,展示技巧强并与主题协调一致(5分)		
小组协作程度 (5分)	小组成员是否既有分工,又有合作,配合密切,有默契(5分)		

4.自我反思阶段的评价标准

本阶段是每位学生对这一成长经历进行自我反思的阶段,既包括对所实践的活动主题的历史感知和现实理解,以及形成正确、积极的家国情怀,同时也包括这一活动经历中的自身收获、感悟、思考,以及所发现的自我不足和今后努力的方向等,如表6。

表6 课堂活动自我反思阶段量化评价标准

活动课题		
评价标准 (10分)	1.通过本课题探究活动,能够感知历史,理解现实,形成积极的家国情怀,并有深刻的自身成长体验、收获与反思	9—10分
	2.通过本课题探究活动,一定程度上能够将历史与现实联系和思考,并有一定的自身成长体验、收获与反思	7—8分
	3.对历史和现实思考,以及自身的成长体验、收获和反思都比较少	5—6分
	4.在这次课题探究活动中有没有什么思考、体验和收获	4分及以下

(二)制定不同阶段量化评价表

设计并运用这样一套高中历史课堂活动(课)发展性评价体系,是希望在每一阶段给学生以正确导向,对学生进行有效激励,鼓励学生树立学习的信心,能应对课堂活动(课)中各个环节的挑战,从而逐渐使学生在学习理念和方法上有质的变化。在每一个阶段,教师除了提供给学生该阶段的评价标准外,还要分发该阶段的评价表,各个阶段的评价表可大体相同。当然,也可以根据每一阶段的实际需要对评价表进行修改或调整。运用这一套评价体系时,最好将量化评价与质性评价(如

教师的指引性评语、小组成员的评价和建议)相结合,如表7。

表7 高中历史课堂活动课 **** 阶段评价表

个人资料	班级:	姓名: 学号:	承担任务:
活动课题			
	评价人	得分	平均得分
评价	组长评价		
	组员 ***		
	组员 ***		
	本人评价		
本阶段我为小组作的贡献			
本阶段我需要改进的地方			
小组对我的评价			
老师对我的评价和建议			教师评分

在最后反思阶段,也可以根据需要将评价表加入相关内容,进行如下调整,如表8。

表8 高中历史课堂活动课反思阶段评价表

个人资料	班级:	姓名: 学号:	承担任务:
活动课题			
自我反思和今后努力的方向			
	评价人	得分	平均得分
评价	组长评价		
	组员 ***		
	组员 ***		
	本人评价		
小组对我的评价			
老师对我的评价和建议			教师评分

在历史活动课开展的不同阶段都包含着评价的要素，我们坚持成长导向，聚焦历史学科核心素养，运用多种评价方式来将学生内在的核心素养转化为可观察可感知的外在表现。以上评价方案易于操作，能将每位学生每一阶段成长状况进行详细记录，通过组织作品交流、活动展示、探究报告辩论会、艺术表演等活动，把师长的描述性评价与学生自我反思或互评结果以及管理部门或专家的意见等进行整合，成为每位学生非常有价值的、详细的成长纪录，老师、学生和家长都能从中全面地看到每一个个体的成长变化过程，进而找到进一步发展的方向。

八、对高中历史课堂活动（课）设计与评价的反思

根据多年的教学实践，我认为"课堂活动"从广义上来说，包括学生与老师在课堂上的一切教学言行；从狭义角度来讲，专指那些在课堂上为完成教学任务而采取的实践活动。在有效教学的实施过程中，建立"活动化"的课堂是让课堂更有效的重要途径。具体是指在课堂学习中，以学生学习兴趣和内在需求为基础，以活动为载体，以学生在活动中的体验、感受、探索、求知、实践为特征，以活动促发展的一种教学方式。

历史活动课以学生为主体，通过各种各样的活动方式促进学生的全面发展，引导学生在具体的活动中学会感知、探究、内化，学会用历史的眼光关法自身的发展、关注生活、关注社会。历史活动课所设计的开放性教学打破了僵化的框架思维结构，改变了传统的课堂教学模式，满足了学生的个性发展需要，对教师的专业素养和教学技能提出了新的挑战，充分体现了当今时代所呈现的文化开放性和多元化的趋势。历史活动课倡导自主探究，培养学生学习历史的兴趣，提高学习能力和基本技能，调动学生的自主学习积极性，使以人为本，塑造个性化和多元化的历史课堂教学更加成熟。

学生在高中历史课堂上的活动本身以及探究的结果并不是最终目的，我们更为关注的是通过活动的展开，学生所进行的自我发现与自我塑造，学生对个人、自

然与社会和谐的整体体验与思考。高中历史活动课的评价意在引导学生持续实践、体验、反思,借此不断改进教与学,让评价成为学习过程的一部分。具体体现在学生在开展历史活动课的过程中探究兴趣的激发和维持、问题的探究并形成合理解决方案、运用多种方式搜集信息并形成自己理解与观点等方面。不管何时使用何种标准来评价学生的学习,也不管这些标准是专家制订的、教师制订的或是师生共同协商制订的,我们都与学生分享我们的期望,让学生及时获得关于学习过程的反馈,改进后续活动。

参考文献

[1]中华人民共和国教育部.普通高中历史课程标准(2017 年版)[M].北京:人民教育出版社,2018.

[2]《新课改综合实践活动设计与案例》课题组.新课改综合实践活动设计与案例[M].北京:人民日报出版社,2004.

[3]靳玉乐.活动课程与学生素质发展研究[M].重庆:重庆出版社,2001.

[4]高峡.活动课程的理论与实践[M].上海:上海科技教育出版社,1997.

[5]徐赐成.高中历史活动课:课程类型及其实施特点[J].中学历史教学参考,2004(06):35-37.

[6]陈静亦.历史活动课有效性思考[J].教育科学论坛,2009(01):58-59.

[7]何成刚,夏辉辉,张汉林,等.历史教学设计[M].上海:华东师范大学出版社,2019.

[8]刘宏武.多元智能与课程改革[M].北京:中央民族大学出版社,2004.

[9]霍力岩,赵梅清.多元智力评价的理论与实践[M].北京:教育科学出版社,2010.

[10]刘军.历史教学的新视野[M].北京:高等教育出版社,2003.

[11]郭元祥.综合实践活动课程的管理与评价[M].北京:高等教育出版社,2003.

[12]齐健,赵亚夫,等.历史教育价值论[M].北京:高等教育出版社,2003.

[13]杨振德.教育评价与考试改革[M].沈阳:辽宁大学出版社,2002.

[14]聂幼犁.历史课程与教学论[M].杭州:浙江教育出版社,2003.

[15]多元智能理论视角下的学生互评研究[D].广州:中山大学,2012.

[16 伯曼.多元智能与项目学习——活动设计指导[M].夏惠贤,等译.北京:中国轻工业出版社,2004.

元认知理论指导下高中历史
学业评价方式的研究

天津市第五十七中学　孙岩

摘　要：教育评价是教育科学研究的重要内容,对教学有着深远重大的影响。随着现代社会的发展,教育事业不断改革进步,元认知理论得到广泛应用。以历史教学为例,教学过程中培养学生的元认知能力,对引导学生自主学习,提高学习能力和综合素质,促进历史学科的学习都有重要意义。本文基于问卷调查,从数据出发,分析元认知理论与教学评价之间的关系,并且就提高学生元认知能力促进其自我评价和成长的策略进行了探讨。

关键词：元认知　学业评价　自主学习

新一轮课程改革已经逐步实践和推广。国家教育部颁布的《基础教育课程改革纲要(试行)》的基本精神是："教育要坚持以人为本,以学生发展为本"。因此,新课程改革追求构建旨在培养创新精神和实践能力的学习方式和教学方式。在学习方式与教学方式构建的基础上,教学评价的更新也迫在眉睫。在传统课堂上,对学生评价的主体基本仅限于教师,但新课改要体现"以人为本""以学生为中心",充分尊重学生个性和潜能的发挥与发展。在新课改形势下,学生学业评价应怎么发展,是摆在每一位教师面前亟待研究的课题。

传统的评价方式主要包括教师观察、纸笔测试、学生自评与互评、历史习作等,具有各自的优势。但新课标倡导教学中充分发挥学生的主动性,逐步推行教学

手段、教学方法和教学形式的多样化与现代化。相应的,新课改下的历史教学评价体系也应该多样化与现代化。近年来元认知的概念在教育学和心理学界都得到了广泛应用。元认知是对认知的认知,即是学习者对自己认知活动的自我意识、自我评价和自我调控。元认知的概念刚好符合我们对构建高中学业评价体系的要求。事实上,早在传统课堂时期,在知识目标、重点难点和情感态度价值观的三维体系指导下,许多教师都已经开始有意识或无意识地用元认知思想来指导自己的教学或是对学生进行教学评价。如曾经的课后总结反思,就是对学生各方面能力的全面评估,但是由于条件所限,教师们并不具备清晰且完善的元认知知识,因此对元认知的理解仅仅流于表面,不能够发展并且完善成为完整的元认知教学和评价体系。

由于元认知概念的提出,以及在中国教育界的不断普及,教师应该主动地了解元认知、认识元认知,用它来启发和反思自己的教学,并且对在教学过程中形成的浮于表面的元认知知识和概念进行系统地整合,从而提高自己元认知的能力,增强课堂教学水平,以及形成更为完善的学生评价体系。

客观来讲,中国教育界对元认知在课堂教学和评价领域的研究尚处于起步阶段,在许多理论和实践方面都缺乏足够的共识和实验,从而影响了教师对于元认知教学的准确把握以及元认知教学评价的系统化。因此,我们在本校学生一次期末考试成绩的基础之上,以元认知理论作为依据,对学生进行了全方位的调查分析。对于教育学研究而言,这次实践研究的目的是为高中历史课堂教学的元认知教学构建一个科学、完善、系统的评价体系,帮助高中历史教师在及时反馈学生学习状态的同时,能够积极有效地认识到自己教学的优缺点以及课堂的优势和不足,帮助高中历史教师反思教学情况,提高教学水平。同时,也能填补国内教育界有关历史教学领域元认知教学评价研究的空白。

下面从一次元认知理论指导下学业评价方式探讨的问卷调查及分析谈起。

一、问题的提出

明确元认知概念。元认知的概念最早在 1976 年由美国著名心理学家弗拉维尔提出的,具体是指人对自身学习活动和认知活动的认知。元认知不同于传统意义上的认知,它的重点更加强调人认知活动本身,而传统认知则指向认知的对象。所以,从根本上说,元认知是对认知活动的认知。

根据研究的共识,元认知由元认知知识、元认知体验和元认知监控三个方面组成。并且根据具体认知任务的不同,各个部分还有更为精细和具体的划分,而在认知实践的活动中,三种基本要素又互相影响、共同作用,对人的认知活动进行有条理、成系统的规划、监督和调节,从而保证学习活动的顺利完成。

元认知本是一个心理学概念,但是随着它的提出,迅速引起了教育学研究的关注,并且成了现在教育心理学研究的重要领域之一。研究表明,学生的元认知水平和其学习能力成正相关。在教学的各个阶段,对学生们进行必要的元认知知识的传授,对元认知策略水平的提高甚至课堂效果和学生学习效率的提高有着不可忽视的作用。在日常教学中,教师将元认知意识渗透在课堂教学中,更利于培养学生记忆、理解、思维等各方面的学习能力,同时培养其形成完善人格,真正做到寓教于人,促进学生全面成长。

目前国内外关于元认知的研究普遍关注的是教师在课堂教学中应该如何渗透元认知思想,以及如何有效地提高学生的元认知能力,对于元认知指导下的教育评价体系的研究却甚少涉及。但是,评价一环对于元认知教学是非常重要且必要的,只有将评价作为可以量化的标准,才能使学生充分了解自己学习过程中的认识特点、学习类型以及性格个性等,帮助学生找到适合自己的学习方法。学生才会意识到元认知在学习过程中的重要性,并且在未来学习的过程中,指导自己的学习策略,提高学习效果,为终身学习打下良好基础。

想要做好这个课题,一方面要基于不同的关于元认知的教育学研究成果,另一方面也要追本溯源,在元认知理论的基础上研究全新的课堂评价体系,从而构建一个标准化的且具有可行性的元认知教学评价体系。

二、研究的对象和方法

根据元认知理论的三个重要组成部分(元认知知识、元认知体验和元认知监

控)设计 1 份问卷,对本校高三学生(根据期末考试成绩分为四组,每组相差 10 分)进行分层抽样调查,并根据上述三个方面进行统计,做出分析。本次发放试卷 150 份,收回 143 份,有效问卷 143 份,有效率达 95.3%。

三、问卷调查及统计结果

(一)问卷调查

1.元认知知识方面(见表 1)

表 1　问卷调查结果(一)

选项		差			中	优
		稍好	稍差	平均		
基础知识	好	7.3	4.2	6.8	21.9	23.5
	中	81.7	76.4	75.4	73.7	52.8
	差	10.1	17.6	13.7	2.4	16.5
自身智力水平	好	5.8	36.2	21.8	18.7	47.8
	中	84.9	62.5	72.4	81.6	51.7
	差	4.4	1.5	2.1	2.6	2.8
学习历史的兴趣	浓厚	24.6	18	20.7	33.1	38.4
	一般	68.2	72.4	40.1	66.5	57.3
	无兴趣	5.5	9.8	7.1	0	4.2
学习历史的目标	高考取得好成绩	81.2	72.3	76.2	88.7	95.3
	平均即可	20.2	27.2	23.4	10.4	1.3
	无所谓	0	0	0	0	2.8
成绩变化对学习目标的影响	重订目标	31.2	33.2	31.7	24.5	28.7
	修改目标	44.3	36.5	42.2	45.8	41.3
	不变	21.1	27.1	24.8	29.0	26.4
自己对屡次成绩的预测	差距不大	10.2	8.3	9.3	15.4	26.6
	差距适中	51.2	58.3	54.3	55.7	41.2
	没有预测	36.1	27.9	30.6	29.1	37.3

	选项	差			中	优
		稍好	稍差	平均		
高中以来历史能力	进步	20.8	21.8	20.9	26.2	34.7
	无变化	39.6	35.4	36.3	30.4	35.7
	退步	39.7	44.8	42.5	44.6	28.3
对新信息的处理能力	强	10.2	16.3	12.8	14.5	46.2
	一般	81.2	72.9	75.5	82.6	50.9
	弱	10.2	11.7	11.2	2.8	1.5
对成功或失败原因分析	经常总结	48.5	40.1	43.5	55.2	45.9
	偶尔总结	26.3	33.7	30.1	19.2	30.8
	从不总结	22.1	21.2	21.6	27.6	25.1

2.元认知体验方面(见表2)

表2　问卷调查结果(二)

	选项	差			中	优
		稍好	稍差	平均		
当掌握一个知识点后，你的感觉是	终于掌握了	13.1	16.2	15.2	8.1	2.6
	无所谓	7.3	3.2	5.1	0	10.2
	非常高兴	78.2	61.3	72.5	91.9	84.0
自己能够掌握相关的解题技巧和规律,内心的感受是	非常高兴	62.2	64.5	64.2	74.1	75.8
	无所谓	32.2	24.7	28.1	24.8	20.1
	不高兴	0	3.2	2.1	0	1.4
当某次考试成绩不理想，你对历史学习的认识是	不想学	26.3	22.1	24.1	13.3	14.7
	分析原因寻找对策	39.1	19.1	26.4	33.9	32.5
	继续努力学习	33.9	61.2	48.5	51.7	52.1
课堂学习能够完全掌握所学知识的感受	非常愉快	86.2	80.0	82.4	98.2	71.5
	无所谓	13.6	17.5	20.0	2.7	27.2
课堂没有听懂所学时候的感受	苦闷和困惑	89.2	82.4	86.5	86.8	87.1
	无所谓	12.2	13.2	12.4	11.1	12.2

3.元认知监控方面(见表3)

表3　问卷调查结果(三)

	选项	差			中	优
		稍好	稍差	平均		
你经常在学习某个知识点后	经常问自己懂了没有	2.1	22.3	14.5	26.2	28.4
	偶尔问自己懂了没有	67.2	71.5	69.3	70.2	61.8
	从没有问过自己	7.3	8.1	7.6	2.5	7.3
遇到困难材料时,你的方法是	从不放弃	25.0	32.9	29.3	5.1	21.2
	立即请教	58.3	42.6	47.5	56.1	31.7
	先思考,不行再请教	18.3	24.8	24.1	41.2	44.2
解决一个难题后,你是	立即做下一题	72.6	78.1	74.2	69.2	68.5
	思考还有什么补充内容	18.2	9.1	11.7	10.3	9.4
	思考问题有无可变之处	9.1	11.5	10.2	21.5	21.0
对作业中的错误	立即订正	70.2	50.4	57.3	82.4	65.1
	从不订正	2.4	5.3	4.7	0	0
	老师要求才订正	26.4	31.2	30.1	18.2	34.8
发现某个答案与其他同学不一样时	不管它	11.6	14.2	12.7	6.1	12.5
	立即修改答案	1.5	13.2	7.9	0	5.2
	自己思考有无错误	87.2	72.4	77.8	93.5	82.1
对一个难记的知识点	想方法记忆	70.5	54.2	61.3	89.6	72.1
	死记硬背	27.8	44.8	37.2	10.4	29.2
	放弃不背	1.5	0	0.7	0	8.1
对老师没有要求记忆的知识	课后开始记忆	51.8	54.2	55.7	72.6	47.3
	考前再背	36.5	36.1	36.2	10.4	31.2
	放弃不背	8.8	8.2	8.5	15.7	21.6
某次测验发现某个知识点记不住	无所谓	2.8	7.2	6.4	8.1	14.6
	与同学讨论	14.6	25.8	20.8	26.2	18.6
	主动看书或笔记	80.1	63.9	72.8	63.2	64.1

(二)结果分析

(1)历史学习元认知知识,应该包括对自己的历史基础、各种认知能力(记忆、理解、归纳、探究)以及与他人相似及差异的认识,对学习对象和学习任务的要求和目标方面的理解,为完成学习所需的各种学习策略等知识。

通过表1可以看出,高中学生在历史学习元认知知识方面,差生不差,优等生也没有如预计的十分突出。但成绩较差的同学在元认知知识方面的表现,总体上还是比成绩优秀的学生要低。其中,学困生对自己的智力、注意力以及阅读能力等很多方面还存在着偏高的估计,与他们在考试和测验中的成绩预测不相符,而由于这种认知的偏差,造成了很多学困生一听就能懂,但是却不能做对题目。而成绩较好的学生对自己的认识基础比较符合实际,同时在平时的学习中能够充分地运用到学习策略,重视对考试的总结,因此成绩相对稳定,并且成绩预测的准确程度较大。

(2)元认知体验是学生在平时学习过程中所产生的认知体验和情感体验,在此基础上可以进一步完善个人元认知知识和元认知监控能力。在学习过程中,知识点的掌握和理解与否、每一个问题的理解和掌握与否,甚至每次测验和考试成绩的高低,都会引起学生的情感体验。成功、兴奋与自我肯定,会使学生产生进一步巩固原有学习兴趣和动力。

从表2的统计结果来看,优秀学生的情感体验比差生的情感体验要深刻得多,他们抗挫折的能力较强,这主要是因为优秀学生能够不断地体验问题解决和考试成功所产生的愉悦的情感体验,从而让学习更加深入,成绩更加提高。而成绩较差的学生由于基础知识较差,学习新内容遇到的困难要更多,获得成功的情感体验要远远少于优秀学生(但高于教师的预计),所以在历史学习和考试的过程中,往往会不断地产生失败沮丧的情感体验,会让其学习兴趣不断减弱,最终导致他们放弃对历史的学习。因此,教师要适当降低课堂问题、检测和考试难度,切实面对学生的实际情况,创造机会让学困生也能够获得成功带来的喜悦感,让这种愉悦的心情引导学生学习活动进一步深化。如果不针对学生的具体情况,一味地拔高,脱离了学生的现实水平,那么显然不利于历史教学。

(3)元认知监控是指认知主体在进行认知活动的过程中,把自己正在进行的认知活动作为意识对象,不断地对其进行积极地、自觉地监控、调节的过程,是学生学习自觉能动性的突出体现。学生只有对自己学习活动不断进行审视和反思,才能逐步改善自己的学习能力。元认知监控与认知策略一起组成了学生"学会如何学习"的核心内容。在具体学习中,它表现为学生应不断地对自己的学习过程和结果进行反思、检测,形成反馈机制,对下一阶段的学习计划、学习策略进行修正,

从而使自己顺利地完成学习任务。

分析表 3 的统计结果,优秀学生的自我监控、自我调节能力要比成绩差的同学强得多,这是由于学习成绩优秀的学生具有较好的关于学习任务和学习策略等方面的知识,他们在学习的过程中能够很好地监控自己的学习活动,灵活运用各种学习策略,并能够及时地对学习中的错误和误区进行修改纠正,最终完成自己的学习任务。同时也能不断丰富自己原先的学习策略,并且能够对不同的学习问题来进行知识和方法的迁移,达到举一反三、触类旁通的效果。而学习相对较差的学生学习策略本来就比优秀学生要少得多,同时他们不善于根据学习任务来选择和运用适当的学习策略来进行有效的学习,也不能很好地针对运用自己的认知结果对自身的学习过程进行反思,缺少有效的监控和调节。所以差生们不能很好地从学习过程中有效、及时地积累相关的学习策略和自我监控的方法,即使学习非常用功,但历史学习的效果依旧事倍功半。

元认知监控是元认知理论最重要的组成部分,是元认知训练中最有效的方法之一。教师可以运用以下策略来培养学生的元认知监控能力。

(1)用自己的行为为学生的元认知监控提供样板。在平时的教学过程中,注意运用信息反馈来调控教学进度,及时调整教学方法,不拘泥于教案,不片面地追求课堂教学的任务。在平时的习题讲解中,教师可以在黑板演示题目的思考方式和答题策略,让学生能够理解教师的思考过程以及如何监控的过程,学习自我监控的方法和学习策略的运用。并且在平时的练习中也要求学生在解题中最终达到学会理解;对于出现的错误,主动进行分析和思考,得出相关的方法或解题策略等。

(2)重视学生作业的订正。书面作业不仅是为教师对教学效果提供有效反馈的一种形式,同时也是学生对自己学习结果的一种检验。对作业错误要求订正,这一举措可敦促学生主动进行自我反思、促进学生自我监控能力的形成。对作业中出现的错误进行订正,应要求先分析出错误原因,寻找根源,简单写一二句或今后应注意的问题,然后再进行订正,必要时可由教师指定几个不同情境的作业作为补充作业,另外对极个别学生可实行作业面批面改。

(3)积极实施问题型教学,精心设计设问。在学生不能主动发现、提出问题的时候,课堂提问必不可少。而教师的课堂提问,也是学生不得不进行自我监控、自我检验的一种有效手段。一方面有助于学生监控自己解决问题的过程,另一方面也有助于促进学生思考。因此教师应该明确问题的目的,将激发学生能力、引导思维和要求学生根据历史史实归纳推断演绎等作为提问重点,提问后要留出足够时间让全体学生进行思考。这样才有助于学生自我监控能力的形成,培养学生的元认知能力和学习策略。

(4)注意培养学生的学习策略。教师应该在高中刚开始教学的过程中,有意识地示范不同类型的知识(识记类、理解类、能力类)的学习策略和方法,并通过材料分析和学生练习等措施,加强学生对知识的理解和运用,学会学习历史的策略。

(5)充分发挥单元检测和定期考试的评价和诊断功能。要淡化分数,重视学生对试卷的分析,特别是对出错原因以及类型的分析,向学生介绍相关克服错误的方法。同时,重点帮助个别学生,分析其学习能力、特点以及学习方法,提出相应的改进措施来调节学习行为和学习态度,鼓励成绩较差的学生不断进步和提高,培养他们的成功体验,最终达到全面提高教学质量的目的。

根据本次调查问卷的结果分析,总体来看,中学生的元认知能力不高,但是这种低层次、低认知的情况是不自觉且无意识的。根据调查结果反映,在高三复习进入到关键阶段的时刻,相当一批学生的自主学习能力和学习的消极情绪开始日趋严重。这次调查问卷的实践一方面让我们能够及时地掌握学生的情况,能够切实地从学生出发,根据学生的学习状态安排高三后半段的复习任务。另外一方面,我们也对曾经单纯以分数为主导的应试教育体系有了更为深刻和深入的审视。如何将先进的元认知概念贯彻到我们的教学之中,并以此来改进我们现有的教学,才是我们应该思考和努力的方向。元认知策略是改造当今中国教育的一种切实可行的方法途径,其内涵与新课改的精神和意图不谋而合。如果我们在日常的教学中有意识地加入元认知训练,对学生进行定时定点的元认知学业评价,对于提高学生的元认知水平,特别是学生的学习效率和学习质量,都是大有裨益的。在平时的教学活动中,教师应该起主导作用,帮助学生利用元认知思想,根据学生学习情况的特点和变化,帮助学生积极检测学习情况,辅助学生控制自己的认知活动,进而指引学生最终选择正确的学习策略、合理的学习方法,才能够最大限度地开发学生的学习潜力。同时,加强对学生进行元认知知识的训练,也能够推动考研人员对历史学科的教法和学法的研究和改革。

在问卷调查活动结束之后,我们的研究活动继续。为了验证元认知指导下的

历史课堂教学效果,我们高三年级四个班两两分组,两个班作为实验班着重培养学生的元认知能力,另外两个班则维持平常的教学现状。

对于参与实验的两个班级,我们在日常的教学中注意让学生认识到自己作为学习主体应有的思想意识,比如了解自己的学习现状、现在自己的学习水平和年级排位,对高三复习知识的掌握程度,乃至于自己的性格情绪、兴趣爱好、学习习惯,自己的人生目标和理想目标的差距以及自己的优势和不足等。

在课堂练习和课下答疑过程中,不断对实验班的学生进行强化,学习本知识的目的是什么?本知识在整个高中历史知识中居于什么地位?面对什么样的问题应当采取什么样的策略?让学生能够形成良好的知识和任务的反馈,并能够形成习惯。每次完成课堂练习、课后作业、定期统练以及模拟考试之后,教师引导学生总结自己能够实现目标的方法,体验达到目标之后带来的成就感,并且一定叮嘱学生及时总结自己成功的学习方法和学习策略。定期制定学习策略,每一次考试之后都用新的学习策略与上一次制定的学习策略进行对比,最终找出最适于自己的学习方法和思维方法。同时我们还积极地针对不同学生的不同缺点和不足采取积极的补救措施。课堂提问中,发现基础知识不够,则要在课下进行查漏补缺。对练习题目的熟练度不够,那么就要专人制定专门的课后练习。如果解题思维和答题方法出现问题,那么就从题目入手,修正错误的思维惯性。

实行这次计划的目的,一方面是要提高学生的元认知能力,让学生在高三复习的高压且快速的复习环境中找到符合自己的学习策略,不断加强自己的学习动机和学习兴趣,在高三复习面前保持自信,乐观面对高三复习。另外,我认为,加强学生元认知能力培养也能够活跃学生思维,提高学生的学习主动性,不仅对于其高考复习很有帮助,也能够促使学生终身学习,让他终身受益。

四、调查研究的启示

(一)要全面了解学生的元认知水平

我们从元认知知识、元认知体验和元认知监控这三个维度来设计本次学业评价的具体指标。

1.评价体系的元认知知识

元认知知识是在学业评价体系中所涉及的各个因素的认识。总的来说,一共可以分为个体因素认识、对象性认识和策略性认识三个方面。个体因素认识指的是学生对于自己学习能力、学习水平、兴趣爱好以及优点特长等主观方面的自认我认识。对象变量则是关于对于日常学习中遇到的重点难点、考试难度、作业完成情况等方面的客观情况。而策略变量最为重要,也是我们最为看重的,是关于是否能够成功顺利地完成课堂教学内容、是否能够有针对性地制定有效的学习策略、是否能在课业压力的情况下保持学习的目标等,并且更为深入地说,不仅要知道有哪些策略,还需要了解各种策略的使用条件和落实方法,是否真的能够做到有效学习。

要做好元认知学业评价,元认知知识的教学是基础和前提。从教师的角度,要做到课前指定教学计划、了解重难点、分析课堂学情等。从学生的角度,要有明确的学习目标,要做到充分预习,在考试中要分析自身的学习和复习状况,理性看待考试难度,课后还是考后都要积极进行学习反思,同时对自己所用的学习策略进行改进和完善。所以,这就要求不仅仅是在教学评价上,在整个教学过程中的各个环节,都需要以教师为主导,以学生为主体进行元认知知识的传授,让各个环节都有元认知知识的参与。

2.评价体系的元认知体验

元认知体验伴随着学习过程而产生,它可以出现在学习过程中的任何时间,主要包括两方面的体验,分别是认知体验和情感体验。前者是在认知活动进行的时候对知识获取的感觉,而后者则是在获取知识的过程中情感、情绪的体验。并且按照积极消极的情绪不同,情感体验又可以划分为学习任务顺利时的积极体验和不顺利时的消极体验。

当然,元认知体验的特殊性在于,体验与知识相比不能够做到充分量化,是学生相对内心的一种主观情感体验。在学习过程中,学生可能经常自己都能够察觉到,并且限于人生阅历和知识水平,很多学生就是察觉到了也很难用语言形象地表达出来。所以,我们制定的调查问卷,将认知体验的评价指标进行了充分且

细致地量化，有利于学生对于自己在学习过程中各方面体验的自我觉察和自我觉醒。

3.评价体系的元认知监控

元认知监控，实际上就是对学习监控。学生在学习的过程中，对于自己的学习行为、学习反馈、师生互动等全方位地进行监控与协调，以保证在学习能够有序有效地进行，并且能让学生的兴趣爱好得以伸展，学习潜能得到开放。

学习监控所涉及的方面非常多，并且表现在不同的学习阶段。总的来说，可以分为课前的计划和准备，课堂的学习评价和反馈，以及课后的反思。根据学习活动的发生过程，还可以分为自我检查、自我修正和自我强化三个部分。虽然以上内容分类不同，但是前后并不矛盾。前者以学习阶段的先后顺序来划分，而后者以学习成果的作用程度来划分。任何一个学习阶段都有自身发展的一个过程，在学习的过程中监控问题、检查错误、修订改正，最终达到自我强化。学生自身监控的同时，教师也应该随时监控班级学生每个人的学习状况，教师的教学监控能力不断提高，其教学水平才会不断得到提高。

(二)要特别注重学生自我评价能力的培养

元认知学习过程策略主要包括规划、监督和评价三个方面。根据我们对校内学生的调查，大多数学生都具备一定的能力来对自己的学业进行规划和监督。同时，他们对高考的重视程度，甚至他们受到学习压力、不甘落后的动力驱使，都会让绝大多数高中生能够明确自己的学业目标和安排，并且合理规划或是努力规划好学习进度和安排。

既然绝大多数学生有自己明确的学业目标和努力学习的决心，并且能够制定相对合理的学习规划，那么为什么学生的学习成绩还参差不齐呢？根据教学中的不断调查，我们发现许多学生没有掌握元认知学习策略的第三要素——评价，即在学习过程中，不能客观地对自己的学习活动、自身具体情况进行合理中肯的评价。而那些善于评价自己的学生，并且将对自身的正确评价运用到学习过程中去的学生，总能完成他们的学习任务。因此，对于元认知教学评价体系的建立，其实际意义更加大于理论研究。

在元认知教学评价原则的指导下，不仅要量化指标、客观分析、全面评价，而且还要对评价对象和各项评价指标进行详细描述。只有对评价对象进行全面综合且详尽的描述，评价才能指出问题，一语中的，教学评价才能显得更有意义。因此，在指导对学生元认知教学评价的各项评价项目中，详尽且细致的阐述是非常必要的。

另外一方面，评价的策略是否可行，还要实事求是，根据切实的学情甚至每个学生的具体情况，包括学习能力、兴趣爱好、性格情绪等指定真正能够反映学生学习过程中问题的评价体系。每个学生都具有独特的个性和闪光点，因此他们当然也有着适合他们自己的不同的评价方式。因此，我们在指定教学评价的各项指标的时候，要求参与教师们积极主动、细致且面面俱到地观察真正适合每个学生的评价方式，从而最终能够从这种评价方式上获得具体而又有效的数据。

关于评价的类型，主要包括以教师为主导的教师评价、以学生自身为主导的自我评价以及从侧面反映学生情况的同伴评价。对于学生多样性的评价能够从不同的侧面反映学生在学习过程中的问题，评价的角度越多，结果越客观。评价结果加以精心全面的分析，必然会对学生的学习过程有所增益。但是，由于本次理论研究和实践的具体原因所限，我们主要的研究对象以高三毕业学生为主，因此更加注重的是以学生自身为主导的教学评价研究。虽然接近成年的高三毕业生在一定程度上能够对自己的学业规划和监督负责，并且因为高考的原因有足够的学习动力。但是在研究过程中，教师也是整个过程中绝对不可缺少的一环。在教学评价实践过程中，教师们都全程参与，并且给了很多学生科学合理的建议和指引，让学生对元认知学习评价有更清楚、全面、科学的认识，最终取得了相对理想的实践结果。

以学生为主导的自我评价，是学生在学习过程中，能够检查在学习认知过程中的有效性，并且能够主动及时地调整学习策略。在我们帮助学生制定教学评价下，学生会发现自己的错误，并且有意识地纠正和避免学习过程中犯的错误。除了问卷调查的形式，参与研究的教师还通过对学生作业完成情况、课堂评价反馈、课下答疑，随时对学生的学习状况进行监控和评价，并且有意识地在同学中间实行互相评价、监督的活动。这样做，一方面可以让学生对元认知学业评价有更加深层次的认识，同时也可以让学生在发现和纠正他人错误的同时，发现自己的问题错误，并且将这些经验教训融汇到未来的学习认知活动中，这样才真正能起到学业

评价的目的。

教学评价在高中阶段的学习活动中扮演着至关重要的角色。对于目前的高中生,尽管绝大多数学生能够合理地规划、有意识地监督,但是多数学生还是做不到真正合理的评价自己。而在高中学业中的佼佼者,往往能够在学习和自主学习的过程中全面评价地评估自己,并且根据自己的评估在学习上扬长避短,制定新的学习目标和计划。这种良性的循环肯定能对学生高中阶段的学业完成情况有所裨益,甚至从长远来看,能够正确有效合理地运用元认知思想来评价自己,能够养成科学、合理、有益的思考方式和学习习惯,甚至可以影响到他们终身学习。由此看来,有效合理的元认知教学评价策略,意义非凡。

(三)要根据教学特点和学生需求构建元认知学业评价体系

元认知的调查对高考复习的指导意义,一方面在于掌握历史教材、历史知识的结构特点、难易特点和方法特点等方面,可以针对知识采取相应有效的复习策略进行学习活动。让教师可以掌握面对怎样的知识、怎样的考查方式,学生会做出怎样的反映,让我们在知识层面可以牢牢抓住学生。譬如,对于历史背景类问题(包括背景、原因、历史条件等),作答时可以分为政治、经济、文化、民族关系、对外关系等内容,学生也能在知识中寻求知识内在联系去理解掌握和表达。

另一方面,学生在不同学年、不同教学要求上的学习需求是不同的。通过元认知调查,可以让学生做好心理准备、调节心理状态、明确学习目标以及调动学生的学习积极性。这次高三期末考试后的元认知调查,让学生深刻体会到当前学习历史的特点和目标:知识的信息量多而具体,认识层次深而灵活。因此必须下功夫记忆大量基础知识,同时要注意对知识的理解和掌握,特别是运用辩证唯物主义和历史唯物主义原理去思考,运用历史学科素养的核心素养为指导,来提高历史学习能力,以至于提高成绩。

另外根据《普通高中历史课程标准(2017 年版)》,评价的理念是"以学生发展为本",在此基础上更进一步强调"以学生发展为本"的核心是"发展学生的历史学科核心素养",对学生进行学业评价的出发点和落脚点都在促进学生历史学科素养的养成。对于核心素养的五个方面,新课标给出了明确的划分标准。学业质量水平 3 和 4 是学生在学习完《中外历史纲要》上、下册后,再学习选择性必修后历史学科素养应达到的水平,要通过等级性考试加以测验,其中水平3至水平4对应等级性考试,水平4对应高考。因此,可以引导学生以学业质量为标准,利用元认知策略制定适合自己的历史学业评价目标。例如:在《中外历史纲要(下)》中《全球联系的初步建立与世界格局的演变》这一课的学习中,教师可以根据学业质量水平3,要求学生运用一手史料、二手史料等,对新航路开辟后人口迁移与物种交换、传统的印度洋贸易和新兴的大西洋贸易的发展、全球贸易对中国的影响、早期殖民扩张、欧洲封建主义的瓦解和资本原始积累等进行论述。教师在进行评价时,要引导学生主动增强史料实证意识,用元认知策略培养学生能够运用史料作为证据论证自己的观点,同时使学生认识到全球视野下新航路的开辟是人类历史从分散走向联合的重要转折点,新航路的开辟对欧洲、亚洲、非洲等产生的不同影响,等等。

(四)构建元认知评价体系需要注意的问题

1.凸显出历史学科元认知的学科属性和特点

每个学科在元认知知识的具体内容和学习上都存在着非常大的差异。而且为了能够更好地进行元认知教学和评价,获得更好的元认知体验和监控,学科教学过程也要依赖本学科的教学任务,设置合理的教学情景。在元认知学业评价构建阶段,我们只能够构建出一个简单框架,但实际所需要的评价内容和要求是要远远多于预期的。所以,我们在实际评测的过程中,充分结合了本学科的特点进行分析。

历史学科是一门社会科学学科,一方面需要足够的学科知识以及不亚于理科的严密的逻辑思维能力,同时还要注意历史学科的核心素养。所以,设计评测的过程中,教师要注意所设计的评测是否具备了历史学科的特点和相关知识,对学生的监控也要看是否符合历史学科的特点。在日常课堂上,要注重在讲解历史知识的过程中渗透元认知思想,这样才能在日常学习的过程中培养学生的元认知体验,继而能够在评测的结果中达到相对理想的效果。元认知知识、元认知体验和元认知监控三者不是互相分离的,三者应该互相影响,互相促进。所以对学生的评测要将三者结合起来,不仅要看学生在各维度上的表现,更要看学生在整体上的元

认知能力。

2.注重学业评价的积极作用

曾经的学生学业评价,以分数作为主要维度,并且作为对学生综合评价的唯一依据。这种评价不仅不能够评测出学生真实、客观的水平,不能够激发学生的潜能,而且一刀切式的评价还会对许多学生产生负面影响,这些都不利于学生学习的进步和人格的成长。

实际上,作为学生的学业评价,除了可以作为对学生的评价依据之外,更重要的是,它可以帮助学生及时发现自己在学习过程中弱点,鼓励学生进一步发现自己学习上的潜力,提高他们对历史学科的兴趣爱好,提高他们的课堂吸收率,继而促进学生全面成长。

因此,元认知指导下的教学评价,在发挥教师主导作用的同时,一定要重视评价之后对学生的积极作用,让学生更加全面客观地认识自己,提升自己,在评价的过程中调动学生参与的积极性。我们设计的学业评价体系主要是学生的一种自我评测,指导学生对自己的学习和生活的评价和反思。这种评价不再简单地以分数定分类,把重点放在促进和启发学生对自己学习过程的思考和反思上,这样不仅能为学生指明今后努力的方向,也符合未来教育发展的趋势。

3.采用综合多元的评价方法

为了保证学生元认知评测全面性和客观性,我们也注重了多种评价方法的综合运用。除了上述设计的调查问卷,我们还采用了"他评"的方式,包括教师评价、同学评价、家长评价等。不同的评价方式采用不同的方式进行,譬如调查问卷、电话调查、组织班会等,不同的方式也有不同的职责和分配。比如同学评价是评价的最重要参与者,而教师则在评价过程中起主导者和协调者的作用,并在必要的时候提供理论和资源的支持等。不同的评价者可以在不同的侧面给出针对性的评价,而学生在自评之后,面对各方面针对自己的评价,教师、同学和家长给自己提供的优缺点,使其有更多参考自己的角度和空间。

现有的对学生的评测,采用的是更为实际的量化评分的办法,绝大多数教师对学生的评价要么分等级,要么量分数,并不能对学生有实质性的指导作用。所以,我们充分利用了调查问卷各方面反馈上来的信息,放弃了对学生元认知各项指标的得分,把主要精力放在对学生学习过程中存在的优点和问题的描述和分析上。这样,才能让学生元认知学业评价成为教师诊断学生问题和学生不断完善自我的一种有效途径。

4.不断修正和完善学业评价体系

元认知指导下的学业评价体系的最大意义在于它是否具有使用价值。换句话来说,这就是该标准是否科学、有效,具有足够的使用价值。因此评价体系制定之后,还需要通过足够的调查、实践和检测来对评价体系进行检验。我们每一次的问卷调查,都在努力构建一个不断实验,同时也不断完善和修正的评价体系,评价标准不是一成不变的,而是一个不断发展、不断变化、不断完善的过程。评价标准不仅会随着我们对学生的日趋了解和教学经验的丰富不断变化,也会随着我们教师教育理念的提升甚至国家的教育政策的变化而变化。当然,对体系的不断完善并不是对曾经研究成果的否决,我们在元认知理论基础的框架之上,将不适宜、不科学、不适用的条目删除,同时可以随时增加新的以及曾经遗漏的项目,让元认知学业评价体系不断完善。

参考文献

[1]胡志章.谈高中历史教学中元认知能力的培养方式[J].考试周刊,2021(15):145-146.

[2]荣菲.高三历史复习中元认知理论的应用研究[D].济宁:曲阜师范大学,2019.

[3]李晓娟.元认知策略在高中历史教学中的应用研究[D].临汾:山西师范大学,2019.

[4]张英芝,高思强.元认知理论在高中历史课堂教学中的实践探究[J].当代教研论丛,2019(11):91-92.